Learn Hindi through Bangla

সম্পূর্ণ ব্যাকরণ সম্বলিত

বাংলা- হিন্দী

বলতে শিখুন

V&S PUBLISHERS

Published by:

V&S PUBLISHERS

F-2/16, Ansari road, Daryaganj, New Delhi-110002
☎ 23240026, 23240027 • *Fax:* 011-23240028
Email: info@vspublishers.com • *Website:* www.vspublishers.com

Regional Office : Hyderabad
5-1-707/1, Brij Bhawan (Beside Central Bank of India Lane)
Bank Street, Koti, Hyderabad - 500 095
☎ 040-24737290
E-mail: vspublishershyd@gmail.com

Branch Office : Mumbai
Jaywant Industrial Estate, 1st Floor–108, Tardeo Road
Opposite Sobo Central Mall, Mumbai – 400 034
☎ 022-23510736
E-mail: vspublishersmum@gmail.com

BUY OUR BOOKS FROM: AMAZON FLIPKART

© Copyright: **V&S PUBLISHERS**
ISBN 978-93-505711-2-5
Edition 2020

DISCLAIMER

While every attempt has been made to provide accurate and timely information in this book, neither the author nor the publisher assumes any responsibility for errors, unintended omissions or commissions detected therein. The author and publisher makes no representation or warranty with respect to the comprehensiveness or completeness of the contents provided.

All matters included have been simplified under professional guidance for general information only, without any warranty for applicability on an individual. Any mention of an organization or a website in the book, by way of citation or as a source of additional information, doesn't imply the endorsement of the content either by the author or the publisher. It is possible that websites cited may have changed or removed between the time of editing and publishing the book.

Results from using the expert opinion in this book will be totally dependent on individual circumstances and factors beyond the control of the author and the publisher.

It makes sense to elicit advice from well informed sources before implementing the ideas given in the book. The reader assumes full responsibility for the consequences arising out from reading this book.

For proper guidance, it is advisable to read the book under the watchful eyes of parents/guardian. The buyer of this book assumes all responsibility for the use of given materials and information.

The copyright of the entire content of this book rests with the author/publisher. Any infringement/transmission of the cover design, text or illustrations, in any form, by any means, by any entity will invite legal action and be responsible for consequences thereon.

Printed at : Param Offsetters, Okhla, New Delhi–110020

প্রকাশকের দ্রষ্টব্য (Publisher's Note) প্রকাশকীয়

আমাদের তেলুগু ভাষী লোকেদের জন্যে হিন্দী শেখার বই বাজারে আসার সাথে-সাথে আমাদের প্রকাশনে পাঠকদের পত্র আসা আরম্ভ হয়ে গেছে। প্রত্যেক চিঠিতে যারা হিন্দী জানে/বলতে পারে, তেমন লোকেদের জন্য বই চাওয়া হয়েছে। তেলুগু শেখার বইয়ের ক্রমশক্ষ্ম চাহিদার ক্রমবর্দ্ধমান গতি দেখে আমরা হিন্দী থেকে তেলুগু শেখার পুস্তক প্রকাশ করার প্রয়াস করেছি। এই বই ছাপাতে প্রকাশকের চেয়ে পাঠকের কৃতিত্ব অধিক।

সবাই র‍্যাপিডেক্স-এর নাম ও গুণের সম্বন্ধে পরিচিত, তাই এ সম্বন্ধে আলোচনা করা অতিশয়োক্তি। এখন আমরা এই বইয়ের গুণের সম্বন্ধে আলোচনা করব। লেখক কে আগেই বলে দেওয়া হয়েছিল যে, হিন্দী আমাদের দেশের বহুসংখ্যক লোকের ভাষা। আমাদের দেশে এক প্রান্ত থেকে অন্য প্রান্তে যাওয়া-আসা লেগেই থাকে। তাই এমন বই লিখতে হবে যাতে বাংলা জানা লোকেরা সহজে হিন্দী শিখতে পারে।

লেখক আমাদের ইচ্ছাকে ভালভাবে বুঝেছেন আর যা কিছু প্রস্তুত করা হয়েছে সে টা আপনাদের সম্মুখেই ধরা হয়েছে। এই বইতে কঠিন ব্যাকরণ কেও সহজ করে প্রস্তুত করা হয়েছে। যাতে কথাবলার সাধারণ ভাষাতে এমন কোন ব্যাঘাত না ঘটে। নইলে ভাষা শেখার পরিবর্তে ব্যাকরণ শেখার উপর গুরুত্ব দেওয়া আরম্ভ হয়ে যায়। এটা কোন ভুল নয় কিন্তু এমন হলে আমরা নিজের উদ্দেশ্যে থেকে দূরে সরে যাব। এই বইটি পড়ে বাংলা ভাষীরা হিন্দীতে বিদ্বান না হলেও অন্তত সামান্য হিন্দী পড়তে ও বলতে পারবে।

এই বইটির সাথে একটি সি.ডি. ও দেওয়া হয়েছে, যে টি হিন্দীর সঠিক উচ্চারণ শিখতে ষাহায্য করবে। আপনারা ভি. এণ্ড এস. পাব্লিশর্স এর কার্যধারার সাথে পরিচিত। এই বইটি সেই দিকেরই একটি পদক্ষেপ।

আশা করি এই বইয়ের গঠন ও পাঠ্য দুই আপনাদের ভাল লাগবে।

উপক্রমণিকা/ভূমিকা (Preface) প্রস্তাবনা

ভারত একটি বিশাল দেশ। এখানে অনেকগুলি ভাষা বলা হয়। সব কটি ভাষার গণনা করাও সম্ভব নয়। ভারতের সংবিধানে প্রায় ২০টি ভাষা উল্লেখ করা হয়েছে। দেশের অধিকাংশ লোক হিন্দীতে কথা বলে। ভারত সরকার দ্বারা হিন্দীকে রাষ্ট্র ভাষা হিসাবে ঘোষিত করা হয়েছে।

আগেকার দিনে লোকে নিজের গ্রামে বা নিজের প্রান্তেই থাকত। তাই তারা ওখানকার ভাষাতেই কথা বলত। এক প্রান্তে তৈরি করা জিনিস সেই প্রান্তেই কেনা-বেচা আর ব্যবহার করা হত। সমাজের পরিষীমা ছোট থাকার জন্য কেউ ভাষার গুরুত্বের সম্বন্ধে অত ভাবনা করত না। কিন্তু এখনকার সমাজ অনেক বড়, অনেক বিস্তৃত, তাই লোকে থাকার জন্য এক স্থান থেকে অন্য স্থানে যায়। যেখানে যে জিনিষ তৈরি করা হয় সেটি শুধু মাত্র সেখানেই কেনা-বেচা হয় না। খাওয়া-দাওয়ার ব্যবস্থা বেড়েছে। জিনিসের সংরক্ষণের সম্বন্ধে জ্ঞান ও কৌশলের বৃদ্ধি হয়েছে। তাই এক জায়গায় তৈরি করা বস্তু বিভিন্ন স্থানে পাঠানো হচ্ছে। যারা বিভিন্ন উদ্যোগ বা ব্যবসা-বাণিজ্যে যুক্ত রয়েছেন তাদের বিভিন্ন জায়গায় যেতে হয়। এই পরিস্থিতি তে সবার বিভিন্ন ভাষার জানার দরকার হয়। আমাদের দেশে হিন্দী ভাষী লোকের সংখ্যা সব থেকে বেশি। তাই সবার হিন্দী শেখা জরুরি হয়ে উঠেছে। এই কথা মনে রেখে বাংলা থেকে হিন্দী শেখার এই বইটি লেখা হয়েছে।

এই ধরণের বেশির ভাগ বইগুলিতে সম্ভাষণ আর কিছু অভিধান (শব্দকোষ) দেওয়া হয়ে থাকে। কিন্তু এ বইটিতে আমরা ব্যাকরণও দিয়েছি। যাতে লোকে ব্যাকরণের সাথে ভাষাও শিখতে পারে। ব্যাকরণ না শিখলে কোনো ভাষা শেখা যায় না। এই জন্য আমরা এ বইটিতে হিন্দী আর বাংলা বর্ণমালা থেকে আরম্ভ কবে ব্যাকরণের ছোট-বড় অংশ দিয়েছি।

ইদানিং ইংরেজী ভাষা অনেক বেশি প্রচলিত। ইংরেজী জানা হিন্দী ও বাংলা ভাষীদের কথা মনে রেখে পাঠের শীর্ষক **(Headings)** ও উপশীর্ষক **(Headings)** ইংরেজীতে দেওয়া হয়েছে। যাতে এই দুটি ভাষার সাথে ইংরেজীও শেখা যেতে পারে।

ভাষার মৌখিক ব্যবহার ও লিখিত রূপে পার্থক্য থাকে। এই বইতে পুস্তকীয় **(Bookish)** জ্ঞান ছাড়া হিন্দী ও বাংলার নিত্য প্রয়েজনীয় বাক্য ও শব্দ দেওয়া হয়েছে। বইয়ের শেষে দেওয়া সি.ডি এর আর একটি আর্কষণ। বইটি হাতে নিয়ে সি.ডি. শুনলে শব্দগুলির সঠিক উচ্চারণ শেখা যাবে। প্রত্যেকটি ভাষার নিজস্ব উচ্চারণ পদ্ধতি থাকে, তাই ভাষার উচ্চারণ শোনার বিশেষ গুরুত্ব রয়েছে, যেটা এই বইয়ের মাধ্যমে সম্ভব হতে পারে।

এই বইটি হিন্দী প্রবেশিকা, মাধ্যমিক, বিশারদ, ভূষণ, পন্ডিত পরীক্ষা আর দ্বিতীয় ভাষা হিন্দীর ইন্টারমিডিয়েট ও ডিগ্রির পরীক্ষার্থীদের জন্য ও লাভজনক হবে। পাঠশালার ছাত্ররাও নিজের বইয়ের সাথে

এই বইয়ের সাহায্য নিতে পারে। তা ছাড়া যারা অল্প-বিস্তর হিন্দী জানে আর ভাল করে হিন্দী শিখতে চায় তারাও এই বইয়ের দ্বারা লাভবান হতে পারে।

এই বইটি আপনাদের সামনে আনার প্রমুখ কৃতিত্ব ভী. এণ্ড এস পাব্লিশর্স এর মালিক শ্রী সাহিল গুপ্ত মহাশয় আর আমার প্রিয় বন্ধু শ্রী রাঘবেন্দ্র জী , যিনি এ সংস্থার দক্ষিণ ভারতের ম্যনেজার (হায়দ্রাবাদ)। তা ছাড়া আমার গুরু স্থানীয় শ্রী পটেল নরেশ রেড্ডী, যিনি বিভিন্ন সময়ে আমাকে পরামর্শ দিয়েছেন এবং আর এক বন্ধু শ্রী ঠাকুর সুদর্শন সিং এর প্রতি আমি কৃতজ্ঞতা স্বীকার করছি।

আজকের এই উন্নত অবস্থাতে পৌঁছাবার জন্য আমার মা-বাবা শ্রী কালহস্তি সোমরাজ এবং শ্রীমতী শ্যামলাম্বা, আমার দাদা মণিভূষন মহাশয় কে প্রণাম জানাই । এ বইটি আমি আমার ছোট ভাই কালহস্তি ভাস্কর কে উৎসর্গ করছি। আমার ছোট বোন শ্রীমতী তাটিকোঁড়া লক্ষ্মী রাজেশ্বরী কে ধন্যবাদ জানাই, যে প্রত্যেক পদক্ষেপে আমাকে যে উৎসাহ জুগিয়েছে তা আমি কখনো ভুলতে পারব না।

আমার সহধর্মিনী শ্রীমতী গৌরী, আমার ছেলে ভাস্কর আর মেয়ে বীরা সোমেশ্বরী আমায় যে ভাবে সহযোগিতা করেছে তা অভিনন্দনীয়। আমার সহকর্মী সঞ্জয় ও জয়ন্তী কে ধন্যবাদ যারা এই বইয়ের ডি.টি.পি. র কাজ সঠিক ভাবে করেছেন। আমরা এই বইকে ভুলরহিত রাখার যথাযাধ্য চেষ্টা করেছি কিন্তু যদি কোন ত্রুটি থেকে থাকে সেটা জানতে পারলেই পুনর্মুদ্রণের সময় ঠিক করা হবে। পাঠকদের প্রতি বিনম্র আবেদনের সহিত.....

লেখক

কালহস্তি গৌরীনাথ

এম.এ, এল.এল.বী

সূচীপত্র (Contents) विषय सूची

Part - 1

1.	বাংলা বর্ণমালা (Alphabet) हिन्दी वर्णमाला	13
2.	বর্নবিন্যস (Groupings) बारहखड़ी	18
3.	যুক্তাক্ষর (Double Letters) संयुक्ताक्षर	21
4.	পদের শ্রেণীবিভাগ (Parts of Speech) पदों (शब्दों) का वर्गीकरण	25
5.	শব্দ গঠন ও শব্দের শ্রেনীবিভাগ - शब्द निर्माण और शब्द विभाजन	76
6.	বাক্য (Sentences) वाक्य	77
7.	বাচ্য (Voice) वाच्य	79
8.	উপসর্গ (Prefix) उपसर्ग	80
9.	প্রত্যয় (Suffix) प्रत्यय	81
10.	অনুজ্ঞাসূচক ক্রিয়াভাব (Imperative Mood) विधि वाचक	83
11.	অনেকগুলি শব্দ বা বাক্যাংশের পরিবর্তে একটি শব্দ বা এককথায় প্রকাশ - अनेक शब्दों के लिए एक शब्द	84
12.	সমার্থক শব্দ/প্রতিশব্দ (Synonyms) समानार्थक शब्द	85
13.	বিপরীতার্থক শব্দ (Antonyms) विलोम शब्द	86
14.	দ্ব্যর্থ বোধক শব্দ বা সমোচ্চরিত ভিন্নার্থক শব্দ - द्विअर्थी शब्द	87
15.	ধবন্যাত্মক শব্দ বা অনুকার শব্দ (Double stressed words) द्विरुक्त शब्द	90
16.	সন্ধি (Compromise) संधि	91
17.	প্রবাদ-প্রবচন (Proverbs) कहावतें	92
18.	বাগ্‌ধারা (Idioms) मुहावरे	96

Part - 2

শব্দাবলী/শব্দ তালিকা (Vocabulary) शब्दावली 100-124

Part - 3

প্রশ্নসূচক সম্ভাষণ (Question Tag Conversations) प्रश्नवाचक संभाषण 127-144

Part - 4

1.	অভিবাদন (Greetings) अभिवादन	147
2.	সৌজন্য ও ঐতিহ্য (Courtesy and Tradition) शिष्टाचार एवं परंपरा	147
3.	মুচি (Cobbler) मोची	148
4.	ব্যাঙ্ক (In the Bank) बैंक में	150
5.	দর্জির দোকান (Tailoring Shop) दर्जी की दुकान	152
6.	নাপিতের দোকান (Barber Shop) नाई की दुकान	154
7.	চশমার দোকান (Opticals Shop) चश्मे की दुकान	156
8.	রাস্তায় (On the Road) सड़क पर	158
9.	ফলের দোকান (Fruit Shop) फलों की दुकान	159
10.	সব্জির দোকান (Vegetable Shop) सब्जियों की दुकान	161
11.	মুদির দোকান (Grocery Shop) पसारी की दुकान	161
12.	কাপড়ের দোকান (Cloth Shop) कपड़े की दुकान	163
13.	বাজার (Market) बाजार	165
14.	বাস স্ট্যান্ড (Bus Stand) बस स्टैण्ड	166
15.	আমাদের রাজ্য (Our State) हमारा राज्य	168
16.	জলখাবার কেন্দ্র (Tiffin Centre) जलपान गृह	170
17.	হোটেল (Hotel) भोजनालय	171
18.	ডাকঘর (Post Office) डाकघर	172
19.	রেল স্টেশন (Railway Station) रेलवे स्टेशन	174
20.	ক্রীড়া (Sports) खेल	176
21.	স্বাস্থ্য (Health) स्वास्थ्य	178
22.	ডাক্তার (Doctor) चिकित्सक	180
23.	বিনোদন (Entertainment) मनोरंजन	182
24.	বেকারী (Bakery) बेकरी	184
25.	মেরামত (Repair) मरम्मत	186
26.	কম্পিউটার ক্রয় (Computer Purchase) कम्प्यूटर की खरीदारी	188
27.	ঔষধের দোকান (Medical Shop) दवाइयों की दुकान	190

28. সিটি বাসস্টপ (City bus Stop) सिटी बस स्टॉप 192
29. সিটি বাসে (In the City bus) सिटी बस में 194
30. গাছ এবং উদ্ভিদ (Trees and Plants) पेड़–पौधे 196
31. উৎসাহিত করা (Encouragement) प्रोत्साहन 198
32. কথোপকথন / সম্ভাষণ (Conversation) संभाषण 199
33. পরিবার (Family) परिवार 200
34. বাড়ি (House) घर 202
35. দক্ষতা (Efficiency) दक्षता 203
36. অনুরোধ (Request) अनुरोध 204
37. পরামর্শ (Advice) सलाह 205
38. মানসিক শান্তি (Peace of Mind) मानसिक शांति 206
39. প্রশংসা (Praise) तारीफ 207
40. রাগ (Anger) गुस्सा 208
41. কৃতজ্ঞতা (Gratitude) कृतज्ञता 209
42. আমন্ত্রণ (Invitation) आमंत्रण 210
43. ক্ষমা (Sorry) क्षमा 211
44. প্রকৃতি (Nature) प्रकृति 212
45. বর্ষাকাল (Rainy Season) वर्षा ऋतु 213
46. ঋতু (কাল) (Season) ऋतुएं 214
47. সান্ত্বনা (Consolation) सांत्वना 215
48. শৈশব (Childhood) बचपन 216
49. যৌবন (Youth) यौवन 217
50. বার্ধক্য (Old Age) बुढ़ापा 218
51. যোগ (Yoga) योग 219

Part - 5

1. পত্র লিখন (Letter Writing) पत्र लेखन 223
2. অভিনন্দন জানিয়ে পত্র (Letter of Congratulation) अभिनंदन पत्र 225

3.	বন্ধুকে চিঠি লেখা **(Letter of friend) मित्र को पत्र**	**227**
4.	ছুটির জন্য আবেদন পত্র **(Leave Letter) छुट्टी के लिए पत्र**	**229**
5.	বইএর জন্য আদেশপত্র **(Letter of order for Books) पुस्तकों के लिए आदेश पत्र**	**231**
6.	অভিযোগপত্র **(Complaint Letter) शिकायती पत्र**	**233**
7.	আবেদন পত্র **(Application) आवेदन पत्र**	**235**

Part - 6

ব্যাকরণ সম্বলিত বাংলা- হিন্দী বলতে শেখার স্ক্রিপ্ট

व्याकरण सहित बंगला–हिन्दी बोलना सीखने के लिए स्क्रिप्ट **239-251**

ভাগ-১

भाग - १

PART -1

বাংলা বর্ণমালা (Alphabet) हिन्दी वर्णमाला
স্বরবর্ণ (Vowels) स्वर

কোন ভাষা শিখতে হলে আগে তার বর্ণমালা শিখতে হয়। হিন্দী ভাষায় ৫১টি বর্ণ আছে। হিন্দী বর্ণমালাকে দু ভাগে ভাগ করা হয় ঃ স্বরবর্ণ ও ব্যঞ্জনবর্ণ। হিন্দী ও বাংলা ভাষায় ১১ টি করে স্বরবর্ণ আছে-

স্বরবর্ণ (Vowels) स्वर

অ	আ	ই	ঈ	উ	ঊ	ঋ
अ	आ	इ	ई	उ	ऊ	ऋ

এ	ঐ		ও	ঔ		
ए	ऐ		ओ	औ		

ব্যঞ্জনবর্ণ (Consonants) व्यंजन

হিন্দী ভাষায় ব্যঞ্জন বর্ণের সংখ্যা ৩৩ ঃ

ক	খ	গ	ঘ	ঙ	'ক' বর্গ
क	ख	ग	घ	ङ	'क' वर्ग
চ	ছ	জ	ঝ	ঞ	'চ' বর্গ
च	छ	ज	झ	ञ	'च' वर्ग
ট	ঠ	ড	ঢ	ণ	'ট' বর্গ

13

ট	ঠ	ড	ঢ	ণ	'ট' বর্গ'
ত	থ	দ	ধ	ন	'ত' বর্গ
त	थ	द	ध	न	'त' वर्ग'
প	ফ	ব	ভ	ম	'প' বর্গ
प	फ	ब	भ	म	'प' वर्ग'
য	র	ল	ব		অন্তঃস্থ বর্ন
य	र	ल	व		अंतःस्थ वर्ण
শ	ষ	স	হ		উষ্ম বর্ণ
श	ष	स	ह		ऊष्म वर्ण

ড় ঢ় র ব্যবহার করা হলেও বর্ণমালাতে এদের গণনা করা হয় না।

ং ঃ কে আগে স্বরবর্ণ বলা হত কিন্তু বর্তমান হিন্দী ব্যাকবণে এদের অযোগবাহ বলা হয়।

ঁ কে অনুনাষিক বলা হয়।

এ ছাড়াও হিন্দীতে ৪ টি যুক্তাক্ষর আছে।

যুক্তাক্ষর (Compound Letters) संयुक्ताक्षर

ক্ষ	ত্র	জ্ঞ	শ্র
क्ष	त्र	ज्ञ	श्र

ব্যঞ্জন ও স্বরবর্ণের সন্ধি-চিহ্ন (মাত্রা)

(Joining of consonants and Vowels - symbols)

প্রত্যেকটি স্বরবর্ণের বিশিষ্ট চিহ্ন আছে। ব্যঞ্জনের পরে স্বরবর্ণ যোগ করতে হলে মূলবর্ণ না লিখে বর্ণের চিহ্ন বা মাত্রার ব্যবহার করা হয়।

ব্যঞ্জন		স্বর	মাত্রা	অক্ষর
ক क	+	অ अ	—	ক क
ক क	+	আ आ	া	কা का
ক क	+	ই इ	ি	কি कि
ক क	+	ঈ ई	ী	কী की
ক क	+	উ उ	ু	কু कु
ক क	+	ঊ ऊ	ূ	কূ कू
ক क	+	ঋ ऋ	ৃ	কৃ कृ
ক क	+	এ ए	`	কে के

ক ক	+	ঐ ऐ	ৈ	কৈ कै	
ক ক	+	ও ओ	ো	কো को	
ক ক	+	ঔ औ	ৌ	কৌ कौ	
ক ক	+	ং अं	ং	কং कं	
ক ক	+	ঁ कँ	ঁ	কঁ कँ	
ক ক	+	ঃ अः	ঃ	কঃ कः	

ব্যঞ্জন ও ব্যঞ্জন-সন্ধি (চিহ্ন)

(Joining of consonants and consonants - symbols)

व्यंजन और व्यंजन के संधि–चिह्न

ব্যঞ্জনের সাথে ব্যঞ্জনের যোগ (সন্ধি) হলে তাদের রূপ পরিবর্তিত হয়।

অক্ষর अक्षर	চিহ্ন चिह्न	অক্ষর अक्षर	চিহ্ন चिह्न
ক	ক্	ক	ক্
খ	খ্	খ	খ্
গ	গ্	গ	গ্
ঘ	ঘ্	ঘ	ঘ্
চ	চ্	চ	চ্

ছ	ছ্	छ	छ्‍
জ	জ্	ज	ज्‍
ঝ	ঝ্	झ	झ्‍
ট	ট্	ट	ट्‍
ঠ	ঠ্	ठ	ठ्‍
ড়্	ড	ड	
ঢ	ঢ্	ढ	ढ्‍
ঢ	ঢ্	ण	ण्‍
ত	ত্	त	त्‍
থ	থ্	थ	थ्‍
দ	দ্	द	द्‍
ধ	ধ্	ध	ध्‍
ন	ন্	न	न्‍
প	প্	प	प्‍
ফ	ফ্	फ	फ्‍
ব	ব্	ब	ब्‍
ভ	ভ্	भ	भ्‍

ম	ম্	म	म्‍
য়	য়্	य	य्‍
র	র	र	्र
ল	ল্	ल	ल्‍
ব	ব্	व	व्‍
শ	শ্	श	श्‍
ষ	ষ্	ष	ष्‍
স	স্	स	स्‍
হ	হ্	ह	ह
ক্ষ	ক্ষ্	क्ष	क्ष्‍

মাত্রা যুক্ত বর্ণ (Groupings) बारहखड़ियाँ

হিন্দী ও বাংলা বর্ণের যাথে মাত্রা যোগ করার পর তাদের পরিবর্তিত আকার ভাল করে দেখুন।

ক	কা	কি	কী	কু	কূ	কৃ	কে	কৈ	কো	কৌ	কং	কঃ
क	का	कि	की	कु	कू	कृ	के	कै	को	कौ	कं	कः
খ	খা	খি	খী	খু	খূ	খৃ	খে	খৈ	খো	খৌ	খং	খঃ
ख	खा	खि	खी	खु	खू	खृ	खे	खै	खो	खौ	खं	खः
গ	গা	গি	গী	গু	গূ	গৃ	গে	গৈ	গো	গৌ	গং	গঃ
ग	गा	गि	गी	गु	गू	गृ	गे	गै	गो	गौ	गं	गः
ঘ	ঘা	ঘি	ঘী	ঘু	ঘূ	ঘৃ	ঘে	ঘৈ	ঘো	ঘৌ	ঘং	ঘঃ
घ	घा	घि	घी	घु	घू	घृ	घे	घै	घो	घौ	घं	घः

চ	চা	চি	চী	চু	চূ	চৃ	চে	চৈ	চো	চৌ	চং	চঃ
च	**चा**	**चि**	**ची**	**चु**	**चू**	**चृ**	**चे**	**चै**	**चो**	**चौ**	**चं**	**चः**
ছ	ছা	ছি	ছী	ছু	ছূ	ছৃ	ছে	ছৈ	ছো	ছৌ	ছং	ছঃ
छ	**छा**	**छि**	**छी**	**छु**	**छू**	**छृ**	**छे**	**छै**	**छो**	**छौ**	**छं**	**छः**
জ	জা	জি	জী	জু	জূ	জৃ	জে	জৈ	জো	জৌ	জং	জঃ
ज	**जा**	**जि**	**जी**	**जु**	**जू**	**जृ**	**जे**	**जै**	**जो**	**जौ**	**जं**	**जः**
ঝ	ঝা	ঝি	ঝী	ঝু	ঝূ	ঝৃ	ঝে	ঝৈ	ঝো	ঝৌ	ঝং	ঝঃ
झ	**झा**	**झि**	**झी**	**झु**	**झू**	**झृ**	**झे**	**झै**	**झो**	**झौ**	**झं**	**झः**
ট	টা	টি	টী	টু	টূ	টৃ	টে	টৈ	টো	টৌ	টং	টঃ
ट	**टा**	**टि**	**टी**	**टु**	**टू**	**टृ**	**टे**	**टै**	**टो**	**टौ**	**टं**	**टः**
ঠ	ঠা	ঠি	ঠী	ঠু	ঠূ	ঠৃ	ঠে	ঠৈ	ঠো	ঠৌ	ঠং	ঠঃ
ठ	**ठा**	**ठि**	**ठी**	**ठु**	**ठू**	**ठृ**	**ठे**	**ठै**	**ठो**	**ठौ**	**ठं**	**ठः**
ড	ডা	ডি	ডী	ডু	ডূ	ডৃ	ডে	ডৈ	ডো	ডৌ	ডং	ডঃ
ड	**डा**	**डि**	**डी**	**डु**	**डू**	**डृ**	**डे**	**डै**	**डो**	**डौ**	**डं**	**डः**
ঢ	ঢা	ণি	ঢী	ঢু	ঢূ	ঢৃ	ঢে	ঢৈ	ঢো	ঢৌ	ঢং	ঢঃ
ढ	**ढा**	**ढि**	**ढी**	**ढु**	**ढू**	**ढृ**	**ढे**	**ढै**	**ढो**	**ढौ**	**ढं**	**ढः**
ত	তা	তি	তী	তু	তূ	তৃ	তে	তৈ	তো	তৌ	তং	তঃ
त	**ता**	**ति**	**ती**	**तु**	**तू**	**तृ**	**ते**	**तै**	**तो**	**तौ**	**तं**	**तः**
থ	থা	থি	থী	থু	থূ	থৃ	থে	থৈ	থো	থৌ	থং	থঃ
थ	**था**	**थि**	**थी**	**थु**	**थू**	**थृ**	**थे**	**थै**	**थो**	**थौ**	**थं**	**थः**
দ	দা	দি	দী	দু	দূ	দৃ	দে	দৈ	দো	দৌ	দং	দঃ
द	**दा**	**दि**	**दी**	**दु**	**दू**	**दृ**	**दे**	**दै**	**दो**	**दौ**	**दं**	**दः**
ধ	ধা	ধি	ধী	ধু	ধূ	ধৃ	ধে	ধৈ	ধো	ধৌ	ধং	ধঃ

ध	**धा**	**धि**	**धी**	**धु**	**धू**	**धृ**	**धे**	**धै**	**धो**	**धौ**	**धं**	**धः**
ন	না	নি	নী	নু	নূ	নৃ	নে	নৈ	নো	নৌ	নং	নঃ
न	**ना**	**नि**	**नी**	**नु**	**नू**	**नृ**	**ने**	**नै**	**नो**	**नौ**	**नं**	**नः**
প	পা	পি	পী	পু	পূ	পৃ	পে	পৈ	পো	পৌ	পং	পঃ
प	**पा**	**पि**	**पी**	**पु**	**पू**	**पृ**	**पे**	**पै**	**पो**	**पौ**	**पं**	**पः**
ফ	ফা	ফি	ফী	ফু	ফূ	ফৃ	ফে	ফৈ	ফৌ	ফৌ	ফং	ফঃ
फ	**फा**	**फि**	**फी**	**फु**	**फू**	**फृ**	**फे**	**फै**	**फो**	**फौ**	**फं**	**फः**
ব	বা	বি	বী	বু	বূ	বৃ	বে	বৈ	বো	বৌ	বং	বঃ
ब	**बा**	**बि**	**बी**	**बु**	**बू**	**बृ**	**बे**	**बै**	**बो**	**बौ**	**बं**	**बः**
ভ	ভা	ভি	ভী	ভু	ভূ	ভৃ	ভে	ভৈ	ভো	ভৌ	ভং	ভঃ
भ	**भा**	**भि**	**भी**	**भु**	**भू**	**भृ**	**भे**	**भै**	**भो**	**भौ**	**भं**	**भः**
ম	মা	মি	মী	মু	মূ	মৃ	মে	মৈ	মো	মো	মং	মঃ
म	**मा**	**मि**	**मी**	**मु**	**मू**	**मृ**	**मे**	**मै**	**मो**	**मौ**	**मं**	**मः**
য়	য়া	য়ি	য়ী	য়ু	য়ূ	য়ৃ	য়ে	য়ৈ	য়ো	য়ৌ	য়ং	য়ঃ
य	**या**	**यि**	**यी**	**यु**	**यू**	**यृ**	**ये**	**यै**	**यो**	**यौ**	**यं**	**यः**
র	রা	রি	রী	রু	রূ	রৃ	রে	রৈ	রো	রৌ	রং	বঃ
र	**रा**	**रि**	**री**	**रु**	**रू**	**रृ**	**रे**	**रै**	**रो**	**रौ**	**रं**	**रः**
ল	লা	লি	লী	লু	লূ	লৃ	লে	লৈ	লো	লৌ	লং	লঃ
ल	**ला**	**लि**	**ली**	**लु**	**लू**	**लृ**	**ले**	**लै**	**लो**	**लौ**	**लं**	**लः**
ব	বা	বি	বী	বু	বূ	বৃ	বে	বৈ	বো	বৌ	বং	বঃ
व	**वा**	**वि**	**वी**	**वु**	**वू**	**वृ**	**वे**	**वै**	**वो**	**वौ**	**वं**	**वः**
শ	শা	শি	শী	শু	শূ	শৃ	শে	শৈ	শো	শৌ	শং	শঃ
श	**शा**	**शि**	**शी**	**शु**	**शू**	**शृ**	**शे**	**शै**	**शो**	**शौ**	**शं**	**शः**

ষ ষা ষি ষী ষু ষূ ষৃ ষে ষৈ ষো ষৌ ষং ষঃ

ष षा षि षी षु षू षृ षे षै षो षौ षं षः

স সা সি সী সু সূ সৃ সে সৈ সো সৌ সং সঃক্ষ্ম

स सा सि सी सु सू सृ से सै सो सौ सं सः

হ হা হি হী হু হূ হৃ হে হৈ হো হৌ হং হঃ

ह हा हि ही हु हू हृ हे है हो हौ हं हः

দ্বিরুক্ত বা দ্বিত্ব বর্ণ (Double Letters) दित्व वर्ण

একই বর্ণের দুবার ব্যবহার বা দ্বিত্ব বর্ণ

ক্ক গ্গ চ্চ জ্জ ট্ট ত্ত ন্ন প্প ল্ল য্য

क्क ग्ग च्च ज्ज ट्ट त्त न्न प्प ल्ल य्य

উদাঃ	পাক্কা	**पक्का**	চাক্কা	**चक्का**
	বাচ্চা	**बच्चा**	কচ্চা	**कच्चा**
	সুগ্গা (টিয়া)	**सुग्गा**	কদ্দু (লাউ)	**कद्दू**
	প্রসন্ন	**प्रसन्न**	উজ্জ্বল	**उज्ज्वल**
	বিদ্যা	**विद्या**	উল্লু (পেচা)	**उल्लू**

যুক্তাক্ষর (Compound Letters) संयुक्ताक्षर

দুটি ভিন্ন বর্ণের মধ্যে কোনো স্বরধ্বনি না থাকলে তাদের যুক্ত করে লিখতে হয়।

ষ্ক ক্ত ৎস ণ্ম প্র ন্য ক্ল হ্য ব্য দ্ব

क्व क्त त्स ण्म प्र न्य क्ल ह्य व्य द्व

উদাঃ	তাম্র	....	ताम्र	তাম্র
	পুত্র	....	पुत्र	পুত্র
	কন্যা	....	कन्या	কন্যা
	ব্যাপার	....	व्यापार	ব্যাপার
	আচ্ছা	....	अच्छा	অচ্ছা
	এগারো	....	ग्यारह	এগারো
	অষ্ট	....	अष्ट	অষ্ট
	উল্লূ (পেঁচা)	....	उल्लू	উল্লূ
	জ্বর	....	ज्वर	জ্বর
	দ্বার	....	द्वार	দ্বার
	ব্যবস্থা	....	व्यवस्था	ব্যবস্থা
	ন্যায়	....	न्याय	ন্যায়
	কর্ণ	....	कर्ण	কর্ণ
	ধ্যান	....	ध्यान	ধ্যান
	প্রার্থনা	....	प्रार्थना	প্রার্থনা
	সুবর্ণ	....	सुवर्ण	সুবর্ণে

হিন্দীতে দু ধরণের বর্ণ আছে, দাড়ি যুক্ত বর্ণ এবং দাড়ি রহিত বর্ণ।

हिन्दी में दो प्रकार के वर्ण हैं, पाई वाले वर्ण और बिना पाई के वर्ण।

দাড়ি যুক্ত বর্ণ

ক খ গ ঘ চ জ

क ख ग घ च ज

ঝ ঞ থ ধ ঢ

झ ञ थ ध ढ

ন প ব ভ ম

न प ब भ म

য় ল ব শ ষ স

य ल व श ष स

দাড়ি রহিত বর্ণ -

ক ছ ট ঠ ড ঢ দ র হ

क छ इ म ह र ज ह भ

দাড়ি যুক্ত বর্ণ অন্য বর্ণের সাথে যুক্ত হলে তার দাড়ির লোপ হয়।

উদাঃ শ্যামল .... श्यामल শ্যামল

বিদ্যা .... विद्या বিদ্যা

চোস্ত .... चुस्त চুস্ত

সক্ত	....	सख्त	সক্ত
সুস্থ	....	स्वस्थ	স্বস্থ
বিছানা	....	बिस्तर	বিস্তর

দাড়ি রহিত বর্ণ অন্য বর্ণেব ষাথে য়ুক্ত হলে তার রূপ পরিবর্তন হয়।

উদাঃ

বঞ্চিত	....	वंचित	বঞ্চিত
টিড্ডী	....	टिड्डी	টিড্ডী
উড্ডয়ন	....	उड्डयन	উড্ডয়ন
ঠাণ্ডা	....	ठण्डा	ঠণ্ডা

হিন্দী শব্দের উচ্চারণ

(Pronounciation of Hindi Words)

हिन्दी शब्दों का उच्चारण

উদাঃ	দশ (दस)	ঘর (घर)	কলম (कलम)
	পুস্তক (पुस्तक)	হাত (हाथ)	মাথা (माथा)

উচ্চারণ অনুযায়ী বর্ণগুলির শ্রেনীবিভাজন

(Classification of Letters according to the Pronounciation)

उच्चारण के अनुसार वर्णों का वर्गीकरण

উচ্চারণ অনুযায়ী হিন্দীতে স্বর বর্ণকে দু ভাগে ভাগ করা হয়েছে- হ্রস্ব স্বর আর দীর্ঘ স্বর।

বর্ণ	কণ্ঠ	তালু	ওষ্ঠ	মুর্ধা	দন্ত	কণ্ঠতালু	কণ্ঠ ওষ্ঠ
वर्ण	कण्ठ	तालू	ओठ	मूर्धा	दन्त	कण्ठतालू	कण्ठओठ
হ্রস্ব	অ	ই	উ	ঋ	ঌ*	এ	ও
ह्रस्व	अ	इ	उ	ऋ	ऌ*	ए	ओ
দীর্ঘ	আ	ঈ	ঊ	-	-	ঐ	ঔ
	आ	ई	ऊ	—	—	ऐ	औ

এখন হিন্দী এবং বাংলা দুই ভাষায় * দ্বারা চিহ্নিত বর্নের ব্যবহার করা হয় না।

ব্যঞ্জন উচ্চারণ সূচী - **व्यंजन उच्चारण सूची**

	কণ্ঠ	তালু	মুর্ধা	দন্ত	ওষ্ঠ	নাসিকা
	कण्ठ	तालू	मूर्धा	दन्त	ओठ	नासिका
বর্ণ	ক	চ	ট	ত	প	
वर्ण	क	च	ट	त	प	
বর্ণ	খ	ছ	ঠ	থ	ফ	ঙ
वर्ण	ख	छ	ठ	थ	फ	ङ
বর্ণ	গ	জ	ড	দ	ব	
वर्ण	ग	ज	ड	द	ब	
বর্ণ	ঘ	ঝ	ঢ	ধ	ভ	এও

বর্ণ	घ	झ	ढ	ध	भ	ञ
বর্ণ			ণ	ন	ম	
वर्ण			ण	न	म	
বর্ণ		য	র	ল		
वर्ण		य	र	ल		
বর্ণ		ব	ষ			
वर्ण		व	ष			
বর্ণ	হ	শ				
वर्ण	ह	श				

নিয়ম২ঃ চার অক্ষরের শব্দগুলিতে দ্বিতীয় আর চতুর্থ বর্ণের অর্দ্ধ উচ্চারণ করবেন।

উদাঃ	চুপকর	चुपकर	চুপকর
	রসমন	रसमन	রসমন

নিয়ম ৩ ঃ পাঁচ অক্ষরের শব্দগুলিতে তৃতীয় আর পঞ্চম বর্ণের অর্দ্ধ উচ্চারণ করবেন।

উদাঃ	উমবভর	उमरभर	উমরভর
	পীতাম্বর	पीतांबर	পীতাম্বর

নিয়ম৪ ঃ তিন অক্ষরের শব্দে যদি তৃতীয় বর্ণ দীর্ঘ থাকে তাহলে দ্বিতীয় বর্ণের অর্দ্ধ উচ্চারণ করতে হয়।

উদাঃ	খাতরা (বিপদ)	खतरा	খতরা
	খুশবু (সুগন্ধ)	खुशबू	খুশবু

নিয়ম৫ ঃ চার অক্ষরের শব্দে যদি প্রথম এবং দ্বিতীয় বর্ণ সংযুক্ত থাকে তাহলে দ্বিতীয় বর্ণের পূর্ণ উচ্চারণ করতে হয়।

উদাঃ	স্বয়ংসেবক (স্বেচ্ছাসেবী)	**स्वयंसेवी**	স্বয়ংসেবক
	চিত্রকার (চিত্রকর)	**चित्रकर**	চিত্রকার

নিয়ম৬ ঃ আরবী, পারসী ও উর্দু শব্দকে হিন্দীতে লেখার সময় বর্ণের নীচে বিন্দু দেওয়া হয় আর উচ্চারণও মাত্রার অনুয়ায়ী করতে হয়।

উদাঃ	ফকীর	फ़कीर	.ফকীর
	ফুল	.फूल	.ফুল
	বালিদৈন	.बालिदैन	.বালিদৈন
	মশহল	मशहल	.মশহল

হিন্দী উচ্চারণে অনুস্বার কে মনে রাখার নিয়ম, এর দুটি ভাগ আছে।

উদাঃ	ম্যাঁয় (আমি)	मैं	ম্যাঁয়
	অন্ত	अंत	অন্ত
	আঁখ (চোখ)	आँख	আঁখ
	হুঁ	हूँ	হুঁ

পদের শ্রেণীবিভাগ (Parts of Speech) भाषा भाग

যে কোন ভাষা শিখতে হলে আগে তার ব্যাকরণ শিখতে হয়। হিন্দী ব্যাকরণে পদগুলি কে আট ভাগে ভাগ করা হয়েছে।

1. বিশেষ্য **(Noun)** संज्ञा (সজ্ঞা)
2. সর্বনাম **(Pronoun)** सर्वनाम (সর্বনাম)
3. বিশেষণ **(Adjective)** विशेषण (বিশেষণ)
4. ক্রিয়া **(Verb)** क्रिया (ক্রিয়া)
5. ক্রিয়া বিশেষণ **(Adverb)** क्रिया विशेषण (ক্রিয়া বিশেষণ)
6. পদান্বয়ী অব্যয় **(Preposition)** संबंध बोधक (পদান্বয়ী অব্যয়)

7. বাক্যান্বয়ী অব্যয় **(Conjunction)** संमुच्चय बोधक (বাক্যান্বয়ী অব্যয়)

8. অনন্বয়ী অব্যয় **(Interjection)** विस्मयादि बोधक (অনন্বয়ী অব্যয়)

বিশেষ্য (Noun) संज्ञा

বিশেষ্য ঃ যে পদ দ্বারা কোন কিছুর নাম বোঝায়, তাকে বিশেষ্য পদ বলে।

দ্রতপ্র রু ये व्यक्ति, वस्तु, स्थान, देश, पहाड़ आदि के नाम का बोध कराते हैं–

উদাঃ আম (आम) আম খেত (खेत) খেত জগত (जगत) জগত

মা (माता) মাতা বাবা (पिता) পিতা সূর্য (सूरज) সূরজ

হিন্দীতে বিশেষ্য পদগুলিকে তিনটি ভাগে ভাগ করা হয় ঃ-

1. ব্যক্তি বাচক বিশেষ্য ঃ কোন বিশেষ ব্যক্তি, স্থান, নদী, পাহাড়, গ্রন্থ প্রভৃতির নাম বোঝায়-
   উদাঃ শ্যাম (श्याम), রাম (राम), গঙ্গা (गंगा), হিমালয় (हिमालय)
2. জাতিবাচক বিশেষ্য ঃ যে বিশেষ্য পদ দ্বারা ঐ জাতীয় সমস্ত প্রাণী বা বস্তুকে বোঝায ঃ -
   উদাঃ ছেলে লড়কা (लड़का) নদী नदी পাহাড় पहाड़ (পাহাড়)

জাতিবাচক বিশেষ্যর দুটি ভাগ আছে ঃ-

1. সমূহ বাচক বিশেষ্য **(समूहवाचक** संज्ञा):
   উদাঃ দল (दल) সেনা (सेना)
2. দ্রব্য বাচক বিশেষ্য **(द्रव्यवाचक** संज्ञा):
   উদাঃ দই (दही) **दही** ঘি (घी) জল (जल)
3. ভাব বাচক বিশেষ্য (भाववाचक संज्ञा)ঃ যে বিশেষ্য পদ দ্বারা গুণ, অবস্থা বা ভাবের নাম বোঝায় ঃ-
   উদাঃ সাধুতা (साधुता) সুখ (सुख) সৌন্দর্য (सौन्दर्य)

নীচে দেওযা নামবাচক শব্দগুলি ভাল করে পড়ুন।

1.	রাজা	राजा	রাজা
2.	মহিলা	महिला	মহিলা
3.	চৌকিদার	चौकीदार	চৌকিদার
4.	আপেল	सेब	সেব
5.	আম	आम	আম
6.	পুতুল	गुड़िया	গুড়িয়া
7.	গোলাপ	गुलाब	গুলাব

8.	সূর্য	सूर्य (सूरज)	সূরজ
9.	চড়াই	गौरेया	গৌরেয়া
10.	ছুরি	चाकू	চাকু
11.	ঘোড়া	घोड़ा	ঘোড়া
12.	ঘটি	लोटा	লোটা
13.	আংটি	अंगूठी	অংগুঠী
14.	ডিম	अंडा	অণ্ডা
15.	পতঙ্গ	पतंग	পতঙ্গ
16.	আকাশ	आकाश	আকাশ
17.	বলদ	बैल	বইল
18.	নৌকা	नौका, नाव	নাও
19.	আঙুর	अंगूर	অংগুর
20.	নদী	नदी	নদী
21.	সমুদ্র	सागर	সাগর
22.	শিক্ষক	शिक्षक	শিক্ষক
23.	খেত	खेत	খেত
24.	জগত	जगत	জগত
25.	মা	माँ	মাঁ

লিঙ্গ (Gender) लिंग

হিন্দী ভাষায় দুটি লিঙ্গ স্বীকৃত হয়ঃ - পুংলিঙ্গ আর স্ত্রীলিঙ্গ

1. **পুংলিঙ্গ पुंलिंग (Masculine Gender)** ঃ পুরুষ জাতিকে বোঝায়।

   উদাঃ যে শব্দগুলি পুরুষ কিংবা নর জাতিকে বোঝায়-

   উদাঃ মাস, দিন, পাহাড়, বৃক্ষের নাম

বৈশাখ	बैशाख	সোমবার	सोमवार
পাহাড়	पर्वत	বটবৃক্ষ	वटवृक्ष

অকারান্ত বা আকারান্ত শব্দ পুংলিঙ্গ

উদাঃ	পুরুষ	पुरुष
	বাবা	पिता
	দাদা	दादा
	কাকা	काका

2. স্ত্রী লিঙ্গ স্ত্রীলিংগ **(Feminine Gender):** স্ত্রী কিংবা মহিলা জাতিকে বোঝায়

উদাঃ :	নদী	नदी
	মা□	माँ
	মহিলা	महिला
	ভাষা	भाषा
	তেলুগু	तेलुगु
	মারাঠী	मराठी
	তামিল	तमिल
	গোদাবরী	गोदावरी
	গঙ্গা	गंगा
	দেবী	देवी

লিঙ্গ পরিবর্তন (Change of Gender)

পুংলিঙ্গবাচক শব্দের শেষে বিভিন্ন প্রত্যয় যোগ করে স্ত্রীলিঙ্গ শব্দের গঠন-

উদাঃ	ধোপা	धोबी	(ধোবী)	....	ধোবিন	धोबिन	(ধোবিন)
	বর	दुल्हा	(দুলহা)	....	দুলহন	दुल्हन	(দুলহন)
	পড়সী	पड़ोसी	(পড়োসী)	....	পড়োসন	पड़ोसन	(পড়োসন)
	মালী	माली	(মালী)	....	মালিন	मालिन	(মালিন)
	ভিখারী	भिखारी	(ভিখারী)	....	ভিখারিন	भिखारन	(ভিখারন)
	লোহার	लुहार	(লুহাব.)	....	লুহারিন	लुहारिन	(লুহারিন)

ব্রাহ্মণ	ब्राह्मण	(ব্রাহ্মণ)	....	ব্রাহ্মণী	ब्राह्मणी	(ব্রাহ্মণী)
নর্তক	नर्तक	(নর্তক)	....	নর্তকী	नर्तकी	(নর্তকী)
মানব	मानव	(মানব)	....	মানবী	मानवी	(মানবী)
কনিষ্ঠ	कनिष्ठ	(কনিষ্ঠ)	....	কনিষ্ঠা	कनिष्ठा	(কনিষ্ঠা)
মাতুল	मामा	(মামা)	....	মাতুলানী	मामी	(মামী)
কুটিল	कुटिल	(কুটিল)	....	কুটিলা	कुटिला	(কুটিলা)
সন্ন্যাসী	संन्यासी	(সন্ন্যাসী)	....	সন্ন্যাসিনী	संन्यासिनी	(সন্ন্যাসিনী)
বিদেশী	विदेशी	(বিদেশী)	....	বিদেশিনী	विदेशिनी	(বিদেশিনী)
কিশোর	किशोर	(কিশোর)	....	কিশোরী	किशोरी	(কিশোরী)
নট	नट	(নট)	....	নটী	नटी	(নটী)
বাঘ	बाघ	(বাঘ)	....	বাঘিনী	बाघिन	(বাঘিন)
হস্তী	हाथी	(হাথী)	....	হস্তিনী	हथिनी	(হথিনি)
নাগ	नाग	(নাগ)	....	নাগিনী	नागिन	(নাগিন)
বিড়াল	बिलाव	(বিলাব)	....	বিড়ালী	बिल्ली	(বিল্লী)
ময়ূর	मोर	(মোর)	....	ময়ূরী	मोरनी	(মোরনী)
লেখক	लेखक	(লেখক)	....	লেখিকা	लेखिका	(লেখিকা)
শিক্ষক	शिक्षक	(শিক্ষক)	....	শিক্ষিকা	शिक्षिका	(শিক্ষিকা)
গায়ক	गायक	(গায়ক)	....	গায়িকা	गायिका	(গায়িকা)
পাঠক	पाठक	(পাঠক)	....	পাঠিকা	पाठिका	(পাঠিকা)
প্রচারক	प्रचारक	(প্রচারক)	....	প্রচারিকা	प्रचारिका	(প্রচারিকা)
সাধক	साधक	(সাধক)	....	সাধিকা	साधिका	(সাধিকা)

অপ্রাণি বাচক বস্তু (Lifeless Articles) अप्राणिवाचक वस्तुएं

কেবল পুংলিঙ্গ শব্দ দেওয়া আছে

গ্রন্থ	ग्रंथ	গ্রন্থ
শহর	शहर	শহর
কলা	केला	কেলা
ফুল	फूल	ফুল
বাড়ি	घर	ঘর
কাপড়	कपड़ा	কপড়া
আম	आम	আম
ফল	फल	ফল
হাত	हाथ	হাথ
পাহাড়	पहाड़	পাহাড়

নীচে দেওয়া শব্দগুলি স্ত্রীলিঙ্গের

লতা	लता	লতা
বই	पुस्तक	পুস্তক
গাড়ী	गाड़ी	গাড়ী
রুটি	रोटी	রোটী
বেকার	बेकारी	বেকারী
ঘড়ী	घड़ी	ঘড়ী
চেয়ার	कुर्सी	কুর্সী
কলম	कलम	কলম
বস্তু	चीज	চীজ

কিছু স্ত্রীলিঙ্গ আর পুংলিঙ্গ শব্দ দেখুন

পুংলিঙ্গ		স্ত্রীলিঙ্গ		পুংলিঙ্গ		স্ত্রীলিঙ্গ	
ছাত্র	छात्र	ছাত্রী	छात्रा	স্বামী	पति	স্ত্রী	पत्नी
শেঠ	सेठ	শেঠানী	सेठानी	সর্প	सर्प	সর্পিণী	सर्पिणी
নায়ক	अभिनेता	নায়িকা	अभिनेत्री	বিদ্বান	विद्वान	বিদুষী	विदुषी

বন্ধু	मित्र	বান্ধবী	सहेली	চৌধুরী	चौधरी	চৌধুরানী	चौधरानी
প্রেমিক	प्रेमी	প্রেমিকা	प्रेमिका	চাকর	दास	চাকরানী	दासी
তরুণ	युवक	তরুণী	युवती	মোরগ	मुर्गा	মুরগী	मुर्गी
রাজা	राजा	রানী	रानी	অধিকারী	अधिकारी	অধিকারিণী	अधिकारिणी
শিষ্য	शिष्य	শিষ্যা	शिष्या	শ্রীমান	श्रीमान	শ্রীমতী	श्रीमती
হরিণ	हरिण	হরিণী	मादा हरिण	ছেলে	लड़का	মেয়ে	लड़की
ঠাকুর	ठाकुर	ঠাকুরানী	ठकुराइन	রাজপূত	राजपूत	রাজপুতানী	राजपूतानी
লেখক	लेखक	লেখিকা	लेखिका	বাবা	पिता	মা	माता
পুরুষ	पुरुष	মহিলা	स्त्री	বর	दुल्हा	বউ	दुल्हन
দাদা	दादा	বোন	दादी	পুজারি	पुजारी	পুজারিণী	पुजारिन
মামা	मामा	মামী	मामी	যুবরাজ	युवराज	যুবরানী	युवराज्ञी
অধ্যাপক	अध्यापक	অধ্যাপিকা	अध्यापिका	বালক	बालक	বালিকা	बालिका
যুবক	युवक	যুবতী	युवती	পুত্র	भाई	কন্যা	बहन
সম্রাট	सम्राट	সাম্রাজ্ঞী	साम्राज्ञी	ছাত্র	विद्यार्थी	ছাত্রী	विद्यार्थी
চাকর	नौकर	চাকরানী	नौकरानी	সেবক	सेवक	সেবিকা	सेविका
ময়ূর	मोर	ময়ূরী	मोरनी	কপোত	कबूतर	কপোতী	कबूतरी
পুত্র	पुत्र	কন্যা	पुत्री	প্রিয়	प्रिय	প্রিয়া	प्रिया
হস্তী	हाथी	হস্তিনী	हथिनी	বলদ	बैल	গরু	गाय
সিংহ	सिंह	সিংহী	सिंहनी	ভেড়া	भेड़	ভেড়ী	मादा भेड़
ঘোটক	घोड़ा	ঘোটকী	घोड़ी	বিহঙ্গ	विहंग	বিহঙ্গী	विहंगी
মৃগ	मृग	মৃগী	मृगी	পিশাচ	पिशाच	পিশাচী	पिशाची
শূকর	सुअर	শূকরী	सुअरी	ব্যাঘ্র	व्याघ्र	ব্যাঘ্রী	व्याघ्री

বচন (Number) वचन

যার দ্বারা বিশেষ্য ও সর্বনাম পদের একত্ব ও বহুত্ব বিষয়ে আমাদের বোধ জন্মে তাকে বচন বলে। যেমন- বালক, বালকেরা, পাখি, পাখিরা ইত্যাদি। হিন্দী ও বাংলায় বচন দুরকমের। ১. একবচন, ২. বহুবচন

একবচনঃ যে বচন দ্বারা একটিমাত্র বস্তুকে বোঝায় তাকে একবচন বলে। যেমন- বালক, ছেলে, বই, আপিস ইত্যাদি।

বহুবচনঃ যে বচন দ্বারা একের অধিক বস্তুকে বোঝায় তাকে বহুবচন বলে। যেমন- বালকেরা, ছেলেরা, বইগুলি, আমরা, তারা ইত্যাদি।

বাংলাতে একবচন শব্দের সাথে রা, গুলি ইত্যাদি যোগ করে বহুবচন শব্দ গঠন করা হয় কিন্তু হিন্দীতে বচন পরিবর্তনের কিছু নির্দিষ্ট নিয়ম আছে।

1. অকারান্ত পুংলিঙ্গ শব্দ একবচন ও বহুবচন দুটিতে সমান থাকে।
   উদাঃ (পাঠক) - **पाठक** (ঘর) **घर** (গাছ) **पेड़** পেড়

2. আকারান্ত পুংলিঙ্গ শব্দ বহুবচনে একারান্ত হয়ে যায়।

   উদাঃ (ঘোড়া) **घोड़ा** - (ঘোড়ে) **घोड़े**,

   (লড়কা) **लड़का** - (লড়কে) **लड़के**

3. ঈকারান্ত স্ত্রীলিঙ্গ শব্দে বহুবচন তে য়াঁ যোগ করা হয়।
   উদাঃ (লড়কী) **लड़की** - (লড়কিয়াঁ) **लड़कियाँ**

4. আকারান্ত স্ত্রীলিঙ্গ শব্দে বহুবচনে এঁ যোগ করা হয়।
   উদাঃ (মাতা) **माता** - (মাতাএঁ) **माताएँ**

5. অকারান্ত স্ত্রীলিঙ্গ শব্দে বহুবচনে অ এঁ তে পরিবর্তিত হয়ে যায়।
   উদাঃ (পুস্তক) **पुस्तक** - (পুস্তকেঁ) **पुस्तकें**
   টেবিল मेज (মেজ) - টেবিলগুলি मेजें (মেজেঁ)
   লতা लता - লতাগুলি लतायें (লতায়েঁ)

   কুড়ি कली (কলী) -কুড়িগুলি **कलियाँ** (কলিয়াঁ)

একবচন		-	বহুবচন		একবচন		-	বহুবচন	
धारा	ধারা	-	**धाराएँ**	ধারায়েঁ	**छात्रा**	ছাত্রা	-	**छात्राएँ**	ছাত্রায়েঁ
सरिता	সরিতা	-	**सरिताएँ**	সরিতায়েঁ	**नदी**	নদী	-	**नदियाँ**	নদিয়াঁ

घोड़ा	ঘোড়া	-	**घोड़े**	ঘোড়ে	**कुर्सी**	কুর্সি	-	**कुर्सियाँ**	কুর্সিয়াঁ
घड़ी	ঘড়ি	-	**घड़ियाँ**	ঘড়িয়াঁ	**आँख**	আঁখ	-	**आँखें**	আঁখে
देवी	দেবী	-	**देवियाँ**	দেবিয়াঁ	**युवरानी**	যুবরানী	-	**युवरानियाँ**	যুবরানিয়াঁ
खिलौना	খিলৌনা	-	**खिलौने**	খিলৌনে	**अलमारी**	অলমারী	-	**अलमारियाँ**	অলমারিয়াঁ
घंटा	ঘন্টা	-	**घंटे**	ঘন্টে	**दरवाजा**	দরবাজা	-	**दरवाजे**	দরবাজে
स्त्री	স্ত্রী	-	**स्त्रियाँ**	স্ত্রিয়াঁ	**बच्चा**	বচ্চা	-	**बच्चे**	বচ্চে
मेज	মেজ	-	**मेजें**	মেজেঁ	**पहाड़ी**	পহাড়ী	-	**पहाड़ियाँ**	পহাড়িয়াঁ
लता	লতা	-	**लताएँ**	লতায়েঁ	**तारा**	তারা	-	**तारे**	তারে
सफलता	সফলতা	-	**सफलताएँ**	সফলতায়েঁ	**बुढ़िया**	বুঢ়িয়া	-	**बुढ़ियाँ**	বুঢ়িয়াঁ
उंगली	উঙলী	-	**उंगलियाँ**	উঙলিয়াঁ	**केला**	কেলা	-	**केले**	কেলে
आइना	আইনা	-	**आइने**	আইনে	**पोता**	পোতা	-	**पोते**	পোতে
धंधा	ধান্ধা	-	**धंधे**	ধন্ধে	**शताब्दी**	শতাব্দী	-	**शताब्दियाँ**	শতাব্দিয়াঁ
किरण	কিরণ	-	**किरणें**	কিরণেঁ	**युक्ति**	যুক্তি	-	**युक्तियाँ**	যুক্তিয়াঁ
कुमारी	কুমারী	-	**कुमारियाँ**	কুমারিয়াঁ	**दवा**	দবা	-	**दवाएँ**	দবাএঁ
मुहर	মুহর	-	**मुहरें**	মুহরেঁ	**आशा**	আশা	-	**आशाएँ**	আশায়েঁ
वस्तु	বস্তু	-	**वस्तुएँ**	বস্তুয়েঁ	**कलम**	কলম	-	**कलमें**	কলমেঁ
कविता	কবিতা	-	**कविताएँ**	কবিতায়েঁ	**बेटा**	বেটা	-	**बेटे**	বেটে
चिड़िया	চিড়িয়া	-	**चिड़ियाँ**	চিড়িয়াঁ	**लड़का**	লড়কা	-	**लड़के**	লড়কে
कली	কলী	-	**कलियाँ**	কলিয়াঁ	**तोता**	তোতা	-	**तोते**	তোতে

कपड़ा	কপড়া	-	**कपड़े**	কপড়ে	**संस्था**	সংস্থা	-	**संस्थाएं**	সংস্থায়েঁ
तारा	তারা	-	**तारे**	তারে	**वस्तु**	বস্তু	-	**वस्तुएँ**	বস্তুয়েঁ
लहर	লহর	-	**लहरें**	লহরেঁ	**सास**	সাস	-	**सासें**	সাসেঁ
पत्नी	পত্নী	-	**पत्नियाँ**	পত্নিয়া	**गाड़ी**	গাড়ি	-	**गाड़ियाँ**	গাড়িয়াঁ
बात	বাত	-	**बातें**	বাতেঁ	**रात**	রাত	-	**रातें**	রাতেঁ
जीभ	জিভ	-	**जीभें**	জিভেঁ	**पुस्तक**	পুস্তক	-	**पुस्तकें**	পুস্তকেঁ
नाव	নাব	-	**नावें**	নাবেঁ	**पत्ता**	পত্তা	-	**पत्ते**	পত্তে
गाय	গায়	-	**गायें**	গায়েঁ	**पंडित**	পন্ডিত	-	**पंडित**	পন্ডিত
घटा	ঘটা	-	**घटायें**	ঘটায়েঁ	**पाठशाला**	পাঠশালা	-	**पाठशालाएँ**	পাঠশালায়েঁ
ऋतु	ঋতু	-	**ऋतुएँ**	ঋতুয়েঁ	**अंगूठी**	অংগূঠী	-	**अंगूठियाँ**	অংগূঠিয়াঁ
नौकरानी	নৌকরানী	-	**नौकरानियाँ**	নৌকরানিয়াঁ	**दीवार**	দীবার	-	**दीवारें**	দীবারেঁ
उपाधि	উপাধি	-	**उपाधियाँ**	উপাধিয়াঁ	**साँस**	সাঁস	-	**साँसें**	সাঁসে
नारी	নারী	-	**नारियाँ**	নারিয়াঁ	**बेटी**	বেটী	-	**बेटियाँ**	বেটিয়াঁ

বহুবচনে অপরিবর্তিত শব্দ

बहुवचन में न बदलनेवाले शब्द

नारियल	নারিয়ল	विद्वान	বিদ্বান
पिता	পিতা	घर	ঘর
भाई	ভাই	मंदिर	মন্দির
ससुर	সসুর	वृक्ष	বৃক্ষ
हृदय	হৃদয়	कमल	কমল
नर	নর	मोती	মোতী

नगर	নগর	मामा	মামা
मगर	মগর	काका	কাকা
जंगल	জঙ্গল	महात्मा	মহাত্মা
पंडित	পন্ডিত	हाथ	হাথ
आम	আম	नंदन	নন্দন
सम्राट	সম্রাট	साँप	সাপ
जभल	দহী	फूल	ফুল
पैर	পয়ের	नेत्र	নেত্র
बचन	বচন	समुद्र	সমুদ্র
केस	কেশ	पहाड़	পাহাড়
कान	কান	काम	কাম
दाँत	দাঁত	धन	ধন
पर्वत	পর্বত	देव	দেব
पानी	পানী	नाम	নাম
नक्षत्र	নক্ষত্র	मनुष्य	মনুষ্য
घी	ঘি	राजा	রাজা
काका	কাকা	दादा	দাদা
कवि	কবি	हाथी	হাতি

কারক (Case Endings) কারক

বাক্যে ক্রিয়াপদের সাথে বিশেষ্য ও সর্বনাম পদের যে সম্বন্ধ থাকে, তাকে কারক বলা হয়।

1. কর্তৃ কারক **Nominative Case** **कर्ता कारक**– কর্তৃ কারক কে হিন্দী তে কর্ত্তা কারক বলা হয়। হিন্দী তে এর চিহ্ন নে **(ने)** প্রথমা বিভক্তি **(प्रथम विभक्ति)**
2. কর্ম কারক **Objective Case** **कर्म कारक**– কর্ম কারকের চিহ্ন কো **(को)** দ্বিতীয়া বিভক্তি - **(द्वितीय विभक्ति)**
3. করণ কারক **Instrumental Case** **करण कारक**–– করণ কারকের চিহ্ন সে, কে দ্বারা, কে সাথ **(से, के द्वारा, के साथ)** তৃতীয়া বিভক্তি - **(तृतीय विभक्ति)**
4. নিমিত্ত কারক **Dative Case** **संप्रदान कारक**– নিমিত্ত কারকের চিহ্ন সে, কে লিয়ে, কো **(के लिए, को)** চতুর্থ বিভক্তি - **(चतुर्थ विभक्ति)**
5. অপাদান কারক **Ablative Case** **अपादान कारक**–কারকের চিহ্ন সে, বিছিন্ন **(से, अलग)** পঞ্চমা বিভক্তি - **(पंचम विभक्ति)**

6 সম্বন্ধ কারক **Possesive Case** संबंध कारक– সম্বন্ধ কারকের চিহ্ন কা, কে, কী (का, के, की ला, ले, ली) ষষ্ঠ বিভক্তি - (षष्ठ विभक्ति)

7. অধিকরণ কারক **Locative Case** अधिकरण कारक– অধিকরণ কারকের চিহ্ন মে, পর (में, पर) সপ্তম বিভক্তি - (सप्तम विभक्ति)

8. সম্বোধন কারক **Vocative Case** संबोधन कारक–সম্বোধন কারকের চিহ্ন হে!, অরে! (हे!, अरे!) অষ্টম বিভক্তি - (अष्टम विभक्ति)

1. **কর্তৃ কারক** প্রথমা বিভক্তি कर्तृ कारक **(Nominative Case)**: বাক্যের কর্তাকে বোঝায়।

উদাহরণ গৌরী আম খেয়েছে।

गौरी ने आम खाये हैं।

গৌরী নে আম খায়ে হায়ঁ।

2. **কর্ম কারক** (দ্বিতীয়া বিভক্তি) कर्म कारक **(Objective Case)** বাক্যের কর্তার কাজকে বোঝায়।

উদাহরণ সেঠ চাকর কে ডেকেছেন।

सेठ ने नौकर को बुलाया है।

সেঠ নে নৌকর কো বুলায়া হায়।।

3. **করণ কারক**(তৃতীয়া বিভক্তি) करण कारक **(Instrumental Case)** কাজের সাধন কে বোঝায়।

উদাহরণ রাম রাবণ কে বাণ দিয়ে মারলেন।

राम ने रावण को मारा।

রাম নে রাবণ কো বাণ সে মারা।

4. **নিমিত্ত কারক**(চতুর্থ বিভক্তি) सम्प्रदान कारक **(Dative Case)** কাজের উদ্দেশ্যকে বোঝায়।

উদাহরণ আমি আরোগ্যর জন্য যোগাভ্যাস করি।

हम स्वास्थ्य के लिए योग करते हैं।

হাম স্বাস্থ্য কে লিয়ে যোগ করতে হায়ঁ।

5. **আপাদান কারক** (পঞ্চমা বিভক্তি) अपादान कारक **(Ablative Case)** বিচ্ছিন্ন বা আলাদা হওয়া বোঝায়।

উদাহরণ গাছ থেকে ফল পড়ছে।

पेड़ से फल टपक रहे हैं।

পেড় সে ফল টপক রহে হায়ঁ।

6. **সম্বন্ধ কারক** ষষ্ঠী বিভক্তি संबंध कारक **(Possesive Case)** বস্তু বা ব্যক্তির পরস্পর সম্বন্ধ কে বোঝায়।

উদাক্ষ্ম এটি আমার বোনের বই।

यह मेरी बहन की किताब है।

ইয়ে মেরী বহন কী কিতাব হায়।

7. **অধিকরণ কারক** সপ্তম বিভক্তি **अधिकरण कारक (Locative Case)** আধার বা আশয় বোঝায়।

উদাক্ষ্ম বইটি টেবিলে রাখা আছে।

किताब मेज पर रखी है।

কিতাব মেজ পর রাখি হায়।

8. **সম্বোধন কারক सम्बोधन कारक (Vocative Case)** কাউকে ডাকা বা সম্বোধন করার ভাব বোঝায়।

উদাক্ষ্ম হে ঈশ্বর! দয়া কর।

हे ईश्वर! दया करो।

কারকের ব্যবহার নিয়ম মাফিক করতে হয়। হিন্দী তে কারক বিশষ্যে বা ষর্বনাম পদের পরে আষে।

উদাক্ষ্ম মাএর বই তে

माताजी की किताब में

মাতাজী কী কিতাব মে

বচন ও লিঙ্গানুযায়ী কারক চিহ্ন পরিবর্তিত হয়।

নিয়ক্ষ্ম	পুংলিঙ্গ এক বচন	কা (का)
	পুংলিঙ্গ বহু বচন	কে (के)
	স্ত্রীলিঙ্গ এক বচন	কী (की)
	স্ত্রীলিঙ্গ বহু বচন	কী (की)

2. **সর্বনাম सर्वनाम: (Pronoun)** যে পদ বিশেষ্য পদের পরিবর্তে ব্যবহৃত হয় তাকে সর্বনাম পদ বলে।

উদাক্ষ্ম আমি, আমরা, তুমি, তোমরা, সে, তারা, আপনি

मैं, हम, तुम, तुमलोग, वह, वे लोग, आप

উদাক্ষ্ম	আমি খাবার খাচ্ছি।	मैं खाना खाता हूँ	ম্যায় খানা খাতা হুঁ।
	তুমি কোথায়?	तुम कहाँ हो?	তুম কাহাঁ হো?
	আপনি কখন আসবেন?	आप कब आएँगे?	আপ কব আয়েঙ্গে?

সর্বনাম পদের বিভাজন Division of Pronoun सर्वनाम विभाजन

সর্বনাম কে ছয় ভাগে ভাগ করা হয়েছে

1. পুরুষ বাচক সর্বনাম **(Personal Pronoun) पुरुषवाचक सर्वनाम**

বক্তা, শ্রোতা বা যার সম্বন্ধে কথা বলা হয় তাকে বোঝায়।

উদাহরণ	আমি	मैं	ম্যায়
	আমরা	हम	হম
	তুমি	तुम	তুম
	তুই	तू	তু
	আপনি	आप	আপ
	সে	आप	উবহ
	ইনি	ये	ইয়ে
	উনি	वे	উয়ে

2. আত্মবাচক সর্বনাম **(ReflexivePronoun)** निजवाचक सर्वनाम:

উদাহরণ	নিজে-নিজে	अपने आप
	স্বয়ং	स्वयं
	খুদ	खुद

3. নিশ্চয়বাচক সর্বনাম **(Demonstrative Pronoun)** निश्चय वाचक सर्वनाम:

উদাহরণ	এ	সে	ইনি	উনি
	यह	वह	ये	वे
	হয়হ	উবহ	ইয়ে	উয়ে

4. অনিশ্চয়বাচক সর্বনাম **(Indefinite Pronoun)** अनिश्चय वाचक सर्वनाम:

উদাহরণ	কেউ	....	कोई
	কিছু	....	कुछ

5. সম্বন্ধবাচক সর্বনাম **(Relative Pronoun)** सम्बन्धवाचक सर्वनाम:

উদাহরণ	যে	....	जो	জো

সে	....	सो	সো
যাকে	....	जिसे	জিসে
তাকে	....	उसे	উসে

হিন্দী তে একই বাক্য যে আর সে (জো-সো) শব্দ ব্যবহার করা হয়।

যে ভাল করে পড়ে সে পাস করে।

जो ठीक से पढ़ता है वह पास होता है।

জো ঠিক সে পঢ়তা হায় উবহ পাস হোতা হায়।

যে দেশের জন্য কষ্ট করে সে মহাপুরুষ।

जो देश के लिए तकलीफ सहन करता है वह महापुरुष होता है।

জো দেশে কে লিয়ে কষ্ট সহতা হায় উবহ মহাপুরুষ হোতা হায়।

বিভক্তি প্রত্যয় **विभक्ति प्रत्यय** : এর জন্য যে র রূপ পরিবর্তন হয়।

উদাঃ	এক বচন	বহু বচন
उदाः	**एक वचन**	**बहुवचन**
	যে	যাকে
	যার	যাদের

जो, जिसने, जिसको, जिन्होंने,जिससे, जिनसे, जिनपर

আমরা যে দেশে থাকি সে দেশে গঙ্গা প্রবাহিত হয়।

हम जिस देश में रहते हैं, उस देश में गंगा बहती है।

হম জিস দেশ মে রহতে হায়ঁ উস দেশ মে গঙ্গা বাহতি হায়।

আপনি যে আপিসে কাজ করেন সেটি কোথায়?

जिस दफ्तर में आप काम करते हैं, वह कहाँ है?

আপ জিস দফতর মে কাম করতে হায়ঁ উবহ কাহাঁ হায়?

6. প্রশ্ন বাচক সর্বনাম প্রশ্নবাচক সর্বনাম **(Interrogative Pronoun)**

উদাঃ	কে	....	कौन	কউন

কবে .... कब কব

কোথায় .... कहाँ কাহাঁ

কেন .... क्यों কিয়োঁ

কোনটি (which) **कौनसा**

উদাহরণ এটি কোন নম্বর?

यह कौन सा नम्बर है?

ইয়হ কউন সা নম্বর হায়?

এটি কোন গাড়ি?

यह कौन सी गाड़ी है?

ইয়হ কউন সী গাড়ি হায়?

ইনি (This Person) इन्होंने এঁরা

এই শব্দটি সর্বনাম। এটা সব সময় ব্যবহার করা হয়। মন দিয়ে পড়ুন।

উদাহরণ ইনি এখানে ছিলেন না।

ये यहाँ नहीं थे।

ইয়ে ওহা নহী থে।

ইনি রুটি খেয়ে নিয়েছেন।

इन्होंने रोटी खाई।

ইনেহানে রোটী খায়ী।

উনি (That Person) वे उन्होंने

এই শব্দটি সর্বনাম। এটা কে সব সময় ব্যবহার করা হয়।

উদাহরণ উনি এখানে আসবেন।

वे यहाँ आएंगे।

উয়ে ইহাঁ আয়েঙ্গে।

उन्होंने कहा– कल यहाँ बड़ा उत्सव होगा।

উনি বললেন - কাল এখানে বড় উৎসব হবে।

(অ) সর্বনামেব পরিবর্তন **(सर्वनाम का रूपान्तर)**

ব্যক্তি বা বস্তু কে প্রশ্নসূচক করার জন্য সর্বনামের ব্যবহার হয়। যেমন-

1. কৌন + কা	.....	कौन + का = किसका (whose)	কার
2. কৌন +কা	.....	कौन + का = किनका (whose)	কার
3. কৌন + নে	.....	कौन + ने = किन्होंने (who)	কে
4. তুম + কা	.....	तुम + का = तुम्हारा (your)	তোমার
5. মে + রা	.....	मैं + का = मेरा (my)	আমার
6. আপ + কা	.....	आप + का = आपका (yours)	আপনার
7. কৌন + সে	.....	कौन + से = किससे (by whom)	কার দ্বারা
8. কৌন + কো	.....	कौन + को = किनको (to whom)	কাকে
9. ম্যয় + সে	.....	मैं + से = मुझ से (by me)	আমার দ্বারা
10. তুম + সে	.....	तुम + से = तुमसे (by you)	তোমার দ্বারা
11. আপ + সে	.....	आप + से = आप से (by you)	আপনার দ্বারা
12. ম্যায় + নে	.....	मैं+ ने = मैंने (I)	আমি
13. তুম + নে	.....	तुम + ने = तुमने (you)	তুমি
14. য়হ + নে	.....	यह + ने = इसने (he)	সে
15. হম + কা	.....	हम + का = हमारा (our/ours)	আমাব/ আমাদের
16. ওহ + নে	.....	वह + ने = उसने (that)	সে

17. য়হ + কা	.....	यह + का = इसका (of this)	এঁর
18. ওহ + কা	.....	वे + का = उनको (of that)	তাঁর
19. ইহ + নে	.....	ये + ने = इन्होंने (these)	ইনারা (এঁরা)
20. ওহ + কা	.....	वह + का = उसका (of him)	ওঁদের
21. য়হ + কা	.....	ये + का = इनका (of these)	এঁদের
22. আপ +নে	.....	आप + ने = आपने (you)	আপনি
23. ম্যায় +কো	.....	मैं + को = मुझे (to me)	আমাকে
24. তুম + কো	.....	तुम + को = तुमको (to you)	তোমাকে
25. ইহ + কো	.....	यह + को = इसको (to this)	এঁদের
26. ওহ + কো	.....	वह + को = उसको (of that)	ওঁদরে
27. ওহ + সে	.....	वे + से = उनसे (by them)	তাদের দ্বারা
28. ওহ + সে	.....	वह + से = उनसे (by them)	তাদের দ্বারা
29.এহ +সে	.....	ये + से = इससे (by them)	তাঁর দ্বারা
30. তুম + সে	.....	तुम + से = तुमसे (by you)	তাদের দ্বারা
31. হম + সে	.....	हम + से = हमसे (by us)	তাদের দ্বারা
32. আপ + সে	.....	आप +को = आपको (to you)	তাদের দ্বারা
33. ইহ +সে	.....	यह + से = इससे (by this/From this)	এর দ্বারা (এর থেকে)

(আ)পুরুষ (Persons) **पुरुष**

হিন্দী ব্যাকরণে তিনটি পুরুষ

1. উত্তমপুরুষ **(First Person) उत्तम पुरुष**: বক্তা কে উত্তমপুরুষ বলা হয়।

উদাহরণ আমি, আমরা

मैं, हम - ম্যায়, হম

2. মধ্যম পুরুষ (Second Person) **मघ्यम पुरुष :** শ্রোতা কে মধ্যম পুরুষ বলা হয়।

উদাহরণ তুমি, তোমরা, আপনি

तुम, तुम्हारा, आप -তুম, তুমহারা, আপ

3. অন্য পুরুষ (Third Person) **अन्य पुरुषः** যার সম্বন্ধে কথা বলা হয় তাকে অন্য পুরুষ বলে।

উদাহরণ সে, উনারা, তারা, উনি

वह, वे, उस, उन - ওহ, এ, উস, উন

বিশেষণ (Adjective) **विषेशण:** বিশেষ্য বা সর্বনাম পদের গুণের সম্বন্ধে বলে।

উদাহরণ বীরু ভাল আছে। **वीरू अच्छा है।** বীরু আচ্ছা হায়।

সে ছোট। **वह छोटा है।** উবহ ছোটা হায়।

এটি মিষ্টি। **यह मीठा है।** ইয়ে মিঠা হায়।

বিশেষণ (Adjectives) विषेशण

খারাপ	**बुरा**	বুরা	...	টাটকা	**ताजा**	তাজা
ভাল	**अच्छा**	আচ্ছা	...	পচা	**सड़ा**	সড়া
বড়	**बड़ा**	বড়া	...	পাপী	**पापी**	পাপী
ছোট	**छोटा**	ছোটা	...	পবিত্র	**पवित्र**	পবিত্র
গোল	**गोल**	গোল	...	সরু	**पतला**	পতলা
উচ্চ	**उच्च**	উচ্চ	...	গরম	**गरम**	গরম
লম্বা	**लम्बा**	লম্বা	...	মোটা	**मोटा**	মোটা
বেঁটে	**नाटा**	নাটা	...	সাদা	**सफेद**	সফেদ
চওড়া	**चौड़ा**	চৌড়া	...	কালো	**काला**	কালো
সমান	**समान**	সমান	...	সবুজ	**हरा**	হরা
পাকা	**पका**	পাকা	...	হলুদ	**पीला**	পিলা

মিষ্টি	**मीठा**	মিঠা	...	লাল	**लाल**	লাল
পরিষ্কার	**साफ**	সাফ	...	কটু	**कड़वा**	কড়বা
নোংরা	**गंदा**	গন্দা	...	নিম্ন	**निम्न**	নিম্ন
বীর	**वीर**	বীর	...	হুশিয়ার	**होशियार**	হুশিয়াব
ভিতু	**डरपोक**	ডরপোক	...	চতুর	**चतुर**	চতুর
সুন্দর	**सुन्दर**	সুন্দর	...	মুর্খ	**मूर्ख**	মুর্খ
কুৎসিৎ	**भद्दा**	ভদ্দা	...	টাণ্ডা	**ठंडा**	টাণ্ডা

4. ক্রিয়া পদ **क्रिया (Verb):** যে পদের দ্বারা কিছু করা, হওয়া বা থাকা বোঝায় তাকে ক্রিয়াপদ বলা হয়।

ওদাঃ কুকুর ঘেউ-ঘেউ করছে।	**कुत्ता भौंकता है।**	কুত্তা ভৌঁকতা হায়।
পাখি উড়ছে।	**पक्षी उड़ते हैं।**	পক্ষী উড়তে হায়ঁ।
ঘোড়া ছুটছে।	**घोड़ा दौड़ता है।**	ঘোড়া দউড়তা হায়।
আমরা দেখছি।	**हम देखते हैं।**	হাম দেখতে হায়ঁ

কোন ভাষা বলতে, বুঝতে ও লিখতে হলে তার ক্রিয়ার সম্বন্ধে ভাল করে জানা উচিত। তা হলেই আমরা সে ভাষা ভাল করে বলতে ও বুঝতে পারব। হিন্দী তে ক্রিয়া কে দ ভাগে ভাগ করা হয়।

1. সকর্মক ক্রিয়া **(Transitive Verb)** **(सकर्मक क्रिया)**
2. অকর্মক ক্রিয়া **(Intransitive verb)** **(अकर्मक क्रिया)**

1. সকর্মক ক্রিয়াঃ যে ক্রিয়ার কর্ম থাকে তাকে সকর্মক ক্রিয়া বলা হয়।

উদাঃ কৃষ্ণ বই পড়ছে।

কৃষ্ণ **किताब पढ़ रहा है।**

কৃষ্ণ কিতাব পড় রহা হায়।

কর্তা- কৃষ্ণ কর্ম-বই ক্রিয়া- পড়ছে।

2. অকর্মক ক্রিয়াঃ যে ক্রিয়ার কর্ম থাকে না তাকে অকর্মক ক্রিয়া বলা হয়।

উদাঃ আমরা বসে আছি।

हम बैठे हैं।

হম বইঠে হায়ঁ।

রাজু ঘুমিয়ে আছে।

राजू सो रहा है।

রাজু সো রহা হায়।

কর্তা- রাজু ক্রিয়া- ঘুমিয়ে আছে।

1.	লেখা	**लिखना**	(লিখনা)	2.	চড়া	**चढ़ना**	(চড়না)
3.	খোলা	**खोलना**	(খোলনা)	4.	পান করা	**पीना**	(পিনা)
5.	পড়া	**पढ़ना**	(পড়না)	6.	আসা	**आना**	(আনা)
7.	খাওয়া	**खाना**	(খানা)	8.	শোনা	**सुनना**	(সুননা)
9.	যাওয়া	**जाना**	(জানা)	10.	দেওয়া	**देना**	(দেনা)
11.	দেখা	**देखना**	(দেখনা)	12.	চলা	**चलना**	(চলনা)
13.	কাটা	**काटना**	(কাটনা)	14.	ওড়া	**उड़ना**	(উড়না)
15.	ভয় করা	**डरना**	(ডরনা)	16.	ছুটা	**दौड़ना**	(দৌড়না)
17.	করা	**करना**	(করনা)	18.	খেলা	**खेलना**	(খেলনা)
19.	কাঁদা	**रोना**	(রোনা)	20.	হাঁসা	**हँसना**	(হাঁসনা)
21.	বসা	**बैठना**	(বৈঠনা)	22.	ওঠা	**उठना**	(উঠনা)
23.	লাফানো	**कूदना**	(কুদনা)	24.	ডোবা	**डूबना**	(ডুবনা)
25.	সাঁতার কাটা	**तैरना**	(তৈরনা)	26.	চালানো	**चलाना**	(চলানা)
27.	শেখা	**सीखना**	(শিখনা)	28.	দেওয়া	**देना**	(দেনা)

29.	বন্ধ করা	**बंद करना**	(বন্দ করনা)	30.	নেওয়া	**लेना**	(লেনা)
31.	ওড়া	**उड़ना**	(উড়না)	32.	ঘুরিয়ে দেওয়া	**लौटाना**	(লৌটানা)
33.	চেঁচানো	**चिल्लाना**	(চিল্লানা)	34.	বার করা	**निकालना**	(নিকালনা)
35.	পরা	**पहनना**	(পহননা)	36.	জেতা	**जीतना**	(জিতনা)
37.	সোওয়া	**सोना**	(সোনা)	38.	নামা	**उतरना**	(উতরনা)
39.	চরা	**चराना**	(চরানা)	40.	হারা	हारना	(হারনা)
41.	জাগা	**जागना**	(জাগনা)	42.	বলা	**बोलना**	(বোলনা)
43.	মারা	**मारना**	(মারনা)	44.	ঝগড়া করা	**झगड़ना**	(ঝগড়না)
45.	গেলা	**निगलना**	(নিগলনা)	46.	মরা	**मरना**	(মরনা)
47.	উগলে দেওয়া	**उगलना**	(উগলনা)	48.	স্পর্শ করা	**छूना**	(ছুনা)
49.	থামানো	**रोकना**	(রোকনা)	50.	পাওয়া	**पाना**	(পানা)
51.	বানানো	**बनाना**	(বনানা)	52.	পিছলে যাওয়া	**फिसलना**	(ফিসলনা)

ক্রিয়ার্থক বিশেষ্য (Gerund) **क्रियार्थक संज्ञा**

উদাহরণ ক্রিয়ার মুল শব্দ ক্রিয়ার্থক নাম

ক্রিয়া মুল	ধাতু	.....	ক্রিয়ার্থক	বিশেষ্য
পড়	**पढ़**	.....	পড়া	**पढ़ना**
লিখ	**लिख**	.....	লেখা	**लिखना**
শিখ	**सीख**	.....	শেখা	**सीखना**
খেল	**खेल**	.....	খেলা	**खेलना**
চড়	**चढ़**	.....	চড়া	**चढ़ना**

খা	**खा**	.....	খাওয়া	**खाना**
পী	**पी**	.....	পান করা	**पीना**
আ	**आ**	.....	আসা	**आना**
যা	**जा**	.....	যাওয়া	**जाना**
দেখ	**देख**	.....	দেখা	**देखना**
শুন	**सुन**	.....	শোনা	**सुनना**
কাট	**काट**	.....	কাটনা	**काटना**
কতর	**कतर**	.....	কতরনা	**कतरना**
কর	**कर**	.....	করা	**करना**
হঁস	**हँस**	.....	হাঁসা	**हँसना**
দৌড়	**दौड़**	.....	দৌড়না	**दौड़ना**
সো	**सो**	.....	সোয়া	**सोना**
ডর	**डर**	.....	ডরনা	**डरना**
চল	**चल**	.....	চলা	**चलाना**
বস	**बैठ**	.....	বসা	**बैठना**
উঠ	**उठ**	.....	উঠা	**उठना**
লম্ফ	**कूद**	.....	লাফানো	**कूदना**
উছল	**करना**	.....	উছলনা	**उछलना**
সঁত্রণ	**तैर**	.....	সাঁতার কাটা	**तैरना**
ডুব	**डूब**	.....	ডোবা	**डूबना**
নে	**लेना**	.....	নেয়া	**लेना**
চল	**चल**	.....	চলা	**चलना**

দে	**दे**	.....	দেওয়া	**देना**
উড়	**उड़**	.....	উড়না	**उठना**
ঘুর	**घूम**	.....	ঘোরা	**घूमना**
ফির	**फिरना**	.....	ফিরা	**घूमना**
ঢাল	**डाल**	.....	ঢালা	**डालना**
বাঁচ	**जी**	.....	বাঁচা	**जीना**
পর	**पहन**	.....	পরা	**पहनना**
নাম	**उतर**	.....	নামা	**उतरना**
জাগ	**जाग**	.....	জাগা	**जागना**
বল	**बोल**	.....	বলা	**बोलना**
মার	**मार**	.....	মারা	**मारना**
মর	**मर**	.....	মরা	**मरना**
ছু	**छू**	.....	ছোয়া	**छूना**
থাম	**रोक**	.....	থামানো	**रोकना**
পা	**पा**	.....	পাওয়া	**पाना**
রচ	**रच**	.....	রচনা	**रचना**
চর	**चर**	.....	চরা	**चरना**

কাল বিভাজন (Tenses) काल विभाजन

কোন ভাষা শেখার জন্য বা সেই ভাষা তে কথা বলার জন্য অন্যদের কথাকে ভাল করে শুনতে ও বুঝতে হয়। নিজের কথা অন্যদের বোঝাতে হয়। এর জন্য সেই ভাষার ব্যাকরণের ভাল জ্ঞান থাকার দরকার।

কাল আর তার বিভাজন ভাল করে শিখুন যাতে ভাষা কে আয়ত্ত করতে পারেন। কাজ কখন হয়েছিল, হচ্ছে বা হবে, এটি জানা কে কাল বলা হয়।

কাল কে তিন ভাগে ভাগ করা হয়।

I.	বর্তমান কাল	(Present tense)	वर्तमान काल
II.	ভূত কাল	(Past tense)	भविष्यत काल
III.	ভবিষ্যত কাল	(Future tense)	**वर्तमान काल**

1. বর্তমান কাল (वर्तमान काल) : ক্রিয়ার যে রুপ বোঝায় যে কাজ বর্তমান সময়ে চলছে।

উদাহরণ চাষী গরু গাড়ি চালাচ্ছে। বাবা কাপড় সেলাই করছে।

किसान बैलगाड़ी चलाता है। पिताजी कपड़े सी रहे हैं।

কিসান বৈলগাড়ি চলাতা হায়। পিতাজী কপড়ে সী রহে হায়ঁ।

হিন্দীতে বর্তমান কাল কে তিন ভাগে ভাগ করা হয়।

1. সামান্য বর্তমান কাল **(Simple Present Tense)** सामान्य वर्तमान काल : এ সাধারণ অভ্যাস কে বোঝায়।

উদাহরণ সে ইংরেজীতে কথা বলে। সীতা কাপড় কাছে।

वह अंग्रेजी में बात करता है। सीता कपड़ा धोती है।

উবহ অংরেজী মে বাত করতা হায়। সীতা কপড়া ধোতী হায়।

সূর্য পূর্ব দিশাতে ওঠে। পাখি উড়ছে।

सूरज पूरब दिशा में उगता है। पक्षी उड़ते हैं।

সুরজ পুরব দিশা মে উগতা হায়। পক্ষী উড়তে হায়ঁ।

2. তৎকালিক বর্তমান কাল**(Present Continuous Tense) अपूर्ण वर्तमान काल :** কাজের অপূর্ণ অবস্থা কে বাঝায়।

উদাহরণ ঘোড়া দৌওড়াচ্ছে। রমেশ বই পড়ছে।

घोड़े दौड़ रहे हैं। रमेश किताब पढ़ रहा है।

ঘোড়ে দৌড় রহে হায়ঁ। রমেশ কিতাব পড় রহা হায়।

এতে ক্রিয়ায় রহা, রহী, রহে (रहा, रही, रहे) যোগ করা হয়।

যখন (While) जब

কোনো একটি কাজ করার সাথে-সাথে অন্য কাজ কি করে হল তার সম্বন্ধে বোঝায়।

উদাহরণ সে যেতে-যেতে আমার সাথে কথা বলল।

उसने जाते हुए मुझ से बात की।

উসনে যাতে -যাতে মুঝসে বাত কী।

বাচ্চাটি কাঁদতে-কাঁদতে খাবার খেলো।

बच्चे ने रोते हुए खाना खाया।

বচ্চে নে রোতে হুয়ে খানা খায়া।

৩. সন্দিগ্ধ বর্তমান কাল **(Doubtful Present Tense) संदिग्ध वर्तमान काल :** যে কাজের বর্তমান সময়ে হওয়ার **সম্বন্ধে সন্দেহ থাকে তাকে সন্দিগ্ধ বর্তমান কাল বলা হয়।**

উদাহরণ আমি খেতে থাকব। তুমি পড়তে থাকবে।

मैं खा रहा होऊँगा। तुम पढ़ रहे होगे।

ম্যায় খা রহা হোউঁগা। তুম পড় রহে হোগে।

এই ক্রিয়ার সাথে হোগে, হোগা, হোগী, হোউঁগা ইত্যাদি ব্যবহার করা হয়।

II. ভূতকাল (Past Tense) भूत काल : বিগত সময়ে কাজ শেষ হয়ে যাওয়া বোঝায়।

উদাহরণ আমি লিখলাম। তুমি গান করলে।

मैंने लिखा। तुमने गाया।

ম্যাঁনে লিখা। তুমনে গায়া।

ভূতকাল কে ছয় ভাগে ভাগ করা হয়।

1.	**সামান্য ভূতকাল**	(Simple Past Tense)	सामान्य भूतकाल
2.	**আসন্ন ভূতকাল**	(Present Perfect Tense)	आसन्न भूतकाल
3.	**পূর্ণ ভূতকাল**	(Past Perfect Tense)	पूर्ण भूतकाल
4.	**অপূর্ণ ভূতকাল**	(Imperfect Past Tense)	अपूर्ण भूतकाल

5. **সন্দিগ্ধ ভূতকাল** (Doubtful Past Tense) **संदिग्ध भूतकाल**

6. **হেতুহেতুমদ ভূতকাল** (Conditional Past Tense) **हेतुहेतुमद भूतकाल**

1. **সামান্য ভূতকাল (सामान्य भूतकाल८:** ভূতকালের সাধারণ অবস্থা কে সামান্য ভূতকাল বলা হয়।

উদাহরণ মা এসেছেন।	**माताजी आई हैं।**	মাতাজী আই হ্যায়ঁ।
সে চলে গেছে।	**वह चला गया है।**	বহ চালা গয়া হ্যায়।

2. **আষন্ন ভূতকাল (आसन्न भूतकाल)** : বোঝায় যে কাজ খিছুক্ষণ আগেই শেষ হয়েছে।

উদাহরণ রামকৃষ্ণ একটু আগেই এসেছে।

रामकृष्ण अभी आया है।

রামকৃষ্ণ আভি আয়া হ্যায়।

3. **পূর্ণ ভূতকাল (पूर्ण भूतकाल)**: কাজের অনেক আগে শেষ হয়ে যাওয়া বোঝায়।

উদাহরণ ভগত সিং দেশের জন্য নিজের প্রাণ অর্পণ করে ছিলেন।

भगतसिंह ने देश के लिए अपने प्राण अर्पित किए।

ভগত ষিং নে দেশে কে লিয়ে অপনে প্রাণ অর্পিত কিয়ে।

4. **অপূর্ণ ভূতকাল (अपूर्ण भूतकाल):** বোঝায় যে কাজে অনেক আগে আরম্ভ হয়েছিল কিন্তু এখনো অপূর্ণ থাকতে পারে।

উদাহরণ গৌরী রুটি খাচ্ছিল।	বৃষ্টি হচ্ছিল।
गौरी रोटी खा रही थी।	**बरसात हो रही थी।**
গৌরী রোটি খা রহী থী।	বরসাত হো রহী থী।

আমি রাস্তা দিয়ে যাচ্ছিলাম।

मैं सड़क पर जा रहा था।

ম্যায় সড়ক পর জা রহা থা।

5. **সন্দিগ্ধ ভূতকাল (संदिग्ध भूतकाल)** : যে কাজ হওয়া সম্বন্ধে সন্দেহ থাকে।

উদাহরণ বোধায় মণিভুষন এসে গাছে।

मणिभूषणराव आ गया होगा।

মণিভূষন আ গয়া হোগা।

হয় তো শিবা লেখা-পড়া করে নিয়েছে।

शिवा ने पढ़ाई की होगी।

শিবা নে পঢ়াই কী হোগী।

6. **হেতুহেতুমদ ভূতকাল (हेतुहेतुमद भूतकाल)** সময়ে একটি কাজ হওয়ার উপর অন্য কাজের হওয়া বা না হওয়া নির্ভর করে।

উদাহরণঃ যদি সুরেশ ভাল করে পড়তো তা হলে সে অবশ্যই পাস করত।

सुरेश ने ठीक से पढ़ाई की होती तो पास हो जाता।

সুরেশ নে ঠিক সে পড়াই কী হোতী তো পাস হো জাতা।

যদি মণিকণ্ঠ অষুধ খেয়ে থাকত তা হলে সে অবশ্যই সুস্থ হত।

मणिकंठ ने दवा खाई होती तो ठीक हो जाता।

মণিকণ্ঠ নে দবা খাই হোতি তো ঠিক হো গয়া হোতা।

তোমার তখনই জিজ্ঞাষা করা উচিত ছিল।

आपको उसी समय पूछना था।

আপকো উসী সময় পুছনা থা।

নোটঃ এটি সাধারণ লোকের সাথে কথা বলার ভঙ্গী। এই কালে ক্রিয়ার পরে থা যোগ করা হয়।

ক্রিয়া + থা (হোতা +থা)

(করতা + থা)

होता was था

ইংরেজির **(is)** আর **(was)** এর মত হিন্দী তে বর্তমান কালে **'হায়'** আর ভূতকালে **'থা'** র ব্যবহার করা হয়।

1. ক্রিয়ার রূপ কর্ত্তার অনুসার পরিবর্তিত হয়ে থাকে।

জাক্ষ্ম আপনি কোথায় ছিলেন?

आप कहाँ थे?

আপ কহাঁ থে?

লক্ষ্মী কাজ কর ছিল।

लक्ष्मी काम कर रही थी ।

লক্ষ্মী কাম কর রহী থী।

2. যে বাক্যে ক্রিয়ায় থা শব্দ যোগ করা হয় সেটা বিগত সময়ে কাজ হওয়া কে বোঝায়।

জাক্ষ্ম আমি এটা করতাম।

मैं ऐसा करता था।

ম্যায় আইসা করতা থা।

তুমি এমন করে দেখতে।

तुम इस तरह देखते थे।

তুম ইস তরাহ দেখতে থে।

3 কোন এক সময় তে একটি বিশেষ কাজ না হওয়ার ফলে অন্য কাজ হয়েছে বা হয়নি বোঝাবার জন্য ব্যবহার করা হয়।

জাক্ষ্ম যদি গান্ধী জী জীবিত থাকতেন তা হলে এমন হত না।

अगर महात्मा गाँधी जीवित होते तो ऐसा नहीं होता।

অগর গান্ধী জী জীবিত হোতে তো ঐসা নহীঁ হোতা।

III. ভবিষ্যত্ কাল (भविष्यत् काल) **(Future Tense)** যে কাজ আগামী নময়ে হবে তার জন্য **ভবিষ্যত্ কাল ব্যবহার করা হয়।**

1. **সামান্য ভবিষ্যত্ কাল** (सामान्य भविष्यत् काल) **(Simple Future Tense)**

2. **সম্ভাব্য ভবিষ্যত্ কাল** (संभाव्य भविष्यत् काल) **(Future Indefinite Tense)**

1. **সামান্য ভবিষ্যত্ কাল** (सामान्य भविष्यत् काल)

সুমিত বই আনবে।	শরত কাল থেকে হিন্দী শিখবে।
सुमित किताब लाएगा।	शरद कल से हिन्दी सीखेगा।
সুমিত কিতাব লায়েগা।	শরত্ কল সে হিন্দী শিখেগা।

2. **সম্ভাব্য ভবিষ্যত্ কাল** (संभाव्य भविष्यत् काल) :

ভাল করে পড়লে সে পাস হয়ে যাবে।

अगर वह ठीक से पढ़ेगी तो पास हो जाएगी।

অগর বহ ঠিক সে পঢ়েগী তো পাস হো জায়েগী।

যদি কোটেশ্বর রাব পূজো করতো তা হলে ভাল হত।

अगर कोटेश्वर राव पूजा करेगा तो अच्छा होगा।

অগর কোটেশ্বর রাব পূজা করেগা তো অচ্ছা হোগা।

1 নোটক্ষ্ম কর্তা ম্যায় থাকলে ক্রিয়ার রূপ নিম্ন ভাবে পরিবর্তিত হয়।

আমি করব।	**मैं करूँगा (करूँगी)।**	ম্যায় করুগা।
আমি যাব।	**मैं जाऊँगा (जाऊँगी)।**	ম্যায় যাউঁগা।
আমি নেব।	**मैं लूँगा (लूँगी)।**	ম্যায় লুঁগা।
আমি খাব।	**मैं खाऊँगा (खाऊँगी)।**	ম্যায় খাউঁগা।
আমি দেব।	**मैं दूँगा (दूँगी)।**	ম্যায় দুঁগা।
দিয়ে দেব।	**दे दूँगा (दूँगी)।**	দে দুঁগা।
আমি থাকব।	**मैं रहूँगा (रहूँगी)।**	ম্যায় রহুঁগা।

2 কর্তা অনুযায়ী ক্রিয়ার রূপ পরিবর্তিত হয়।

তুমি খাবে।	**तुम पियोगे (पिओगी)।**	তুম পিওগে/পিওগী।
তুমি পড়বে।	**तुम पढ़ोगे (पढ़ोगी)।**	তুম পড়োগে/পড়োগী।
তুমি নেবে।	**तुम लोगे (लोगी)।**	তুম লোগে/লোগী।

3 ক্রিয়ার ষাথে গা, গে, গী থাকলে **ভবিষ্যত্ কাল বোঝায়।**

রাজা/রানী গান করবে।	**राजा गायेगा / रानी गायेगी।**	রাজা গায়েগা/রানী গায়েগী।
সে আনবে।	**वह आएगा / आएगी।**	বহ লায়েগা/লায়েগী।

4 **নকারাত্মক শব্দের সূচী**

উদাহরণ	আমি লিখব না।	**मैं नहीं लिखूँगा / लिखूँगी।**	ম্যায় নহীঁ লিখুঁগা।
	তুমি করবে না।	**तुम नहीं करोगे / करोगी।**	তুম নহীঁ করোগে।

গা (will) গা

ইংরেজী তে সহায়ক ক্রিয়া আর হিন্দীতে গা ভবিষ্যত্ কালের বোধ করায়।

উদাহরণ	আমি কাল আসবো।	**मैं कल आऊँगा।**	ম্যায় কাল আউঁগা।

আমি করব।	मैं करूँगा।	ম্যায় করূঁগা।
আমি দেব।	मैं दूँगा।	ম্যায় দুঁগা।
লতা কোরবে।	लता करेगी।	লতা করগেী।

(আ) কৃদন্ত (Participles) कृदन्त

কৃদন্তের তিন প্রকার আছেক্ষ্ম ১. বর্তমান কালিক কৃদন্ত ২. ভুতকালিক কৃদন্ত ৩. পুর্বকালিক কৃদন্ত। যে শব্দ ক্রিয়ার পরে এসে ক্রিয়ার কালের বোধ করায় তাকে কৃদন্ত বলে।

1. (वर्तमान कालिक कृदन्त - Present Participle)

একটি কাজ করার সময় তার সাথে অন্য কোন কাজ সম্পন্ন হলে আগের ক্রিয়াকে কৃদন্ত বলে।

উাক্ষ্ম	খেলন্ত বাচ্চা	खेलते हुए लड़के	খেলতে হুয়ে লড়কে
	ছুটন্ত ঘোড়া	दौड़ते हुए घोड़े	দড়েতে হুয়ে ঘোড়ে

কোন-কোন সময় এটি বিশেষণের পরিবর্তে ব্যবহার করা হয়।

উাক্ষ্ম উড়ন্ত পাখী उड़ती हुई चिड़िया।

যদি বর্তমান কালিক কৃদন্তের পরে সময় আসে তা হলে 'তা', 'তে', 'তী' র ব্যবহার করা হয়।

উাক্ষ্ম

স্কুল যাবার সময়

स्कूल जाते समय

স্কুল জাতে সময়

শহর থেকে ফিরার সময়

शहर से लौटते समय

শহর সে লৌটতে সময়

পড়ার সময় খথা বলা উচিত নয়।

पढ़ते समय नहीं बोलना चाहिए।

পড়তে সময় নহীঁ বোলনা চাহিয়ে।

2. ভুতকালিক কৃদন্ত (Past participle) भूतकालिक कृदन्त

সামান্য ভূতকালিক ক্রিয়া তে 'হুআ, হুই, হুয়ে' যোগ করলে সে টি ভূতকালিক কৃদন্ত হয়।

উদাহরণ	মৃত ময়ুর	मरा मोर
	ঘুমন্ত গরু	सोई हुई गाय
	পড়া শোনা জানা মহিলা	पढ़ी हुई औरत
	ঘুমন্ত সিংহ	सोया हुआ शेर

3. পূর্বকালিক কৃদন্ত (Perfect participle) पूर्वकालिक कृदन्त

ক্রিয়ার সাথে 'কর, কে' যোগ করলে সে টি ভূতকালিক কৃদন্ত হয়।

কর के, कर

হিন্দী তে ক্রিয়ার পরে 'কে, কর' যোগ করলে কাজ শেষ হয়ে যাওয়া সূচিত করে।

উদাহরণ

আমরা খেয়ে সিনেমা গেলাম।

हम खाकर सिनेमा गए

হম খাকর সিনেমা গয়ে।

আমি টি.বি. দেখে ঘুমিয়ে পড়লাম।

मैं टी. वी. देखकर सो गया।

ম্যায় টি. ভি. দেখ কর সো গয়া।

আমার বাবা স্নান করে পূজো করেন।

मेरे पिताजी स्नान करके पूजा करते हैं।

মেরে পিতাজী স্নান করকে পূজা করতে হ্যায়ঁ।

করের পরে 'কে' যোগ করলে করকে হয়ে যায়।

লক্ষ্মী পড়ে ঘুমিয়ে পড়ল।

लक्ष्मी पाठ पढ़कर सो गयी।

লক্ষ্মী পাঠ পড় কর সো গই।

সুব্রমণিয়ম মশাই কাজ করে চলে গেলেন।

सुब्रह्मण्यम जी काम कर के चले गये।

সুব্রমণিয়ম জী কাম করকে চলে গয়ে।

সকর্মক ক্রিয়ার পূর্বকালিক কৃদন্তের পরে ‘আনা’, ‘জানা’ র মত ক্রিয়ার লোপ হয়ে যায়।

উদাহরণ	দেখা যায়।	......	दिखाई देता है।	দিখাই দেতা হ্যায়।
	শোনা যায়।	......	सुनाई देता है।	শুনাই দেতা হ্যায়।
	নিয়ে জাও।	......	ले जाओ।	লে জাও।
	করা।	......	किया हुआ।	কিয়া হুআ।
	পান কর।	......	पी जाओ।	পী জাও।

কোন কাজ নিয়ম মাফিক করার জন্য ও কর শব্দের ব্যবহার করা হয়। এটি কে **Indefinite Present Tense** বলা হয়। এ তে ক্রিয়া ভূতকালের থাকে।

উদাহরণ রাত দস টা অপদি পড়বে।

रात दस बजे तक पढ़ा करो।

রাত দস বজে তক পড়া করো।

মা-বাবার সম্মান কর।

माता–पिता का सम्मान करो।

মাতা-পিতা কা সম্মান করো।

রোজ সকালে যোগ ব্যায়াম করবে।

रोज सबेरे योगाभ्यास किया करो।

রোজ সবেরে যোগাভ্যাস কিয়া করো।

সহায়ক ক্রিয়া (Auxiliary Verbs) (इ) सहायक क्रिया

যে কোন ভাষায় সহায়ক ক্রিয়ার ব্যবহার করা হয়। সহায়ক ক্রিয়া প্রধান ক্রিয়ার রীতি ও বিশেষত্ব বোঝায়। বাক্যের লিঙ্গ, বচন ও কালের প্রভাবে সহায়ক ক্রিয়ার পরিবর্তন হয়।

চাওয়া (Want) चाहना

এটি সহায়ক ক্রিয়া। যাকে কিছু চাওয়ার অর্থে ব্যবহার করা হয়।

উদাহরণ আমার চা লাগবে।

मुझे चाय चाहिए

মুঝে চায় চাহিয়ে।

আরম্ভ (To start) आरंभ

কাজের আরম্ভ হওয়ার পরে কাজ চলা কে সূচিত করে।

উদাহরণ ভাস্কর দুটো থেকে পড়তে আরম্ভ করলে।

भास्कर दो बजे से पढ़ने लगा।

ভাস্কর দুটো থেকে পড়তে আরম্ভ করল।

কর্তার লিঙ্গ ও বচনের অনুসার 'না' 'নে' হয়ে জায়।

উদাহরণ সোমেশ্বরী পড়তে লাগল।

सोमेश्वरी पढ़ने लगी।

সোমেস্বরী পড়নে লগী।

সমাপ্তি (To end) পূর্ণতা

কাজের সমাপ্তি বোঝায়।

আমি এসে গেছি।

मैं आ चुका हूँ।

ম্যায় আ চুকা হুঁ।

তুমি খেয়ে নিয়েছ।

तुम खा चुके हो।

তুম খা চুকে হো।

পারা (Can) सकना

কোন কাজ করতে পারা সুচিত করে।

উদাহরণ তুমি এ কাজ করতে পার।

तुम यह काम कर सकते हो।

তুম য়হ কাম কর সকতে হো।

পড়তে পারি।

पढ़ सकता हूँ

পড় সকতা হুঁ।

লিখতে পারি।

लिख सकता हूँ.

লিখ সকতা হুঁ।

কর্তার লিঙ্গ ও বচন অনুযায়ী সক 'সকতা', 'সকতী' তে পরিবর্তিত হয়।

উদাহরণ মহিলারা যেতে পারে।

औरतें जा सकती हैं।

আউরতেঁ জা সকতী হায়ঁ।

ছেলেরা খেলতে পারে।

लड़के खेल सकते हैं।

লড়কে খেল সকতে হায়ঁ।

শক্তি বোধক **"सकना"** (Can) পা/পানা

এই সহায়ক ক্রিয়া স্বতন্ত্র ভাবে বা ক্রিয়ার্তক বিশেষ্যের সাথে ব্যবহার করা হয়।

উাক্ষ্ম ভীড়ের জন্য আসতে পারি নি।

भीड़ की वजह से नहीं आ सका

ভীড় কী বজহ সে নহীঁ আ সকা।

ইচ্ছাবোধক **ক্ষ্মइच्छाबोधक** চাহনা (Want to) (**चाहना**)

কোন কাজ বা বস্তু কে পাওয়ার ইচ্ছে প্রকট করার জন্য 'চাহ' ব্যবহার করা হয়।

উাক্ষ্ম সে বই চায়।

उसे किताब चाहिए।

উসে কিতাব চাহিয়ে।

উাক্ষ্ম তুমি কি পড়তে চাও?

क्या तुम पढ़ना चाहते हो?

কেয়া তুম পড়না চাহতে হো?

(ঈ) সংযুক্ত ক্রিয়াপদ (Compound Verbs) संयुक्त क्रियापद

হিন্দী ভাষা কে ভাল ভাবে বোঝার জন্য এবার হিন্দীর সংযুক্ত ক্রিয়া আর তার ব্যবহারের নিয়ম শিখুন।

উাক্ষ্ম লাগা, ঢালা, যাওয়া, দেওয়া, ওঠা, বসা, রাখা, চাড়া

उदा: लगना, डालना, जाना, देना, बैठना, उठना, रखना, छोड़ना

পড়না- पड़ना, তাকনা-**ताकना**, ডালনা- **डालना**, জানা- **जाना**, দেনা-**देना**, বৈঠনা-**न्नबैठना**, উঠনা-**उठना**, রখনা- **रखना**, ছোড়না- **छोड़ना।**

উদাহরণ জানে লগনা — जाने लगना।

দেখনে লগনা — देखने लगना।

সুনাই পড়না — सुनाई पड़ना।

লেনাক্ষ্ম দুটি ক্রিয়া মিলিত হলে তাকে সংযুক্ত ক্রিয়া বলা হয়।

উদাহরণ	দেখে নিয়ো	देख लेना।	দেখ লেনা।
	তুমি এটা দেখে নিয়ো।	तुम इसे देख लेना।	তুম ইসে দেখ লেনা।

লেনা (आत्मार्थ क्रिया) (Self) लेना

এই সহায়ক ক্রিয়াটি নিজের সম্বন্ধে কিছু বলার জন্য ব্যবহার করা হয়।

উদাহরণ	আমি এই কাজ করে নিতে পারি।	मैं यह काम कर लेता हूँ।	ম্যায় ইয়হ কাম কর লেত হুঁ।
	তুমি যেই কাজটি করে নাও।	तुम वह काम कर लो।	তুম উবহ কাম কর লো।

দে (Set) दे

অনুমতি চাওয়া বা দেওয়ার অর্থে প্রযুক্ত হয়।

উদাহরণ	আমায় অনুমতি দিন।	मुझे अनुमति दें।	মুঝে অনুমতি দেঁ।
	আমায় যেতে দাও।	मुझे जाने दो।	মুঝে জানে দো।

বাক্যের কর্তার লিঙ্গ ও বচন অনুযায়ী সহায়ক ক্রিয়া পরিবর্তিত করা হয়।

উদাহরণ	তাকে শিখতে দাও।	उसे सीखने दो।	উসে সিখনে দো।

জানা (Ought to) जाना

কোনো কাজ করতে হবে বোঝায়।

উদাহরণ তুমি এখানে চলে এস। तुम यहाँ आ जाना। তুম ইহাঁ চলে আনা।
আমার এটা নিয়ে যাতে হবে। मुझे यह ले जाना होगा। মুঝে ইয়হ লে জানা হোগা।

ভূতকালে জানার পরিবর্তে গয়া ব্যবহার করা হয়।

উদাহরণ আমি নিয়ে গেলাম। मैं लेकर गया ম্যায় লেকর গয়া।

করতে হলো करना पड़ा (Have to)

কোন কাজ করতে হবে বা হোলো বোঝাতে চাইলে এই সহায়ক ক্রিয়ার ব্যবহার করা হয়।

উদাহরণ আমায় এ কাজ করতে হলো। मुझे यह काम करना पड़ा। মুঝে ইয়হ কাম করনা পড়া।

এটা মেনে নিতে হল। यह मानना पड़ा। ইয়হ মাননা পড়া।

করে/করিয়ে ফেলা (Away) कर डालना

এ সহায়ক ক্রিয়া নিশ্চয়তার বোধ করায়।

উদাহরণ 1. ভেঙে ফেলা। तोड़ डालना **তোড় ডালনা**
2. কাট ডালনা। काट डालना **কাট ডালনা**
3. ম্যায় উসে কাট সকতা হুঁ। मैं उसे काट डालता हूँ। **ম্যায় উসে কাট ডালতা হুঁ।**

ওঠা (आकस्मिक बोधक) उठना

হটাৎ কোন কাজ হয়ে যাওয়া বোঝায়।

উদাহরণ 1. বলে ওঠা। बोल उठना। বোল ওঠনা।
2. জেগে ওঠা। जाग उठना। জাগ ওঠনা।
3. আমি জেগে উঠলাম। मैं जाग गया। ম্যায় জাগ গয়া ।

রাখা (Keep) रखना

কিছু লুকোনো বা সংরক্ষিত করার অর্থে ব্যবহার করা হয়।

উদাহরণ ব্যবসায়ী অনেক কোটি টাকা রোজগার করেছে। **व्यापारी ने करोड़ों रुपये कमा लिए।**

ব্যাপারি নে করোড়ো রুপিয়ে কমা লিয়ে।

প্রেরণার্থক ক্রিয়া (Causal Verb) प्रेरणार्थक क्रिया

যে ক্রিয়া কাজ নিজে না করে সেটি কে অন্য লোক দিয়ে করানো বোঝায় তাকে হিন্দীতে প্রেরণার্থক ক্রিয়া বলা হয়।

নিয়ম 1: যখন আমরা নিজে কাজ করি তখন ক্রিয়ার মূল শব্দে কোনপরিবর্তন হয় না।

উদাহরণ করা **करना** করা

আমায় আজ এ কাজ করতে হবে।

मुझे आज यह काम करना है।

মুঝে আজ ইয়হ কাম করনা হায়।

নিয়ম 2: কাজ নিজে না করে অন্য কাউকে দিয়ে করালে করতে 'করাতে' হয়ে যায়।

উদাহরণ **আজ তাকে দিয়ে এ কাজটি করাতে হবে।**

आज उससे यह काम करवाना है।

আজ উসসে ইয়হ কাম করবানা হায়।

আজ আমি ও কে বলে এ কাজ করিয়ে নেব।

आज मैं उससे कह कर यह काम करवा लूँगा।

আজ ম্যায় উসসে কহ কর ইয়হ কাম করবা লূঁগা।

আপনারা জানেন যে একটি বাক্য কর্তা, কর্ম ও ক্রিয়া থাকে।

কর্তা (subject) যে কাজ করে **कर्ता– कार्य करनेवाला**

কর্ম (object) যার উপর কাজের ফল হয় **कर्म– जिस पर कार्य का प्रभाव पड़ता हो**

ক্রিয়া (verb) কাজ **क्रियापद–कार्य**

কিন্তু প্রেরণার্থক ক্রিয়ার ক্ষেত্রে (কর্তা-উপকর্তা-কর্ম-ক্রিয়া) থাকে।

আমি কাপড় শেলাই করলাম। করলাম

मैंने कपड़ा सिला। सिला

ম্যইনে কপড়া সিলা।

আমি কাপড় শেলাই করালাম। করালাম

मैंने कपड़े सिलवाए। सिलवाए

ম্যনে কপড়ে সিলবায়ে। সিলবায়ে।

শেলাইর কাজটি আমি নিজে না করে দর্জী কে দিয়ে করিয়েছি।

सिलाई करने का काम मैंने खुद न कर दर्जी से करवाया। करवाया

সিলাই করনে কা কাম ম্যনে খুদ না কর দর্জী সে করবায়া। করবায়া

5. **ক্রিয়া বিশেষণ ক্রিয়া বিশোষণ (Adverb) :** যে পদ ক্রিয়ার বিশেষত্ব কে সূচিত করে তাকে ক্রিয়া বিশেষণ বলে।

উদাহরণ জোরে, আস্তে, কখন, কোথায়

जोर से, धीरे, कब, कहाँ

জোর সে, ধীরে, কব, কহাঁ

আমি কখনো-কখনো ভাত খাই।

मैं कभी–कभी चावल खाता हूँ।

ম্যায় কভী-কভী চাবল খাতা হুঁ।

তুমি তাড়াতাড়ি লেখো।

तुम जल्दी लिखते हो।

তুম জাল্দী লিখতে হো।

ক্রিয়া বিশেষণ (Adverbs)   क्रिया विषेशण

রোজ-রোজ (প্রতি দিন)	रोज–रोज	
কাল (বিগত/আগামী)	कल बीता हुआ/आने वाला	(বিতা হুয়া/ আনে বালা)
কখন	कब	কব
সব সময়	हमेशा	হামেশা
এখন	अब	অব
হটাৎ	सहसा	সহসা
প্রায়	अक्सर	অক্সর
জোরে	तेज	(তেজ)
কখনো-কখনো	कभी–कभी	(কভী-কভী)
পরসু	परसों	(পরসোঁ)
তৎকাল	तुरंत	(তুরন্ত)
বেশি	अधिक	(অধিক)
অল্প	जरा/थोड़ा	(জরা/থোড়া)
অনেক	खूब, बहुत	(খুব/বহুত)
বাইরে	बाहर	(বাহর)
দেরি	देर	(দের)

এবার আমরা হিন্দীর কিছু এমন শব্দ শিখব যে গুলি প্রায় ব্যবহার করা হয়।

যখন	जब (জব)	যেখানে	जहाँ (জহাঁ)
যেমন	जैसा (জৈসা)	যত	जितना (জিতনা)

শব্দের ব্যবহার शब्दों का प्रयोग

এই শব্দগুলি ক্রিয়া বিশেষণ(adverbs)

নিয়ণক্ষ্ম এই শব্দগুলির একা বা আলাদা ব্যবহার করা হয় না।

যখন-তখন, যেখান-সেখান, যেমন-তেমন, যত-তত

जब–तब, जहाँ–तहाँ, जैसे–तैसे, जितना–उतना

উাক্ষ্ম যেখানে সূর্য থাকে সেখানে অন্ধকার থাকতে পারে না।

उदा: जहाँ सूरज होता है वहाँ अंधेरा नहीं रह सकता।

জাহাঁ সূরজ রহতা হায় উহাঁ অন্ধেরা নহীঁ রহ সাকতা।

যখন আমি কোলকাতা গিয়েছিলাম তখন একটি সিনেমার শুটিং হচ্ছিল।

जब मैं कलकत्ता गया तब वहाँ एक सिनेमा की शूटिंग चल रही थी।

জাব ম্যায় কলকত্তা গিয়া থা তাব উহাঁ এক সিনেমা কী শুটিং চাল রাহী থী।

যত টাকায় এই টেবিল পাওয়া গেছে তত টাকায় একটি চেয়ারও পাউয়া যায় না।

जितने रुपयों में यह मेज मिली उतने में एक कुर्सी भी नहीं मिलती।

জিতনে রুপিয়ে মে ইয়হ মেজ মিলী উতনে রুপিয়ে মে এক কুর্সী ভী নহীঁ মিলতী।

অতো যে **इतना–कि (so that)**

কোন বিষয়ের বিশেষত্ব বোঝাতে হলে এর ব্যবহার করা হয়।

উাক্ষ্ম আমি এত অশক্ত ছিলাম যে চেয়ার থেকে উঠতেও পারলাম না।

मैं इतना कमजोर था कि कुर्सी से उठ भी नहीं सका।

ম্যায় ইতনা কমজোর থা কি কুরসী সে উঠ ভী নহীঁ সকা।

যদি- তাহলে **अगर–तो (if - were) यदि–तो**

উদাহরণ যদি বাবার কাছে টাকা থাকত তা হলে উনি মোটর সায়কিল কিনতেন।

अगर पिताजी के पास पैसे होते तो वे मोटर साइकिल खरीदते।

অগর পিতাজী কে পাস পইসে হোতে তো উয়ে মোটর সাইকিল খরীদতে।

যেমন-তেমন (which - that) जैसा–वैसा

রামবাবু যেমন করছে তুমি ও তেমনই কর।

जैसा रामबाबू कर रहा है तुम भी वैसा ही करो।

জইসা রামবাবু কর রহা হায় তুম ভী ওইসা হী করো।

না (neither - nor) না

উদাহরণ তার কাছে না পযসা আছে না বিদ্যা।

उसके पास न तो धन है न ही विद्या।

উসকে পাস ন তো বিদ্যা হায় না হি ধন।

যেমনই -যখনই (No sooner - than) ज्योंही–त्योंही

একটি কাজ হওয়া র সাথে-সাথে অন্য কাজ আরম্ভ হয়েছে।

উদাহরণ গৌতমী এক্সপ্রেস আসার সাথে-সাথে আমার বন্ধু তাতে উঠে পড়ল।

जब गौतमी एक्सप्रेस पहुँची तब मेरा मित्र उस पर सवार हुआ।

জব গৌতমী এক্সপ্রেস পহুঁচী তব মেরা মিত্র উস পর সবার হুয়া।

তাহলে ও (even though - Also) यद्यपि –तो भी

উদাহরণ তার কাছে পয়সা নেই তবুও সে লোকের সহায়তা করে।

उसके पास धन नहीं है फिर भी वह लोगों की मदद करता है।

উসকে পাস ধন নহীঁ হায় ফির ভী উবহ লোগোঁ কী মদদ করতা হায়।

এটা বা সেটা (হয় তো নইলে) (either - or) यह या वह

হয় তো সে ক্রিকেট খেলবে নইলে হকী।

वह या तो क्रिकेट खेलेगा या हॉकी।

উবহ ইয়া তো ক্রিকেট খেলেগা ইয়া হকী।

যেখানে-সেখানে (যেথায়-সেথায়) **(where there is)** **जहाँ –वहाँ**

উাক্ষ্ম যেথায় কৃষ্ণ থাকবে সেথায় রাধা।

जहाँ कृष्ण होगा वहाँ राधा होगी ।

জহাঁ কৃষ্ণ হোগা উহাঁ রাধা হোগী।

যে **(that)** कि

হিন্দী তে একটি প্রধান বাক্য আর একটি উপবাক্য কে যোগ করার জন্য এর ব্যবহার করা হয়।

উাক্ষ্ম ভাস্কর বাবু বললেন যে কাল এখানে একটি বড় উৎসব হবে।

भास्करजी ने कहा कि कल यहाँ एक बड़ा उत्सव होगा।

ভাস্কর জী নে কহা কি কাল ইহাঁ পর এক বড়া উৎসব হোগা।

নিফাক্ষ্ম হিন্দী তে কোন শব্দ মুচ্চয়বোধক হলেও এটি কে বিভিন্ন অর্থে ব্যবহার করা হয়। (conjuction)

উাক্ষ্ম আপনি হিন্দী বুঝতে পারেন কি না?

आप हिन्दी समझ सकते हैं या नहीं?

আপ হিন্দী সমঝ সকতে হায় কি নহীঁ?

তার মার অসুস্থতার জন্য রহীম ভীষণ দুক্ষ্মখী।

अपनी माँ के बीमार होने की वजह से रहीम बहुत दु:खी है।

অপনি মাকে বীমার হোনে কি বজহ সে রহীম বহুত দুক্ষ্মখী হায়।

এমন **(such)** **ऐसा–जैसा**

নিফাক্ষ্ম একটি বিষয় কে অনেক রকম ভাবে বোঝায়।

উাক্ষ্ম দেখার মত — देखने योग्य — দেখনে যোগ্য

করার মত — करने योग्य — করনে যোগ্য

পাওয়ার মত	प्राप्त करने योग्य	প্রাপ্ত করনে যোগ্য
রোজগার কবা	कमाया हुआृ	কমায়া হুয়া
যা দেখল	देखा हुआ	দেখা হুয়া
যা করল	किया हुआ	কিয়া হুয়া

আমি এখন পর্যন্ত যা রোজগার করলাম সব শেষ করে দিয়েছি।

मैंने अब तक जो भी कमाया, वह सब खर्च कर दिया।

ম্যনে অব তক জো কমায়া ষব খতম কর দিয়া।

আপনি যা করেছেন সে টি ঠিক।

आपने जो किया वह सही है।

আপনে জো কিয়া উবহ ঠিক হায়।

মত **(Like)** **सा**

এটি বইতে থাকে না কিন্তু সাধারণ কথা বলার সময় ব্যবহার করা হয়।

তোমার মত আর কেউ নয়।

तुम्हारे जैसा कोई और नहीं है।

তুমহারে জায়সা কোই আউর নহীঁ হায়।

আমার মত পাগল হয় না।

मेरे जैसा पागल नहीं होता।

মেরে জাযসা পাগল নহীঁ হোতা।

সম্বন্ধ বাচক (संबंधवाचक) ক্ষ্ম বিশেষ্য বা সর্বনামের পরে আসে এবং বাক্যের অন্যান্য শব্দের সাথে তার সম্বন্ধ কে বোঝায়।

উাক্ষ্ম তে, পাসে, উপরে, ভিতরে, নীচে

में, पर, पास, ऊपर, नीचे, अंदर

ঘরে বেড়াল আছে।

कमरे में बिल्ली है।

কমরে মে বিল্লী হায়।

হায়দ্রাবাদ মুম্বাই থেকে কত দুর? **हैदराबाद मुंबई से कितनी दूर है।** হায়দ্রাবাদ মুম্বাই সে কিতনী দুর হায়।

সম্বন্ধ বাচকের দুটি ভাগ আছে- **1.সম্বন্ধ বাচক (संबंध वाचक) 2. অনুবন্ধ বাচক (अनुबंध वाचक)**

1.সম্বন্ধ বাচক (संबंध वाचक): এই প্রকারের অব্যয় বিশেষ্য ও সর্বনামের বিভক্তির পরে আাসে।

উদাহরণ আমি তোমার নিকট আত্মীয়।

मैं तुम्हारा करीबी रिश्तेदार हूँ।

তুমি আমার বাড়ির দিকে আসছ।

तुम मेरे घर की तरफ आ रहे हो।

কিছু সম্বন্ধ বাচক শব্দ **कुछ संबंधवाचक शब्द**

1. এর পরে	.....	**के बाद**	কে বাদ
2. এর আগে	.....	**के पहले**	কে পহলে
3. এর উপর	.....	**के ऊपर**	কে উপর
4 .এর নীচে	.....	**के नीचे**	কে নীচে
5. এর পাসে	.....	**के पास**	কে পাস
6. থেকে দুরে	.....	**से दूर**	কে দুর
7. এর ভীতরে	.....	**के अंदर**	কে অন্দর
8. এর বাইরে	.....	**के बाहर**	কে বাহর
9. এর পীছে	.....	**के पीछे**	কে পিছে
10. এর সম্বন্ধে	.....	**के बारे में**	কে বারে মে
11. এর সামনে	.....	**के सामने**	কে সামনে
12. এর সাথে	.....	**के साथ**	কে সাথ
13. এর দিকে	.....	**के ओर/के तरफ**	কে ওর/কে তরফ

14. এর ছাড়া	.....	**के अलावा**	কে আলাবা
15. এর বদলে	.....	**के जगह**	কে জগহ পর
16. এর জন্য	.....	**के लिए**	কে লিয়ে
17. এর মত	.....	**के तरह**	কে তরহ
18. এর কাছে	.....	**के यहाँ**	কে ইহাঁ

2. অনুবন্ধ বাচক अनुबंध वाचक

উদা: সহিত **सहित**

পর্যন্ত **पर्यन्त (तक)**

আমি এগারোটা পর্যন্ত থাকি।

मैं ग्यारह बजे तक रहता हूँ।

ম্যায়ঁ এগারা বাজে তক রহতা হুঁ।

আমি ভাস্কর বাবুর সাথে আসি।

मैं भाष्कर जी के साथ आता हूँ।

ম্যায়ঁ ভাস্কর জী কে সাথ আতা হুঁ।

7. সমুচ্চয় বাচক- समुच्चयवाचक (conjunction) অব্যয় দুটি শব্দ বা বাক্য কে যোগ করে।

উদা: আর, তাই

और इसीलिए

বা	**वा** বা	......	কেন কি/না	**क्यों कि**		কিয়োঁ কি
কিংবা	**किंवा** কিংবা	......	তথাপি	**यद्यपि**		যদ্যপি
অথবা	**अथवा** অথবা	......	আর/এবং	**और / एवं / व**		আউর/এবং/ব
কি	**कि** কি	......	কিন্তু	**किन्तु / पर / परंतु**		কিন্তু/পর/পরন্তু
তাহলে	**तो** তো	......	অতএব	**अतएव**	অতএব	
যেন	**मानो** মানো	......	য়ানি	**यानी**	য়ানি	

উদা: কেশব বা রাজেশ করে।

केशव या राजेश करते हैं।

কেশব ইয়া রাজেশ করতে হায়ঁ।

তুমি কিংবা আমি যাব।

तुम्हें या मुझे जाना है।

তুমহে য়া মুঝে জানা হায়।

যেন তোমাকে আমার জন্যই বানান হয়েছে।

जैसे तुमको बनाया गया है मेरे लिए।

জাইযে তুঝকো বানায়া গেয়া হায় মেরে লিয়ে।

ছাড়া (Except) के सिवा /को छोड़कर

বিশেষ ব্যক্তি বা বস্তু কে বোঝায়।

উদাহরণ উনি ছাড়া এ কাজ কেউ করতে পারে না।

उनके सिवा यह काम कोई नहीं कर सकता।

উনকে সিবা ইয়হ কাম কোই নহীঁ কর সকতা।

রাজেশ চিনি ছাড়া দুধ খায়।

राजेश बिना चीनी के दूध पीता है।

রাজেশ বিনা চিনি কে দুধ পিতা হায়।

এর ছাড়া (Besides) के अलावा

উদাহরণ সিকান্দরাবাদ ছাড়া হায়দ্রাবাদেও এমন ভবন আছে।

सिकन्दराबाद के अलावा हैदराबाद में भी ऐसा भवन है।

সিকান্দরাবাদ কে আলাবা হায়দ্রাবাদে মে ভী আইসা ভবন হায়।

নিয়ম: বিশেষ্য ও সর্বনামের আগে ও ''के अलावा'', ''के बिना'', ''के सिवा'' শব্দের ব্যবহার করা হয়।

উদাহরণ অপরেশান ছাড়া ও ঠিক হবে না।

बिना आपरेशन के वह ठीक नहीं होगा।

বিনা আপরেশান কে ও ঠিক নহীঁ হোগা।

তাকে ছাড়া এ কাজ কে করবে?

उनके सिवा यह काम कौन करेगा?

উনকে সিবা ইয়হ কা কাউন করেগা?

হিন্দী ছাড়া তেলুগুতেও অনেক বড় বিদ্বান আছেন।

हिन्दी के अलावा तेलुगु में भी बड़े विद्वान हैं।

হিন্দী কে আলাবা তেলুগু মে ভী বহুত বড়ে বড়ে বিদ্বান হায়ঁ।

8. বিস্ময়াদি বাচক- **विस्मय वाचकः (interjuction)** এ শব্দগুলি সুখ, দুঃখ, শোক, আনন্দ, আশ্চর্য ইত্যাদি ভাব কে সুচিত করে।

উদাহরণ	সাবাশ	বাহ	আরে	আহা	হায়	বাপ রে
ঃ	शाबाशः	वाह	अरे	आह	हाय	बाप रे

বিস্ময়াদি বাচক विस्मय वाचक

1. আনন্দ সূচক শব্দ

উদাহরণ বাহ, খুব ভাল, বেশ

वाह्!, बहुत अच्छे!, बहुत खूब!, शाबाश!

2. শোক সূচক শব্দঃ

উদাহরণ হায়-হায়, হে ভগবান,

उदाः हाय–हाय! हे राम,

3. আশ্চর্য সূচক শব্দঃ

উদাহরণ অরে, এ কি!

अरे! यह क्या!

4. তিরস্কার সূচক শব্দক্ষ্ম

উদাক্ষ্ম ছিক্ষ্ম !, দুর! জা! পালা!

छी:!, दुर! जा भाग!

5. সম্বোধন সূচক শব্দক্ষ্ম संबोधन सूचक:

উদাক্ষ্ম হে!, ওরে!

हे!, ओ!

শব্দ গঠন ও শব্দ বিভাজন

(Word building and division of words)

शब्द निर्माण और शब्द विभाजन

অর্থ অনুযায়ী শব্দকে তিন ভাগে ভাগ করা হয়।

1. রূঢ় **रूढ़** 2. যৌগিক **यौगिक** 3. যোগরূঢ় **योगरूढ़**

1. রুঢ় শব্দে কে বিভাজিত করলে তার কোন অর্থ থাকে না।

উদা.	মানুস	**आदमी**	আদমী
	বেড়াল	**बिल्ली**	বিল্লী
	চেয়ার	**कुर्सी**	কুর্সী
	মহিলা	**औरत**	আউরাত

2. যৌগিক **यौगिक** : শব্দে কে বিভাজিত করলেও তার অর্থ থাকে।

উদা: কার্যদর্শী **कार्यदर्शी** রান্নাঘর **रसोईघर** রসোইঘর হিমালয় **हिमालय** হিমালয়

3. যোগরূঢ় **योग रुढ़**: যে শব্দ প্রকৃতি-প্রত্যয়জাত অর্থ কে অস্বীকার না করলেও বিশেষ একটি অর্থ গ্রহণ করে।

উদা: চতুর্মুখ :(**चतुर्मुख**): সাধারন অর্থ যার চারটি মুখ আছে

বিশেষ অর্থক্ষ্ম ব্রহ্মা **ब्रम्हा**

. বায়ুনন্দন (वायुनंदन)– সাধারন অর্থ -বায়ুর পুত্র वायुपुत्र

বিশেষ অর্থক্ষ্ম হনুমান हनुमान

বাক্য (Sentences) वाक्य

এবার আমরা বাক্য সম্বন্ধে আলোচনা করব।

1. যে পদগুলি দ্বারা বক্তার মনের ভাব পুরোপুরি ব্যক্ত হয়, সেই শব্দ সমুহ কে বাক্য বলে।

উদাক্ষ্ম আমি খেলছি.	मैं खेलता हूँ।	ম্যাঁয় খেলতা হুঁ
তুমি কে?	तुम कौन हो?	তুম কৌন হো?
গরু দুধ দেয়।	गाय दूध देती है।	গায় দুধ দেতি হায়।
আমি কাজ করছি।	मैं काम करता हूँ।	ম্যায় কাম করতা হুঁ।

2 সাধারণ বাক্যে কর্তা, কর্ম ও ক্রিয়া থাকে।
কর্তাক্ষ্ম যে কাজ করে।
কর্মক্ষ্ম যার উপর কাজের প্রভাব হয়।
ক্রিয়াক্ষ্ম কাজ
উদাক্ষ্ম গরু দুধ দেয়। **गाय दूध देती है।** গায় দুধ দেতি হায়।

এই বাক্যে গরু কর্তা, দুধ কর্ম আর দেয় ক্রিয়া।

3 অনেক সময় বাক্যে কর্ম থাকে না।
উদাক্ষ্ম সৌম্যা খেলছে। सौम्या खेलती है। সৌম্যা খেলতী হায়।

এই বাক্যে সৌম্যা কর্তা আর খেলছে ক্রিয়া কিন্তু কর্মের কোন বিববণ দেওয়া নেই।

উদাক্ষ্ম গরু দুধ দেয়। गाय दूध देती है। গায় দুধ দেতি হায়।

অনেক ষময় বাক্যে কর্ম থাকে না।

উদাক্ষ্ম সৌম্যা খেলছে। सौम्या खेलती है। সৌম্যা খেলতী হায়।

এই বাক্যে সৌম্যা কর্তা আর খেলছে ক্রিয়া কিন্তু কর্মের কোন বিববণ দেওয়া নেই।

আমরা পড়ছি।	हम पढ़ते हैं।	হম পড়তে হায়েঁ।
দুধ সাদা আছে।	दूध सफेद है।	দুধ সফেদ হায়।
আমাদের দেশ সুন্দর।	हमारा देश सुंदर है।	হমারা দেশ সুন্দর হায়।

4. অক্ষ্মক্ষ্মক্ষ্মক্ষ্মক্ষ্মক্ষ্মঅ গ্যা৩ যে বাক্য বিপরীত বা নকারাত্মক অর্থ দেয় তা তে নহীঁ শব্দ ব্যবহার করা হয়।

উদাহরণ আমি বাড়ি যাচ্ছি না। मैं घर नहीं जाता/जाती हूँ। ম্যায়ঁ ঘর নহীঁ জাতা হুঁ।

তুমি খেলছো না। तुम नहीं खेलते/खेलती हो। তুম নহীঁ খেলতে হো।

গঠন অনুয়ায়ী বাক্য কে তিন ভাগে ভাগ করা হয়।

গঠন অনুয়ায়ী বাক্যকে তিন ভাগে ভাগ করা হয়।

সরল বাক্য (Simple Sentence) सरल वाक्य, **মিশ্র বাক্য (Complex Sentence) मिश्रित वाक्य**, **যৌগিক বাক্য (Compound Sentence) संयुक्त वाक्य।**

1. **সরল বাক্য (सरल वाक्य)**: যে বাক্যে একটি কর্তা, কর্ম ও ক্রিয়া থাকে তাকে সরল বাক্য বলা হয়।

উদাহরণ কল্যাণ কাজ করে। कल्याण काम करता है। কল্যাণ কাম করতা হায়।

2. **মিশ্র বাক্য (मिश्रित वाक्य)**– যে বাক্যে একটি প্রধান খণ্ড বাক্য এবং তার অধীন এক বা একাধিক অপ্রধান খণ্ড বাক্য থাকে তাকে মিশ্র বাক্য বলা হয়।

উদাহরণ আমার মাতা ব্যথা করছে তাই আমি আপিসে আসতে পারছি না।

मुझे सर दर्द हो रहा है, इसलिए मैं दफ्तर नहीं आ सकता।

মুঝে সির দরদ হো রাহা হায় ইসিলিয়ে ম্যায়ঁ দফতর নহীঁ আ সকতা হুঁ।

শ্রী লক্ষ্মী বলেচেন যে সুদর্শন ভাল গায়ক।

श्री लक्ष्मी ने कहा कि सुदर्शन अच्छा गायक है।

শ্রী লক্ষ্মী নে কহা কি সুদর্শন আচ্ছা গায়ক হায়।

3. **যৌগিক বাক্য (संयुक्त वाक्य)**: সংযোজক শব্দের সাহায্যে একাধিক বাক্য অর্থের সংগতি মান্য করে বৃহত্তর বাক্য গঠন করলে তাকে যৌগিক বাক্য বলা হয়।

উদাহরণ আমি পিটাপুরম যাব কিন্তু খেয়ে যাব।

मै पीठापुरम जाऊँगा लेकिन खाना खाकर जाऊँगा।

ম্যায়ঁ পিটাপুরম জাউঁগা লেকিন খাকর জাউঁগা।

বাচ্য (Voice) वाच्य

প্রত্যেকটি বাক্যে কর্তা, **(subject)**, কর্ম **(object)**, এবং ক্রিয়াপদ **(verb)** থাকে। তার একটি অর্থ বা ভাব থাকে। হিন্দী তে ক্রিয়া অনুয়ায়ী তিন প্রকারের বাচ্য আছে।

1. কর্তৃ বাচ্য **(Active Voice)** कर्तृ वाच्य
2. কর্ম বাচ্য **(Passive Voice)** कर्म वाच्य
3. ভাব বাচ্য **(Impersonal voice)** भाव वाच्य

প্রত্যেকটি বাক্যে কর্তা, **(subject)**, কর্ম **(object)**, এবং ক্রিয়াপদ **(verb)** থাকে। তার একটি অর্থ বা ভাব থাকে। হিন্দী তে ক্রিয়া অনুয়ায়ী তিন প্রকারের বাচ্য আছে।

1. কর্তৃ বাচ্য **(Active Voice)** कर्तृ वाच्य
2. কর্ম বাচ্য **(Passive Voice)** कर्म वाच्य
3. ভাব বাচ্য **(Impersonal voice)** भाव वाच्य

1. **কতৃ বাচ্য (Active Voice)**: এতে কর্তা মানে যে কাজ করে তার সম্বন্ধে বলা হয়।

উদাহরণ নরসিংহ রাও চিঠি লিখছে। **नरसिंह राव पत्र लिख रहा है।** নরসিংহ রাও পত্র লিখ রহা হায়।

আমি মহাভারত পড়ছি। **मैं महाभारत पढ़ रहा हूँ।** ম্যায়ঁ মহাভারত পড় রহা হুঁ।

1. **কর্ম বাচ্য (Passive Voice)**: যে বাচ্য কর্ম অর্থাৎ কর্তা যে কাজ করে তার সম্বন্ধে বলা হয়।

উদাহরণ রাবণ বামের দ্বারা বধ হল।

रावण राम के द्वारा मारा गया।

রাবণ রাম কে দ্বারা মারা গয়া।

কাজ গৌরী দ্বারা করা হয়েছে।

काम गौरी के द्वारा किया गया।

কাম গৌরী দ্বারা কিয়া গয়া

2. **ভাব বাচ্য (Impersonal Voice)**: এতে কর্তা বা কর্মের পরিবর্তে ভাবের প্রাধান্য থাকে।

উদাহরণ কুকুর দৌড়তে পারে না।

कुत्ता दौड़ नहीं सकता।

কুত্তা দৌড় নহীঁ সকতা।

এ কাজ তোমার দ্বারা হবে না।

तुम से यह काम नहीं होगा।

ইয়ে কাম তুমসে নহীঁ হোগা।

উপসর্গ (Prefix) उपसर्ग

যে শব্দাংশ গুলিকে শব্দের আগে যোগ করে নতুন- নতুন শব্দ গঠন করা হয়, তাকে উপসর্গ বলা হয়।

উদাহরণ	উপ + নাম	= উপনাম	उपनाम
	উপ + বন	= উপবন	उपवन

সু -	সুযোগ,	সুদিন,	সুপুত্র
सु–	सुयोग	सुदिन,	सुपुत्र
কু -	কুমার্গ,	কুসংগতি,	কুপুত্র
कु–	कुमार्ग,	कुसंगति,	कुपुत्र
অতি -	অতিশয়,	অতিরিক্ত	
अति–	अतिशय,	अतिरिक्त	
আ-	আজীবন,	আজন্ম	
आ–	आजीवन,	आजन्म	
উপ-	উপনাম ,	উপকার	
उप–	उपनाम,	उपकार	
অপ-	অপবাদ,	অপমান	

अप– अपवाद, अपमान

প্রতি- প্রতিরোধ, প্রতিগ্রহ

प्रति – प्रतिरोध, प्रतिग्रह

অনু- অনুমতি, অনুজ

अनु– अनुमति, अनुज

প্রত্যয় (Suffix) प्रत्यय

যে শব্দাংশ গুলি শব্দের পরে যোগ করে নতুন- নতুন শব্দ গঠন করা হয়, তাকে প্রত্যয় বলা হয়।

1. কৃত প্রত্যয় (Verbal Suffix) कृत प्रत्यय
2. তদ্ধিত প্রত্যয় (Noun Suffix) तद्वित प्रत्यय

1. কৃত প্রত্যয় : (Verbal Suffix)

উজাক্ষ্ম বালা वाला বান वान অর্থ अर्थ অতীত अतीत

জানেউয়ালা	जानेवाला
মিলনেউয়ালা	मिलनेवाला
দেখনেউয়ালা	देखनेवाला
করনেউয়ালা	करनेवाला
দুধউয়ালা	दूधवाला
গায়উয়ালা	गायवाला
ধনবান	धनवान

নী	চটনী	नी	चटनी
য়া	সৌন্দর্য়	या	सौंदर्य
বট	রুকাবট	वट	रुकावट
আই	সুনাই	आई	सुनाई

তা	সজ্জনতা	ता	सज्जनता
ইক	সাংস্কৃতিক	इक	सांस्कृतिक
আল	সসুরাল	आल	ससुराल
অক্কড়	পিয়ক্কড়	अक्कड़	पियक्कड़

নী নে / नी ने

এখন পর্যন্ত আমরা হিন্দী ব্যাকরণের অনেকগুলি বিষয়ের চর্চা করেছি। এবার নে ''ने'' প্রত্যয় সম্বন্ধে আলোচনা করব।

নিয়ম 1: ''ने'' নে প্রত্যয় কেবল মাত্র ভুত কালে সর্কমক ক্রিয়ার সাথে ব্যবহার করা হয়।

নিয়ম 2: ''ने'' নে প্রত্যয় ক্রিয়া, কর্ম, লিঙ্গ ও বচনের অনুয়ায়ী পরিবর্তিত হয়।

উদাক্ষ্ম গৌরী নে দো রোটিয়াঁ খাইঁ। রাজী নে আম খায়া।

गौरी ने दो रोटियाँ खाईं। राजी ने आम खाया।

নিয়ম 3: বর্তমান ও ভবিষ্যত্ কালে ''ने'' নে র ব্যবহার হয় না।

উদাক্ষ্ম সে সুনলো। আমরা দেখলাম।

उसने सुना। हमने देखा।

উসনে সুনা। হমনে দেখা।

সোমনাথ কুকুরটি কে দেখলো।

सोमनाथ ने कुत्ते को देखा।

সোমনাথ নে কুত্তে কো দেখা।

নিয়ম: ''ने''নে প্রত্যয়ের পরে লায়ে ''लाए''বল ''बोल'' ভুল ''भूल'' সক ''सक'' লগ''लग'' ক্রিয়ার ব্যবহার হয় না।

উদাক্ষ্ম	আমি একটি বই এনেছি।	मैं एक पुस्तक लाया।	ম্যায়ঁ এক পুস্তক লায়া।
	আমি ইংরেজী শিখলাম।	मैंने अंग्रेजी सीखी।	ম্যায়ঁনে আংরেজী শিখী
	তুমি এর নাম ভুলে গেলে।	तुम इसका नाम भूल गए।	তুম ইসকা নাম ভুল গয়ে।
	বাচ্চা তেলুগু তে কথা বলল।	बच्चा तेलुगु में बोला।	বাচ্চা তেলুগু মে বোলা।
	আপনি জল খেলেন।	आपने पानी पिया।	আপনে পানী পিয়া।

বিধি বাচকক্ষ্ম (Imperative Mood) विधिवाचक

আদেশ, আজ্ঞা, বিনতী ইত্যাদি প্রকাশ করলে তাকে বিধি বাচক বলা হয়।

1. বিধি বাচক ক্রিয়া তে তুম. আপ ''तुम, आप'' প্রভৃতি সর্বনামের ব্যবহার করা হয়।

2. तू 'তু' শব্দের ব্যবহার বাচ্চা, চাকরদের জন্য করা হয়।

3. বন্ধু, সহপাঠী দের ক্ষেত্রে তুম ' तुम' শব্দের ব্যবহার করা হয়।
   কর্তা তু থাকলে ক্রিয়ার মূল রূপ ব্যবহার করা হয়।
   উদাক্ষ্ম তু কর, তু দেখ ''तू कर'', ''तू देख''

5. কর্তা তুম থাকলে মূল ধাতুর পরে 'ও' শব্দের ব্যবহার করা হয়।

উদাক্ষ্ম তুম করো।	तुम करो।
আপ কীজিয়ে। (বিনীত ভাবে)	आप कीजिए (विनय पूर्वक)
তুম মত জাও।	तुम मत जाओ।
আপ মত কীজিয়ে।	आप मत कीजिए।

করবে না (Do not) मत करो

এর বিপরীত অর্থের জন্য হিন্দীতে ক্রিয়ার আগের মত ব্যবহার করা হয়।

উদাক্ষ্ম ঝুট মাত বোলো।	মেরী বাত মত ভুলনা।	আপ উহাঁ মত জাইয়ে।
झूठ मत बोलो।	मेरी बात मत भूलना।	आप वहाँ मत जाइए।

এক কথায় প্রকাশ **एक शब्द में व्यक्त करना**

বাংলা ও হিন্দী দুই ভাষা তেএনক গুলি শব্দের ভাব কে এক শব্দে প্রকাশ করা হয়, এ কে বাক্য সংকোচন বলা হয়।

1. যে কাপড় শেলাই করে	जो कपड़े सिलता है	দর্জী	दर्जी
2. যে চাষ করে	जो खेती करता है	চাষী	किसान
3. যার পা নেই	जिसके पास पैर नहीं हैं	খোঁড়া	लंगड़ा
4. যে অনেক শাস্ত্র জানে	जो अनेक शास्त्रों का ज्ञान रखता है	পণ্ডিত	पंडित, विद्वान
5. যে মন্দিরে পুজো করে	जो मंदिर में पूजा करता है	পুজারি	पुजारी
6. বিরহে ব্যাকুল স্ত্রী	विरह में व्याकुल स्त्री	বিরহিনী	विरहिणी
7. যে অভিমান করে	जो अभिमान करता है	অভিমানী	अभिमानी, घमंडी
8. যাহা ফল প্রসব করে	जो फल उत्पन्न करता है	ফলপ্রসু	फलप्रसु
9. যে কোন কাজ করে না	जो कोई काम नहीं करता	বেকার	बेकार
10 যে মহিলা প্রেম করে	प्रेम करने वाली स्त्री	প্রেয়সি	प्रेमिका, प्रेयसी
11 যার গুন আছে	जिसके पास गुण है	গুণী	गुणी, गुणवान
12. যে শত্রুর বধ করে	जो शत्रु का वध करता है	শত্রুঘাতী	शत्रुघ्न
13. যে কথা বলতে পারে না	जो बोल नहीं सकता	বোবা	मूक, गूंगा
14. যে সুনতে পারে না	जो सुन नहीं सकता	বধির	बहरा
15. যে কাপড় বোনে	जो कपड़े बुनता है	তাঁতি	तांती, जुलाहा
16 যে সোনার গহনা বানায়	जो सोने के गहने बनाता है	স্বর্ণকার	सोनार, सुनार
17. যে নিজের ইচ্ছে মত কাজ করে	जो अपनी इच्छा के अनुसार काम करता है	স্বেচ্ছাচারী	स्वेच्छाचारी
18. যে গান করে	जो गाता है	গায়ক	गायक, गवैया
19. যে তেল বিক্রি করে	जो तेल बेचता है	তেলি	तेली
20. যে বিদ্যা প্রাপ্ত করে	जो विद्या अर्जन करता है	বিদ্যার্থী	विद्यार्थी
21. যে পরিশ্রম করে	जो परिश्रम करता है	পরিশ্রমী	परिश्रमी, मेहनती

<u>সমার্থক শব্দ</u>(Synonyms) <u>समानार्थी शब्द</u>

পুত্র	पुत्र	বেটা, সুত, তনুজ	बेटा, सुत, तनुज
পুত্রী	पुत्री	বেটা, সুতা, তনুজা	बेटी, सुता, तनुजा
পতি	पति	নাথ, স্বামি, ভর্তা	नाथ, स्वामी, भर्ता
পত্নী	पत्नी	স্ত্রী, ভার্যা, ধর্মপত্নী	स्त्री, भार्या, धर्मपत्नी
রোড়া	रुकावट	বাধা, অড়চন	बाधा, अड़चन
সম্রাট	सम्राट	মহারাজ, নৃপ, ভুপাল	महाराज, नृप, भूपाल
সুন্দর	सुन्दर	খুবসুরত, রূপবান	खूबसूरत, रूपवान
সাহস	साहस	সাহস, হিম্মৎ	साहस, हिम्मत
মৌন	मौन	মৌন, চুপ্পী	मौन, चुप्पी
সন্তুষ্টি	**संतुष्टि**	সন্তোষ, আনন্দ	संतोष, आनंद
অসত্য	असत्य	ঝুঠ, মিথ্যা	झूठ, मिथ्या
পাগল	पागल	শিরফিরা, দিবানা	सिरफिरा, दीवाना
বহুত	बहुत	কই, অনেক	कई, अनेक
দুঃখ	दुःख	দর্দ, তকলীফ, পীড়া	दर्द, तकलीफ, पीड़ा
অস্বস্থ	अस्वस्थ	বিমার, রোগী	बीमार, रोगी
সত্য	सत्य	সচ, খরা, বাস্তব	सच, खरा, वास्तविक
স্বস্থ	स्वस्थ	তন্দুরুস্ত, নিরোগী	तंदुरुस्त, निरोगी

সমার্থক শব্দ/ समानार्थक शब्द

বাংলার মত হিন্দীতেও সমার্থক শব্দ আছে, যেমন-

উদাঃ	কান্না-কাটি - रोना—पीटना	ঝগড়া-ঝাঁটি - लड़ना—झगड़ना
	মার-পীট - मार—पीट	গালি-গলাজ - गाली गलौज
	বন্ধু-বান্ধব - दोस्त—मित्र	আত্মীয়-পরিজন - सगे—सम्बन्धी
	বাচ্চা-কাচ্চা - बाल—बच्च,	ঘর-দুয়ার - घर—द्वार
	আসুন্ত্রা-যাওয়া - आना—जाना	গান-বাজনা - गाना—बजाना
	জেনে-শুনে - जान—बूझ कर।	

বিপরীতার্থক শব্দ (Antonyms) विलोम शब्द

কোন শব্দ অন্য শব্দের বিপরীত অর্থ প্রকাশ করলে সেই শব্দ দুটিকে বিপরীতার্থক শব্দ বলা হয়।

1.	মোটা	मोटा	x	পাতলা	पतला
2.	উপর	ऊपर	x	নীচে	नीचे
3.	পুণ্য	पुण्य	x	পাপ	पाप
4.	কাছে	पास	x	দুরে	दूर
5.	রাত	रात	x	দিন	दिन
6.	সুখ	सुख	x	দুঃখ	दु:ख
7.	ধর্ম	धर्म	x	অধর্ম	अधर्म
8.	নতুন	नया	x	পুরানো	पुराना
9.	আরম্ভ	आरंभ	x	অন্ত(শেষ)	अंत (शेष)
10.	কম	कम	x	বেশি	अधिक
11.	ভোলা	भूलना	x	মনে রাখা	याद रखना

12.	ভয়	भय	x	নির্ভয়	निर्भय
13.	আসা	आना	x	যাওয়া	जाना
14.	সাচ্চা	सच्चा	x	ঝুঠা	झूठा
15.	মালিক	मालिक	x	চাকর	नौकर
16.	সত্য	सत्य	x	অসত্য	असत्य
17.	প্রকাশ	प्रकाश	x	অন্ধকার	अंधकार
18.	বেচা	बेचना	x	কেনা	खरीदना
19.	টক	खट्टा	x	মিষ্টি	मीठा
20.	ন্যায়	न्याय	x	অন্যায়	अन्याय
21.	গ্রাম	ग्राम	x	শহর	शहर
22.	সাদা	सफेद	x	কালো	काला
23.	বড়	बड़ा	x	ছোট	छोटा
24.	প্রশ্ন	प्रश्न	x	উত্তর	उत्तर
25.	গ্রীষ্ম	ग्रीष्म	x	শীত	शीत
26.	আচার	आचार	x	অনাচার	अनाचार
27.	উঁচু	ऊँचा	x	নিচু	नीचा

দ্বি অর্থক শব্দ —द्विअर्थी शब्द

হিন্দী তে অনেক শব্দ একাধিক অর্থে ব্যবহার করা হয়। এ শব্দগুলি কে অনেকার্থী শব্দ বলা হয়।

উদাহরণ

দো- दो আমার কাছে দু টাকা আছে।

मेरे पास दो रुपए हैं।

মেরে পাস দো রুপিয়ে হায়ঁ।

তুমি নিজের বই তাকে দিয়ে দাও।

तुम अपनी किताब उसे दे दो।

তুম অপনী কিতাব উসে দে দো।

की कि রাজা বললেন যে সমুদ্রে মুক্তা পাওয়া যায়।

राजा ने कहा कि समुद्र में मोती मिलते हैं।

রাজা নে কহা কি সমুদ্র মে মোতী মিলতে হায়ঁ।

এ কথা সে জানে কি না।

यह समाचार उसको मालुम है कि नहीं! (या)

য়হ উসকো মালুম হায় কি নহীঁ।

मान मान সব দেশেই কবি দের সম্মান কবা হয়। (সম্মান)

कवि का सम्मान सभी देशों में होता है। (आदर)

কবি কা সম্মান সভী দেশো মে হোতা হায় । (আদর)

সে কি আমার কথা মানবে।

क्या वह मेरी बात मानेगा।

কেয়া উবহ মেরী বাত মানেগা। (স্বীকার করা)

ভুল भूलः আমি তোমার কাজ করতে ভুলে গেলাম।

मैं तुम्हारा काम करना भूल गया। (भूल जाना)

ম্যায়ঁ তুমহারা কাম করনা ভুল গয়া।

আমার ভুল মাফ করো।

मेरी यह भूल माफ करें। (भूल–चूक)

মেরী ইয়হ ভুল মাফ করেঁ।

লাল लाल পদ্মা সব সময় লাল কাপড় পরে।

पद्मा हमेशा लाल कपड़े पहनती है। (लाल–रंग)

পদ্মা হমেশা লাল কপড়ে পহনতী হায়।

আমরা ভারত মাতার সুপুত্র।

हम सब भारत माता के लाल हैं। (लाल–बेटें)

হম সব ভারত মাতা কে লাল হায়ঁ।

সোনা सोना : সোনার অনেক দাম আছে।

सोना बहुत महँगा है (सोना–सुवर्ण)

সোনা বহুত মহঁগা হায়।

বেশি ঘুমোনো ভাল না।

अधिक सोना अच्छा नहीं है (सोना–नींद में सोना)

অধিক সোনা আচ্ছা নহীঁ হায়।

কল कल : কাল আমার ভাই চেন্নই থেকেএসছে।

कल मेरा भाई चेन्नई से आया (कल–बीता हुआ दिन)

কল মেরা ভাই চেন্নই সে আয়া হায়।

কাল আমি রাজমুন্দরী যাব।

कल मैं राजमुंदरी जाऊँगा (कल–आने वाला दिन)

কল ম্যায় রাজমুন্দরী জাউঁগা।

উত্তর उत्तर ভারতের উত্তর প্রান্তে হিমালয় রয়েছে।

भारत के उत्तर में हिमालय पर्वत है (उत्तर–दिशा)

ভারত কে উত্তর মে হিমালয় হায়।

আমার প্রশ্নের উত্তর দাও।

मेरे प्रश्न का उत्तर दो (उत्तर–जवाब)

মেরে প্রশ্ন কা উত্তর দো। (উত্তর)

জল (জল)	কাল আমাদের গ্রামে ত্রীশ টি বাড়ি পুড়ে গেছে।

कल मेरे गाँव में तीस घर जल गए (जल – जलना)

কল মেরে গাঁব মে তীস ঘর জল গয়ে।

গঙ্গার জলকে পবিত্র বলা হয়।

गंगा के जल को पवित्र माना जाता है (जल–पानी)

গঙ্গা কা জল পবিত্র মানা জাতা হায়।

দ্বিরুক্ত শব্দ – (Double stressed words) द्विरुक्त शब्द

বাংলার মত হিন্দী ভাষা তেও একই শব্দের দুবার ব্যাবহার করা হয়। এই শব্দগুলির বিশেষ্য (নামবাচক), সর্বনাম, ক্রিয়া, বিশেষণ, ক্রিয়াবিশেষণ ইত্যাদি রূপ রয়েছে।

1. দ্বিরুক্ত বিশেষ্য- **द्विरुक्त संज्ञा**

উদাক্ষ্ম ফুলে-ফুলে ক্ষ্ম फूल ही फूल, **ঘরে-ঘরে ক্ষ্মবিশেষ্য** घर–घर में, **টুকরো-টুকরোক্ষ্ম**टुकड़े–टुकड़े, **জলে-জলে :** जल ही जल, **কথায়-কথায়ক্ষ্ম** बात–बात में।

2. দ্বিরুক্ত সর্বনামক্ষ্ম द्विरुक्त सर्वनाम

কেউ-কেউক্ষ্ম कोई–कोई, কিছু না কিছু- कुछ न कुछ, কাউ-কাউ কেক্ষ্ম किसी–किसी को, কাকে-কাকেক্ষ্ম किसी किसी को, নিজে নিজেক্ষ্ম खुद ब खुद, अपने–आप।

3. দ্বিরুক্ত বিশেষণক্ষ্ম **द्विरुक्त विशेषण**

মোটা-মোটা-मोटे–मोटे, কম-কম-**कम–कम,** थोड़ा–थोड़ा, अल्प–अल्प, ছোটো-ছোটো-छोटा–छोटा, মেষ্টি-মিষ্টি-मीठा–मीठा, मधुर–मधुर, কিছু-কিছু-कुछ–कुछ।

4. দ্বিরুক্ত ক্রিয়াক্ষ্ম **द्विरुक्त क्रिया**

আসতে-আসতে -आते–आते, ডরতে-ডরতে - डरते–डरते, পড়তে-পড়তে - पढ़ते–पढ़ते, রোতে - রোতে -रोते–रोते, হাঁসতে-হাঁসতে - हँसते–हँसते, জাতে-জাতে - जाते–जाते, করতে-করতে -करते–करते, তৈরতে-তৈরতে **ন্নন্ন** तैरते–तैरते।

5. দ্বিরুক্ত ক্রিয়াবিশেষণক্ষ্ম **द्विरुक्त क्रिया विशेषण**

কখনো-কখনোক্ষ্ম कभी–कभी, **কোথাও না কোথাওক্ষ্ম** कहीं न कहीं, **যখন-যখন-তখন-তখনক্ষ্ম** जब–जब–तब–तब, যেখানে-যেখানে-যেখানে-সেখানে :जहाँ–जहाँ–वहाँ–वहाँ, **যেমন-যেমন-তেমন-তেমনক্ষ্ম** ज्यों–ज्यों – त्यों–त्यो।

সন্ধি (Compromise) सन्धि

দুই বর্ণের মিলনে যা পরিবর্তন বা বিকার ঘটে তাকে সন্ধি বলা হয়।

दश + अवतार = दशावतार দশ+অবতার = দশাবতার

अक्षर + अभ्यास = अक्षराभ्यास অক্ষর+অভ্যাস = অক্ষরাভ্যাস

সন্ধি কে তিন ভাগে ভাগ করা হয়। স্বর সন্ধি, ব্যঞ্জন সন্ধি ও বিসর্গ সন্ধি।

1. স্বর সন্ধি **(Vowel compromise) स्वर संधि** : **দুটি স্বরের মিলন হলে যে পরিবর্তন হয় তাকে স্বর সন্ধি বলা হয়। স্বর সন্ধির তিন প্রকার হয়।** গুণ সন্ধি, য়ণ সন্ধি, বৃদ্ধি সন্ধি।

গুণ সন্ধি **(गुण संधि)**: অ বা আ র পরে ই বা ঈ থাকলে দু টি মিলে এ হয়ে যায়।

উদাহরণ মহা+ইন্দ্র= মহেন্দ্র महा + इंद्र = महेंद्र, রাজ+ইন্দ্র= রাজেন্দ্র राज + इंद्र = राजेंद्र,

ই, ঈ, উ, ঊ র পরে ই, ঈ, উ, ঊ থাকলে সে টি ঈ এবং ঊ তে পরিবর্তিত হয়। এ টি কে দীর্ঘ স্বর বলে।

বৃদ্ধি সন্ধি **(वृध्दि संधि)**: অ বা আ র পরে এ বা ঐ থাকলে এ ঐ তে পরিবর্তিত হয়।

উদাহরণ এক+এক= একৈক एक + एक = एकैक

লিঙ্গ+ঐক্য= লিঙ্গৈক্য लिंग + ऐक्य = लिंगैक्य

য়ণ সন্ধি (यण संधि):

উদাহরণ ইতি+আদি= ইত্যাদি इति + आदि = इत्यादि

অনু+এষণ= অন্বেষণ, अनु + एषण = अन्वेषण,

যদি+অপি= য়দ্যপি यदि + अपि = यद्यपि

2. ব্যঞ্জন সন্ধি **व्यंजन संधि (Consonant Compromise)**: দুটি ব্যঞ্জনের মিলনে যে পরিবর্তন হয় তাকে ব্যঞ্জন সন্ধি বলা হয়।

উদাহরণ বাক্+দান = বাগ্দান वाक् + दान = वाग्दान

বাক্ +ইস = বাগীস वाक् + ईश = वागीश

3. বিসর্গ সন্ধি **विसर्ग संधि** : বিসর্গের পরে স্বর বা ব্যঞ্জন আসলে তাকে বিসর্গ সন্ধি বলা হয়।

উদাহরণ নিঃ+চল = নিশ্চল निः+ चल = निश्चल

অন্তঃ+ করণ = অন্তঃকরণ अंतः + करण = अंतःकरण

প্রবাদ-প্রবচন (Proverbs) कहावतें

প্রত্যেক ভাষায় তার নিজস্ব প্রবাদ থাকে। এখানে হিন্দীর কিছু প্রবাদ দেওয়া রয়েছে।

अपना हाथ जगन्नाथ।

আপনা হাথ জগন্নাথ।

(নিজের হাত ই সম্বল)

आकाश पाताल एक करना।

আকাশ- পাতাল এক করা।

(কঠিন পরিশ্রম করা)

अपनी–अपनी ढपली अपना अपना राग।

অপনী-অপনী ঢপলী অপনা-অপনা রাগ।

(বিভিন্ন লোকের আলাদা-আলাদা মতামত)

एक हाथ से थाली नहीं बजती।

এক হাথ সে তালী নহীঁ বজতী।

(এক জনের ইচ্ছায় কাজ হয় না)

एक अनार सौ बीमार।

এক অনার সৌ বিমার।

(এক জিনিষের অনেক দাবিদার)

एक म्यान में दो तलवारें नहीं रह सकतीं।

এক মিয়ান মে দো তলবারেঁ নহীঁ রহ সকতী।

(এক জায়গায় দু জন প্রতিদ্বন্দ্বী থাকতে পারে না)

अन्धा क्या चाहे दो आँखें।

অন্ধা কেয়া চাহে দো আঁখে

(একমাত্র ইচ্ছা)

आसमान से गिरा खजूर में अटका।

আসমান সে গিরা খজুর মে অটকা।

(এক বিপদ থেকে রেহাই পেয়ে আর এক বিপদে পড়া)

उतर गई लोई तो क्या करेगा कोई।

উতর গই লোই তো কেয়া করেগা কোই।

(লজ্জা ছেড়ে দেয়া)

न रहेगा बाँस न बजेगी बाँसुरी।

না রহেগা বাঁস না বজেগী বাঁসুরী।

(মূল কারণ কে শেষ করা)

मुँह में राम बगल में छुरी।

মুঁহ মে রাম বগল মে ছুরি।

(মনে শত্রুতা রেখে উপর থেকে ভাল ব্যবহার)

मन चंगा तो कठौती में गंगा

মন চঙ্গা তো কঠৌতি মে গঙ্গা।

(মন পরিষ্কার থাকলে সব কিছু পবিত্র)

नाच न जाने आंगन टेढ़ा।

নাচ না জানে আঙ্গন টেঢ়া।

(কাজ না পারলে মিথ্যা অজুহাত)

अधजल गगरी छलकत जाय।

অধজল গগরি ছলকত যায়।

(যাদের জ্ঞান কম থাকে তারাই প্রদর্শন করে)

आगे कुआँ पीछे खाई।

আগে কুয়াঁ পিছে খাই।

(দু দিকেই বিপদ)

धोबी का गधा न घर का न घाट का।

ধোবী কা কুত্তা না ঘর কা না ঘাট কা।

(কোন কাজের না থাকা)

हाथी के दाँत खाने के और दिखाने के और।

হাতি কে দাঁত খানেকে আউর দিখানেকে আউর

(মিথ্যা আচরণ)

एक कान सुनो दूसरे से उड़ा दो।

এক কানসে সুনো দসরে সে উড়া দো।

(কোন গুরুত্ব না দেয়া)

उलटा चोर कोतवाल को डाँटे।

উলটা চোর কোতবাল কো ডাঁটে।

(নিজে দোষ করে অন্যর উপর দোষারোপ করা)

सहज पके सो मीठा होय।

সহজ পকে সো মিঠা হোয়।

(সময় মত হলে কাজ ভাল হয়)

जिसकी लाठी उसकी भैंस

জিসকি লাঠি উসকি ভৈঁস।

(যার শক্তি থাকে তার কথা সবাই শোনে)

काठ की हाँडी बार–बार नहीं चढ़ती।

কাঠ কি হাঁড়ি বার-বার নহীঁ চঢ়তি।

(বার-বার ধোকা দেয়া সম্ভব নয়)

मान न मान मैं तेरा मेहमान।

মান না মান ম্যাঁ তেরা মেহমান।

(জোর করে ঘাড়ে চাপা)

सौ सुनार की एक लुहार की।

সৌ সুনার কি এক লুহার কি।

(এক প্রহারে সব চুকিয়ে দেয়া)

जल में रहकर मगर से बैर।

জল মে রহ কর মগর সে বৈর।

(যেখানে থাকা সেখানকার সমর্থদের সাথে বিরোধিতা করা)

जो गरजते हैं वे बरसते नहीं।

জো গরজতে হ্যাঁ উয়ে বরসতে নহীঁ।

(যারা বড়-বড় কথা বলে তারা কাজ করে না)

हाथ कंगन को आरसी क्या

হাথ কঙ্গন কো আরসী কেয়া

(প্রত্যক্ষের জন্য প্রমাণ লাগে না)

বাগ্ধারা (Idioms) मुहावरे

দুমুখো সাপ	.....	दो मुँहा साँप	(দো মুঁহা সাপ)
একাই একশ	.....	अकेले सौ के बराबर	(অকেলে সৌ কে বরাবর)
চোখে চোখে রাখা	.....	निगाह रखना	(নিগাহ রখনা)
দু নৌকোয় পা	.....	दो नाव पर पैर रखना	(দো নাব পর পৈর রখনা)
নয়নের মণি	.....	आँखों का तारा	(আঁখো কা তারা)
ডুবে ডুবে জল খাওয়া	.....	डुबकी लगा कर पानी पीना	(ডুবকি লাগাকর পানী পিনা)
ঢাক পিটানো	....	ढोल पीटना	(ঢোল পিটনা)
পথের কাঁটা	.....	रास्ते का काँटा	(রাস্তে কা কাঁটা)
বাঁ হাতের ব্যাপার	.....	बाँयें हाथ का खेल	(বাঁয়ে হাত কা খেল)
বুড়ো আঙ্গুল দেখানো	.....	अंगूठा दिखाना	(অঙ্গুঠা দিখানা)
ব্যাঙের সর্দি	.....	मेंढकी को जुकाम	(মেঁঢ কী কো জুখাম)
অন্ধ সাজা	.....	अंधा बनना	(অন্ধা বননা)
অন্ধের লাঠি	.....	अंधे की लाठी	(অন্ধে কী লাঠি)
নিজের প্রশংসা করা	.....	अपने मुँह मियां मिट्ठू बनना	(অপনে মুঁহ মিয়াঁ মিটু বননা)
আগুন উগলানো	.....	अंगार उगलना	(অঁঙার উগলনা)
আগুনের বর্ষা	.....	अंगार बरसना	(অঁঙার বরসানা)
চিৎ করা	....	चित्त करना	(চিৎ করনা)
মন চুরি করা	.....	चित्त चुराना	(চিৎ চুরানা)
চিমটি কাটা	.....	चुटकी लेना	(চুটকি লেনা)
মুখ লোলা হয়ে যাওয়া	.....	चेहरा उतरना	(চেহরা উতরনা)
ছাতি খোলা	.....	छाती खोलना	(ছাতি খোলনা)
বুকে হাত রাখা	.....	छाती थाम कर रह जाना	(ছাতি থাম কর রহ জানা)
বুক ধড়ফড় করা	.....	छाती धड़कना	(ছাতি ধড়কনা)
মন কে সক্ত করা	.....	छाती पर पत्थर रखना	(ছাতি পর পত্থর রখনা)

বুক চিতিয়ে রোজগার	..... ।	छाती फाड़कर कमाना	(ছাতি ফাড় কর কমানা)
অনুসোচনা করা	.....	हाथ मलना	(হাত মলনা)
হাওয়ায় কেল্লা বানানো	....	हवाई किले बनाना	(হাবাই কিলে বানানা)
টাল বাহানা করা	.....	अगर मगर करना	(আগর মগর করনা)
আগুনে ঘী দেওয়া	.....	आग में घी डालना	(আগ মে ঘী ডালনা)
লুকানো শত্রু	.....	आस्तीन का साँप	(আস্তিন কা সাপ)
সৌন্দর্য্য বাড়ানো	.....	चार चाँद लगाना	(চার চাঁদ লগানা)
কাজ হাসিল করা	.....	काम बनाना	(কাম বনানা)
কমর ভাঙ্গা	.....	कमर टूटना	(কমর টুটনা)
জান বাজি রাখা	.....	जान पर खेलना	(জান পর খেলনা)
এদিক উদিক করা	.....	तीन तेरह करना	(তিন তেরা করনা)
আঁচল পেতে দেওয়া	.....	आंचल पसारना	(আঁচল পসারনা)
গঙ্গা স্নান করা	.....	गंगा नहाना	(গঙ্গা নাহানা)
রং জমানা	.....	रंग जमाना	(রং জামানা)
সম্মান রক্ষা	.....	नाक रखना	(নাক রাখনা)
ফুলা না সমানা	.....	फूला न समाना	(ফুলা না সামানা)
লজ্জায় লাল হয়ে জাওয়া	.....	पानी–पानी होना	(পানী পানী হোনা)

ভাগ-২

भाग - २

PART -2

1. শরীরের অঙ্গ (Parts of the body) शरीर के अंग

বাংলা	हिन्दी	হিন্দী উচ্চারণ
1. মাথা	**सिर**	সির
2. চুল	**बाल**	বাল
3. কপাল	**माथा**	মাথা
4. ভ্রু / ভুরু	**भौंह**	ভৌঁ
5. পলক (চোখের পাতা)	**पलक**	পলক
6. চোখ	**आँख**	আঁখ
7. নাক	**नाक**	নাক
8. গাল	**गाल**	গাল
9. মুখ	**मुँह**	মুঁহ
10. ঠোঁট	**होंठ**	ওঠ
11. দাঁত	**दाँत**	দাঁত
12. জিভ	**जीभ**	জীভ
13. গলা	**गला**	গলা (গরদন)
14. কান	**कान**	কান
15. বক্ষস্থল	**सीना, छाती**	সীনা
16. কাঁধ	**कंधा**	কঁধা
17. পেট	**पेट**	পেট
18. হাত	**हाथ**	হাথ
19. করতল/হাতের তালু	**हथेली**	হথেলী
20. কনুই	**कुहनी**	কুহনী
21. কব্জি	**कलाई**	কলাই

22.	আঙুল	**अंगूली**	অঙুলী
23.	কোমর	**कमर**	কমর
24.	পিঠ	**पीठ**	পীঠ
25.	মেরুদণ্ড	**रीढ़**	রীঢ়
26.	স্তন	**स्तन**	স্তন
27.	হৃদয়	**ह्रदय**	হ্রদয়
28.	থাই	**जाँघ**	জাঁঘ
29.	হাঁটু	**घुटना**	ঘুটনা
30.	পা	**टाँग**	টাঁগ
31.	গোড়ালি	**एड़ी**	এড়ি
32.	নোখ	**नाखून**	নাখুন
33.	মগজ	**दिमाग**	দিমাগ
34.	শরীর	**शरीर**	শবীব
35.	দাড়ি	**दाढ़ी**	দাড়ি
36.	পা	**पैर**	পৈর
37.	বাহু	**बाँह**	বাঁহ
38.	নিতম্ব	**नितम्ब**	নিতম্ব

2. সম্বন্ধী (আত্মীয়) (Relatives) रिश्तेदार

1.	বাবা	पिता	পিতা
2.	মা	माता (माँ)	মাতা
3.	ঠাকুর দা (মাতামহ)	नाना	নানা

4.	ঠাকুর মা (মাতামহী) দিদা	नानी	নানী
5.	ঠাকুর দা (পিতামহ)	दादा	দাদা
6.	ঠাকুর মা (পিতামহী)	दादी	দাদী
7.	মামী	मामा	মামা
8.	মামা	मामी	মামী
9.	মাসী	मौसी	মৌসী
10.	কাকা	काका (चाचा)	চাচা
11.	কন্যা	बेटी	বেটী
12.	স্বামী	पति	পতি
13.	স্ত্রী	पत्नी	পত্নী
14.	জামাই	दामाद	দামাদ
15.	ভাই	भाई	ভাই
16.	দাদা	भइया	বড়ে ভইয়া
17.	কাকী	काकी (चाची)	চাচী
18.	বোন	बहन	বহন
19.	দিদি	दीदी	দীদী
20.	শালী	साली (पत्नी की बहन)	সালী
21.	শালী	साला (पत्नी का भाई)	সালা
22.	ননদ	ननद	ননদ
23.	পৌত্র	पोता	পোতা
24.	পৌত্রী	पोती	পোতী
25.	শাশুড়ী	सास	সাস
26.	শ্বশুর	ससुर	সসুর
27.	বউ	बहू	বহু
28.	বৌদি	भाभी	ভাভী
29.	জামাই বাবু	जीजा	জীজা

30.	পিসি	बुआ	বুআ
31.	জ্যাঠা	ताऊ	তাউ
32.	জ্যেঠিমা	ताई	তাই
33.	ভাইঝি	भतीजी	ভতীজী
34.	ভাই পো	भतीजा	ভতীজা

3. খাবার জিনিস (Edibles) खाने की चीजें

1.	পায়েস	खीर	খীর
2.	সরবত	शर्बत	শর্বত
3.	হালুয়া	हलवा	হলবা
4.	ক্ষীর	खोया	খোয়া
5.	জিলিপি	जलेबी	জলেবী
6.	সিমুই	सेवई	সেবই
7.	গোলাপ জাম	गुलाबजामुन	গুলাব জামুন
8.	গুজিয়া	गुझिया	গুঝিয়া
9.	নাড়ু	लड्डू	লড্ডু
10.	মোতীচুর	मोतीचूर	মোতীচুর
11.	খিচুড়ি	खिचड़ी	খিচড়ি
12.	বরফি	बरफी	বরফী
13.	সাবুর পায়েস	साबूदाने की खीर	সাবুদানে কী খীর
14.	মিছরি	मिश्री	মিশ্রী
15.	তেলে ভাজা	पकौड़ी	পকৌড়ি
16.	মুড়ি	मुड़ि	মুডি
17.	সিঙাড়া	समोसा	সমোসা
18.	চিলা	चीला	চীলা

19.	লুচি	पूड़ी	পুড়ী
20.	রুটি	रोटी	রোটী
21.	পরোটা	पराठा	পরাঠা
22.	পোলাও	पुलाव	পুলাব
23.	ভাত	भात	ভাত
24.	বিরিয়ানি	बिरयानी	বিরয়ানী
25.	ডাল	दाल	দাল
26.	তরকারি	तरकारी (सब्जी)	তরকারী
27.	ঝোল	रसा (शोरबा)	রসা (শোরবা)
28.	চাটনি	चटनी	চটনী
29.	আচার	अचार	অচার
30.	পাঁপড়	पापड	পাপড়
31.	দই	दही	দহী
32.	মিষ্টি	मिठाई	মিঠাই
33.	চিড়ে	चूड़ा	চূড়া
34.	ভাজা	भाजी	ভাজী
35.	মাছ	मछली	মছলী
36.	মাংষ	मांस	মাংস

4. রোগ (Diseases) रोग

1.	রোগ	बीमारी	বিমারী
2.	রক্তচাপ	रक्तचाप	রক্তচাপ
3.	কফ	कफ	কফ

4.	কুষ্ঠ	कोढ़	কোঢ়
5.	বসন্ত	चेचक	চেচক
6.	দাদ	खाज	খাজ
7.	কর্কট	कैंसर	ক্যান্সর
8.	মাথা ঘোরা	चक्कर आना	চক্কর আনা
9.	কোষ্ঠ কাঠিণ্য	कब्ज	কব্জ
10.	ক্লান্তি	थकान	থকান
11.	মহামারি	महामारी	মহামারী
12.	হাঁপানি	दमा	দমা
13.	মাথা ব্যথা	सिर दर्द	সির দর্দ
14.	কলেরা	हैजा	হায়জা
15.	অনিদ্রা	अनिद्रा	অনিদ্রা
16.	ঢেকুর	डकार	ডকার
17.	কাশি	खांसी	খাঁসী
18.	কোমরে ব্যথা	कमर दर्द	কমর দর্দ
19.	হাজা	खुजली	খুজলী
20.	বমি	उलटी	উল্টী
21.	ঘা	घाव, फोड़ा	ঘাব, ফোড়া
22.	ডিপথেরিয়া	काली खांसी	কালী খাঁসী
23.	অর্শ	बवासीर	ববাসীর
24.	সর্দি	सर्दी	সর্দী

25.	পেট খারাপ	दस्त	দস্ত
26.	জ্বর	बुखार	বুখার
27.	পেট ব্যথা	पेट दर्द	পেট দর্দ
28.	যক্ষ্মা	यक्ष्मा	যক্ষ্মা
29.	পক্ষাঘাত	लकवा	লকবা
30.	ছানি	मोतियाबिंद	মোতিয়া বিন্দ
31.	শ্লীপদ	श्लीपद	শ্লীপদ
32.	আন্ত্র জ্বর	आंतों का बुखार	আতোঁ কা বুখার
33.	লু লাগা	लू लगना	লূ লগনা
34.	কামলা	कामला	কামলা
35.	রাজ যক্ষ্মা	राज यक्ष्मा	রাজ যক্ষ্মা
36.	চোট	चोट	চোট
37.	গোহরা	गोहरा	গোহরা
38.	আঁচিল	मस्सा	মস্সা
39.	রোহণী	रोहणी	রোহণী
40.	পাগলামো	पागलपन	পাগলপন

5. চাসের সরঞ্জাম (Agricultural Things) खेती संबंधी सामग्री

1.	জমি	जमीन	জমীন
2.	চাষ	खेती	খেতী
3.	বাগান	बगीचा	বগীচা
4.	চাষী	किसान	কিসান
5.	লাঙল	हल	হল

6.	বীজ	बीज	বীজ
7.	সার	खाद	খাদ
8.	মজুর	मजदूर	মজদুর
9.	ঢের	ढेर	ঢের
10.	কাটা	काटना	কাটনা
11.	জোত	जुआ	জুআ
12.	ধুরা	धूरा	ধুরা
13.	সুকনো ঘাস	सूखी घास	সুখী ঘাস
14.	আলো	रोशन	রোশন

6. ধাতু (Ores) धातु

1.	সোনা	सोना	সোনা
2.	রূপা	चाँदी	চাঁদী
3.	লোহা	लोहा	লোহা
4.	পেতল	पीतल	পিতল
5.	তামা	तांबा	তাঁবা
6.	ইস্পাত	स्टील (फौलाद)	স্টীল
7.	কাঁচ	सीसा	সিসা
8.	দস্তা	जस्ता	দস্তা

7. খনিজ (Minerals) खनिज

1.	রত্ন	रत्न	রত্ন
2.	পান্না	पन्ना	পন্না
3.	বক্সাইট	बाक्साइट	বক্সাইট
4.	গন্ধক	गंधक	গন্ধক

5.	অভ্র	अभ्रक	অভ্রক
6.	কয়লা	कोयला	কোয়লা

8. প্রশাসন (Administration) प्रशासन

1.	আবেদন	अर्जी	অর্জী
2.	সংরক্ষণ	आरक्षण	আরক্ষণ
3.	মন্ত্রী	मंत्री	মন্ত্রী
4.	জেলাশাসক	जिलाधीश	জিলাধীশ
5.	ন্যায়ালয়	न्यायालय	ন্যায়ালয
6.	আদালত	अदालत	আদালত
7.	উকিল	वकील	বকীল
8.	প্রবক্তা	प्रवक्ता	প্রবক্তা
9.	উচ্চ ন্যায়ালয়	उच्च न्यायालय	উচ্চ ন্যায়ালয়
10.	সরকারী উকিল	सरकारी वकील	সরকারী বকীল
11.	উচ্চতম ন্যায়ালয়	उच्चतम न्यायालय	উচ্চ ন্যায়ালয়
12.	গোয়েন্দা	गुप्तचर	গুপ্তচর
13.	মুখ্য সচিব	मुख्य सचिव	মুখ্য সচিব
14.	সচিব	सचिव	সচিব
15.	মামলা	मुकदमा	মুকদমা
16.	দারোগা	दरोगा	দরোগা
17.	তোপ চালক	तोपची	তোপচী
18.	নিরীক্ষক	निरीक्षक	নিরীক্ষক
19.	অঙ্গরক্ষী	अंगरक्षक	অঙ্গরক্ষক
20.	টাইপিস্ট	टंकक	টংকক

21.	প্রশিক্ষক	प्रशिक्षक	প্রশিক্ষক
22.	জনগণনা	जनगणना	জনগণনা
23.	ডিরেক্টর	निर्देशक	নির্দেশক
24.	ম্যানেজার	व्यवस्थापक(प्रबंधक)	প্রবন্ধক
25.	সদস্য	सदस्य	সদস্য
26.	রাজ্যপাল	राज्यपाल	রাজ্যপাল
27.	রাষ্ট্রপতি	राष्ट्रपति	রাষ্ট্রপতি
28.	রাজদুত	राजदूत	রাজদূত
29.	প্রৌঢ় শিক্ষা	प्रौढ़ शिक्षा	প্রৌঢ় শিক্ষা
30.	ব্যক্তিগত সচিব	निजी सचिव	নিজী সচিব
31.	মন্ত্রী-মণ্ডল	मंत्री –मंडल	মন্ত্রী-মণ্ডল
32.	প্রশাসক	प्रशासक	প্রশাসক

9. পশু, পাখী ও কীট পতঙ্গ (Birds, Insects and Animals) पशु–पक्षी और कीड़े–मकोड़े

1.	সিংহ	सिंह	শের
2.	ময়ূর	मोर	মোর
3.	বোলতা	बर्रे, ततैया	বর্রে, ততৈয়া
4.	মাকড়সা	मकड़ी	মকড়ী
5.	গুবরে পোকা	गोबरैला	গোবরৈইলা
6.	গরুণ	गरुण	গরুণ
7.	প্রজাপতি	तितली	তিতলী
8.	উকুন	जूँ	জুঁ
9.	মশা	मच्छर	মচ্ছর

10.	চামচিকে	चमगादड़	চমগাদড়
11.	নীলকণ্ঠ	नीलकंठ	নীলকণ্ঠ
12.	উই	दीमक	দীমক
13.	মুরগি	मुर्गी	মুরগি
14.	মোরগ	मुर्गा	মুরগা
15.	তিতির	तीतर	তিতর
16.	উট পাখি	शुतुर्मुर्ग	শুতুর মুরগ
17.	রাজহাঁস	हंस	হংস
18.	ভ্রমর	भ्रमर, भौंरा	ভ্রমর
19.	জোনাকি	जुगनू	জুগনূ
20.	বিচ্ছু	बिच्छू	বিচ্ছু
21.	পঙ্গপাল	टिड्डी	টিড্ডী
22.	ফড়িং	झिंगुर	ঝিঙ্গুর
23.	মাছি	मक्खी	মক্খী
24.	মৌমাছি	मधुमक्खी	মধু মক্খী
25.	মথ	रेशम का कीड़ा	রেশমী কা কিড়া
26.	পতংগ	पतंगा	পতংগা
27.	শামুক	घोंघा	ঘোঁঘা
28.	পিঁপড়ে	चींटी	চিঁটী
29.	ছারপোকা	खटमल	খটমল
30.	শকুন	चील	চীল
31.	বাজ	बाज	বাজ
32.	পেঁচা	उल्लू	উল্লু
33.	বক	बगुला	বগুলা
34.	ময়না	मैना	ময়না
35.	কাঠঠোকরা	कठफोड़वा	কঠফোড়বা

36.	হাঁস	बत्तख	বত্তখ
37.	মুরগি	मुर्गी	মুরগি
38.	তোতা	तोता	তোতা
39.	টিয়া	सुग्गा	সুগ্গা
40.	পাপিয়া	पपीहा	পপিহা
41.	চড়াই	गौरैया	গৌরেয়া
42.	পায়রা	कबूतर	কবূতর
43.	কাক	कौआ	কউয়া
44.	কোকিল	कोयल	কোয়ল
45.	বাঘ	बाघ	বাঘ
46.	চিতা বাঘ	चीता, तेंदुआ	চিতা/বাঘ
47.	গরু	गाय	গায়
48.	মোস	भैंस	ভৈঁস
49.	বলদ	बैल	বৈল
50.	ভেড়ি	भेड़	ভেড়
51.	ঘোড়া	घोड़ा	ঘোড়া
52.	উঁট	ऊँट	উঁট
53.	জেব্রা	जेब्रा	জেব্রা
54.	জিরাফ	जिराफ	জিরাফ
55.	ভাল্লুক	भालू, रीछ	ভালু/রীছ
56.	বাঁদর	बंदर	বন্দর
57.	খাসি	बकरा	বকরা

58.	কুকুর	कुत्ता	কুত্তা
59.	শুয়ার	सुअर	সুঅর
60.	বেড়াল	बिल्ली	বিল্লী
61.	সাপ, সর্প	सर्प, साँप	সর্প, সাঁপ,
62.	টিকটিকি	छिपकली	ছিপকলি
63.	কুমির	मगर	মগর
64.	হাতি	हाथी	হাথী
65.	ভেড়া	भेड़	ভেড়
66.	খরগোশ	खरगोश	খরগোশ
67.	জানবার	जानवर	জানবর
68.	হরিণ	हरिण	হরিণ
69.	শেয়াল	गीदड़	গীদড়
70.	ইঁদুর	चूहा	চুহা
71.	শজারু	साही	সাহী
72.	বেজি	नेवला	নেবলা
73.	কাঠবেড়ালী	गिलहरी	গিলহরি
74.	হনুমান	लंगूर	লঙ্গুর
75.	গিরগিটি	गिरगिट	গিরগিট

10. ফুল (Flowers) फूल

1.	কেওড়া	केवड़ा	কেবড়া
2.	মল্লিকা	मल्लिका	মল্লিকা
3.	মোগরা	मोगरा	মোগরা
4.	যুই	जुही	জুহি
5.	কল্কে	कनेर	কনের
6.	চাঁপা	चंपा	চঁপা
7.	আক	मंदार	মদার
8.	গোলাপ	गुलाब	গুলাব
9.	পারিজাত	पारिजात	পারিজাত
10.	গাঁদা	गेंदा	গেঁদা
11.	গুলমোহর	गुलमोहर	গুলমোহর
12.	কমল	कमल	কমল

11. স্বাদ (Tastes) स्वाद

1.	ঝাল	तीखा	তীখা
2.	নোনতা	नमकीन	নমকীন
3.	মিষ্টি	मीठा	মীঠা
4.	টক	खट्टा	খট্টা
5.	তেতো	कसैला	কসৈলা
6.	নিস্বাদ	स्वादहीन,फीका	স্বাদহীন/ ফিকা

7.	কটু	कड़वा	কড়ৱা
9.	সুস্বাদু	स्वादिष्ट	স্বাদিষ্ট

12. ফল (Fruits) फल

1.	আঙুর	अंगूर	অঙ্গুর
2.	খেজুর	खजूर	খজুর
3.	পেঁপে	पपीता	পপিতা
4.	আমলকি	आंवला	আঁবলা
5.	ডালিম	अनार	অনার
6.	কমলা লেবু	संतरा	সন্তরা
7.	আপেল	सेव	সেব
8.	মসুম্বী	नारंगी	নারংগী
9.	লেবু	नींबू	নীম্বু
10.	নাশপাতি	नाशपाती	নাশপাতি
11.	জাম	जामुन	জামুন
12.	কাঁঠাল	कटहल	কটহল
13.	আনারস	अनारस	অনারস
14.	আম	आम	আম
15.	কলা	केला	কেলা

14. খেলা (Games) खेल

1.	পুতুল খেলা	गुड़ियों का खेल	গুড়িয়োঁ কা খেল
2.	কুস্তী	कुश्ती	কুস্তী
3.	দৌড়	दौड़	দৌড়
4.	দাবা	शतरंज	শতরঞ্জ
5.	জুয়া	जुआ	জুআ
6.	খেলা	खेल	খেল
7.	তাস	ताश	তাস
8.	গুল্লী-ডাণ্ডা	गुल्ली–डंडा	গুল্লী-ডাণ্ডা
9.	কাবাডি	कबड्डी	কবাড্ডি
10.	লাফানো	कूदना	কুদনা
11.	বল	गेंद	গেঁদ
12.	ব্যাট	बल्ला	বল্লা
13.	ঘুসি	घूँसा	ঘুঁসা
14.	ঘুড়ি উড়ানো	पतंगबाजी	পতংগ বাজি
15.	লুকোচুরি	आँखमिचौली	আঁখ মিচৌনি
16.	ব্যায়াম	कसरत	কসরত
17.	খেলোয়াড়	खिलाड़ी	খিলাড়ী

14. মনোভাব (Feelings) मन के भाव

1.	আশা	आशा	আশা
2.	নিরাশা	निराशा	নিরাশা
3.	সাহস	हिम्मत	হিম্মত
4.	সমাধান	संतोष	সন্তোস
5.	আনন্দ	खुशी	খুশী
6.	দুঃখ	दु:ख	দুঃখ
7.	সুখ	सुख	সুখ
8.	হাসি	हँसी	হঁসী
9.	দয়া, করুণা	दया, करुणा	দয়া, করুণা
10.	রাগ	गुस्सा	গুস্সা
11.	রোদন, কান্না	रुदन	রুদন
12.	মৈত্রী, মিত্রতা	मित्रता	মিত্রতা
13.	উদাসী	उदासी	উদাসী
14.	হিম্মত	साहस	হিম্মত
15.	ধোকা	धोखा	ধোখা
16.	নম্রতা	नम्रता	নম্রতা
17.	ভয়	डर	ভয়
18.	সন্দেহ	सन्देह	সন্দেহ

15. দিক (Sides) दिशा

পূর্ব	पूर्व	পূর্ব
পশ্চিম	पश्चिम	পশ্চিম

উত্তর	उत्तर	উত্তর
দক্ষিণ	दक्षिण	দক্ষিণ
দিকে	ओर	ওার
পিছনে	पीछे	পীছে
ভিতরে	भीतर	ভিতর
মধ্য	मध्य (बीच)	মধ্য (বীচ)
বাইরে	बाहर	বাহর
সামনে	सामने	সামনে
নিচে	नीचे	নীচে
ডান	दाहिने	দাহিনে
বাম	बायें	বায়েঁ
পাশে	बगल	বগল

16. সময় (Time) समय

সেকেণ্ড	सेकेण्ड	সেকেণ্ড
মিনিট	मिनट	মিনিট
ঘণ্টা	घंटा	ঘণ্টা
সকাল	सुबह	সুবহ
ভোর	सबेरा	সবেরা
দুপুর	दोपहर	দোপহর
সন্ধ্যা	संध्या	সন্ধ্যা
বিকেল	शाम	শাম
দিন	दिन	দিন
রাত্রি	रात	রাত

17. তরকারি (Vegetables) सब्जी

বেগুন	बैंगन	বৈঁগন
আলু	आलू	আলূ
কচু	अरवी	অরবী
কাকড়ি	ककड़ी	ককড়ী
ওল	ओल	ওল
বাঁধাকপি	पत्ता गोभी	পত্তা গোভী
টমেটো	टमाटर	টমাটর
ফুলকপি	फूल गोभी	ফুল গোভী
শশা	खीरा	খীরা
ঝিঙে	तुरई	তুরই
লাউ	लौकी	লৌকী
করোলা	करेला	করেলা
মিষ্টি আলু	शकरकंद	শকরকন্দ

18. পূর্ণার্থক সংখ্যা (Numbers) पूर्णार्थक संख्याएं

বাংলার প্রথম, দ্বিতীয় শব্দের মত হিন্দীতে পহলা, দুসরা ইত্যাদি শব্দগুলির ব্যাবহার করা হয়

প্রথম	पहला	प्रथम	পহলা
দ্বিতীয়	दूसरा	द्वितीय	দুসরা
তৃতীয়	तीसरा	तृतीय	তীসরা
চতুর্থ	चौथा	चतुर्थ	চউথা
পঞ্চম	पाँचवां	पचंम	পাঁচবাঁ
ষষ্ঠ	छठा	षष्ठ	ছঠা

সপ্তম	सातवाँ	सप्तम	সাতবাঁ
অষ্টম	आठवाँ	अष्टम	আঠবাঁ
নবম	नौवाँ	नवम	নৌবাঁ
দশম	दसवाँ	दशम	দসবাঁ

19. পয়সা (Money Division) मुद्रा विभाजन

পঁচিশ পয়সা	0.25	पच्चीस पैसे	পচ্চীস পৈসে
পঞ্চাশ পয়সা	0.50	पचास पैसे	পচাস পৈসে
পঁচাত্তর পয়সা	0.75	पचहत्तर पैसे	পচহত্তর পৈসে
এক টাকা	1.00	एक रुपया	এক রুপয়া
সোয়া টাকা	1.25	सवा रुपया	সবা রুপয়া
দেড় টাকা	1.50	डेढ़ रुपया	ডেঢ় রুপয়া
পৌনে দু টাকা	1.75	पौने दो रुपया	পৌনে দো রুপয়া
দু টাকা	2.00	दो रुपए	দো রুপয়ে
আড়াই টাকা	2.50	ढाई रुपए	ঢাই রুপয়ে
পোনে তিন টাকা	2.75	पौने तीन रुपए	পৌনে তিন রুপয়ে
এক শো টাকা	100	सौ रुपए	শো রুপয়ে
এক শো পঁচিশ টাকা	125	सवा सौ रुपए	সবা শো রুপয়ে
দেড় শো টাকা	150	डेढ़ सौ रुपए	ডেঢ় শো রুপয়ে
পৌনে দু শো টাকা	175	पौने दो सौ रुपए	পৌনে দো শো রুপয়ে
হাজার টাকা	1000	हजार रुपए	হাজার রুপযে
এক লক্ষ টাকা	1,00,000	लाख रुपए	এক লাখ রুপযে

দশ লক্ষ টাকা	10,00,000	दस लाख रुपए	দশ লাখ রুপযে
এক কোটি টাকা	1,00,00,000	करोड़ रुपए	এক করোড় রুপযে
দশ কোটি টাকা	10,00,00,000.00	दस करोड़ रुपए	দশ করোড় রুপযে

20. অপূর্ণ সংখ্যা (Fractions) अपूर्ण संख्याएं

পাব	1/4	पाव	পাব
আধা	1/2	आधा	আধা
পৌনে	3/4	पौना	পৌনা
সোয়া	1 1/4	सवा	সবা
দেড়	1 1/2	डेढ़	দেঢ়
পৌনে দুই	1 3/4	पौने दो	পৌনে দো
সোয়া দু	2 1/4	सवा दो	সবা দো
আড়াই	2 1/2	ढाई	ঢাই
পৌনেতিন	2 3/4	पौने तीन	পৌনে তিন
সোয়া তিন	3 1/4	सवो तीन	সবা তিন
সাড়ে তিন	3 1/2	साढ़े तीन	সাড়ে তিন
পৌনে চার	3 3/4	पौने चार	পৌনে চার
সোয়া চার	4 1/4	सवा चार	সবা চার
সাড়ে চার	4 1/2	साढ़े चार	সাড়ে চার
পৌনে পাঁচ	4 3/4	पौने पाँच	পৌনে পাঁচ
সোয়া পাঁচ	5 1/4	सवा पाँच	সবা পাঁচ

সাড়ে পাঁচ	5 1/2	साढ़े पाँच	সাড়ে পাঁচ
পৌনে ছয়	5 3/4	पौने छः	পৌনে ছক্ষ্ম

21. সংখ্যা (Numbers) संख्याएँ

এক	1	एक	এক
দুই	2	दो	দো
তিন	3	तीन	তিন
চার	4	चार	চার
পাঁচ	5	पाँच	পাঁচ
ছয়	6	छः	ছয়
সাত	7	सात	সাত
আট	8	आठ	আঠ
নয়	9	नौ	নৌ
দশ	10	दस	দশ
এগারো	11	ग्यारह	গ্যারহ
বারো	12	बारह	বারহ
তেরো	13	तेरह	তেরহ
চোদ্দ	14	चौदह	চৌদহ
পনেরো	15	पंद्रह	পন্দ্রহ
সোলো	16	सोलह	সোলহ
সতেরো	17	सत्रह	সত্রহ

আঠারো	18	अठारह	অঠারহ
ঊনিশ	19	उन्नीस	ঊন্নীস
কুড়ি	20	बीस	বীস
একুশ	21	इक्कीस	ইক্কীস
বাইশ	22	बाईस	বাইস
তেইশ	23	तेईस	তেইস
চব্বিশ	24	चौबीस	চৌবীস
পঁচিশ	25	पच्चीस	পচ্চীস
ছাব্বিশ	26	छब्बीस	ছব্বীস
সাতাশ	2 7	सत्ताईस	সত্তাইস
আঠাশ	2 8	अट्ठाईस	অঠ্ঠাইস
ঊনত্রিশ	2 9	उनतीस	ঊনতীস
তিরিশ	3 0	तीस	তীস
একত্রিশ	3 1	इकतीस	ইকতীস
বত্রিশ	3 2	बत्तीस	বত্তীস
তেত্রিশ	3 3	तैंतीस	তৈঁতীস
চৌত্রিশ	3 4	चौंतीस	চৌঁতীস
পঁয়ত্রিশ	3 5	पैंतीस	পৈঁতীস
ছত্রিশ	3 6	छत्तीस	ছত্তীস
সাঁইত্রিশ	3 7	सैंतीस	সৈঁতীস
আটত্রিশ	3 8	अड़तीस	অড়তীস
ঊনচল্লিশ	3 9	उनचालीस	ঊনচালীস

চল্লিশ	40	चालीस	চালীস
একচল্লিশ	41	इकतालीस	একতালীস
বিয়াল্লিশ	42	बयालीस	বয়ালীস
তেতাল্লিশ	43	तैंतालीस	তৈঁতালীস
চুয়াল্লিশ	44	चौंवालीस	চৌবালীস
পঁয়তাল্লিশ	45	पैंतालीस	পৈঁতালীস
ছেচল্লিশ	46	छियालीस	ছিয়ালীস
সাতচল্লিশ	47	सैंतालीस	সৈঁতালীস
আটচল্লিশ	48	अड़तालीस	অড়তালীস
উনপঞ্চাশ	4 9	उनचास	ঊনচাস
পঞ্চাশ	5 0	पचास	পচাস
একান্ন	5 1	इक्कावन	ইক্কাবন
বাহান্ন	5 2	बावन	বাবন
তিপান্ন	5 3	तिरपन	তিরপন
চুয়ান্ন	5 4	चौवन	চৌবন
পঞ্চান্ন	5 5	पचपन	পচপন
ছাপান্ন	5 6	छप्पन	ছপ্পন
সাতান্ন	5 7	सत्तावन	সত্তাবন
আটান্ন	5 8	अट्ठावन	অঠ্ঠাবন
উনষাট	5 9	उनसठ	ঊনসঠ
ষাট	6 0	साठ	সাঠ
একষট্টি	6 1	इकसठ	একসঠ
বাষট্টি	6 2	बासठ	বাসঠ

তেষট্টি	63	**तिरसठ**	তিরসঠ
চৌষট্টি	64	**चौंसठ**	চৌঁসঠ
পয়ষট্টি	65	**पैंसठ**	পৈঁসঠ
ছেষট্টি	66	**छियासठ**	ছিয়াসঠ
সাতষট্টি	6 7	**सरसठ**	সরসঠ
আটষট্টি	6 8	**अड़सठ**	অড়সঠ
উনসত্তর	69	**उनहत्तर**	উনহত্তর
সত্তর	7 0	**सत्तर**	সত্তর
একাত্তর	71	**इकहत्तर**	ইকহত্তর
বাহাত্তর	72	**बहत्तर**	বহত্তর
তিয়াত্তর	73	**तिहत्तर**	তিহত্তর
চুয়াত্তর	74	**चौहत्तर**	চউহত্তর
পঁচাত্তর	75	**पचहत्तर**	পচহত্তর
ছিয়াত্তর	76	**छिहत्तर**	ছিহত্তর
সাতাত্তর	7 7	**सतहत्तर**	সতহত্তর
আটাত্তর	7 8	**अठहत्तर**	অঠহত্তর
উন আশি	7 9	**उन्यासी**	উন্যাসী
আশি	8 0	**अस्सी**	অস্সী
একাশি	8 1	**इक्कासी**	ইক্কাসী
বিরাশি	8 2	**बयासी**	বয়াসী
তিরাশি	8 3	**तिरासी**	তিরাসী
চুরাশি	8 4	**चौरासी**	চৌরাসী
পঁচাশি	8 5	**पचासी**	পচাসী

ছিয়াশি	86	छियासी	ছিয়াসী
সাতাশি	87	सतासी	সত্তাসী
অষ্টআশি	88	अट्ठासी	অট্টাসী
উননব্বই	89	नवासी	নবাসী
নব্বই	90	नब्बे	নব্বে
একানব্বই	91	इकानबे	ইক্কানবে
বিরানব্বই	92	ानब	বয়ানবে
তিরানব্বই	93	तिरानबे	তিরানবে
চুরানব্বই	94	चौरानबे	চৌরানবে
পঁচানব্বই	95	पंचानबे	পঁচানবে
ছিয়ানব্বই	96	छियानबे	ছিয়ানবে
সাতানব্বই	97	सत्तानबे	সত্তানবে
আটানব্বই	98	अट्ठानबे	অঠ্ঠানবে
নিরানব্বই	99	नियान्नबे	নিয়ান্নবে
একশো	100	सौ	সৌ
এক হাজার	1000	हजार	হজার
দশহাজার	10,000	दस हजार	দস হজার
এক লক্ষ	1,00,000	लाख	লাখ
দশলক্ষ	10,00,000	दस लाख	দস লাখ
এক কোটি	1,00,00,000	एक करोड़	এক করোড়

ভাগ-৩

भाग - ३

PART - 3

প্রশ্নবাচক সম্ভাষণ (Question Tag Conversations) प्रश्नवाचक संभाषण

হিন্দী শিখতে হলে প্রশ্ন করার বিশেষ দরকার। সকাল বেলা ওঠার পর আমাদের জীবন যেন প্রশ্নের সাথেই আরম্ভ হয়। নিচে কিছু প্রশ্নবাচক শব্দ দেওয়া আছে। এগুলি শিখে নিয়ে ভাল হিন্দী বলতে পারবেন।

বাংলা শব্দ Bangla Word	हिन्दी शब्द Hindi Word	हिन्दी उच्चारण Hindi Pronunciation
কি?	**क्या?**	কিয়া?
কি করে?	**कैसे?**	কইসে?
কোথায়?	**कहाँ?**	কাহাঁ ?
কতো?	**कितना?**	কিতনা?
কেনো?	**क्यों?**	কিয়োঁ?
কখন?	**कब?**	কব?
কে?	**कौन?**	কৌন?
কোনটি?	**कौन सा?**	কৌন সা?
কাকে?	**किसको?**	কিসকো?
কাদের?	**किनको?**	কিনকো?
তখন	**तभी?**	তভী
কোন জায়গায়	**कहाँ पर?**	কহাঁ পর ?

এবার আপনারা ছোট-ছোট কথা বলতে শিখুন।

ছোটো ছোটো কথা (Small Small Words) छोटी–छोटी बातें

	বাংলা শব্দ Bangla Word	हिन्दी शब्द Hindi Word	हिन्दी उच्चारण Hindi Pronunciation
1	চুপ।	चुप।	চুপ।
2	চুপ করুন।	चुप रहिए।	চুপ রাহিয়ে।
3	শুনুন।	सुनिए।	সুনিয়ে।
4	বুঝে নিন।	समझ लीजिए।	সমঝ লীজিয়ে।
5	এখানেই অপেক্ষা করুন।	यहीं प्रतीक्षा कीजिए।	য়হীঁ প্রতীক্ষা কীজিয়ে।
6	ভুলো না।	भूलना नहीं।	ভুলনা নহীঁ।
7	এদিকে আসুন।	इधर आइए।	ইধর আইয়ে।
8	বাইরে যান।	बाहर जाइए।	বাহর জাইয়ে।
9	সামনে দেখুন।	सामने देखिए।	সামনে দেখিয়ে।
10	পিছনে তাকাবে না।	पीछे मत देखो।	পিছে মাত দেখো।
11	পাশে কি আছে ?	बगल में क्या है?	বাগল মে কেয়া হায় ?
12	তাড়াতাড়ি আসুন।	जल्दी आइए।	জল্দী আইয়ে।
13	নীচে আসুন।	नीचे आइए।	নীচে আইয়ে।
14	উপরে যান।	ऊपर जाइए।	উপর যাইয়ে।
15	আমায় দেখতে দাও।	मुझे देखने दो।	মুঝে দেখনে দো।
16	বসুন।	बैठिए।	বইঠিয়ে।

17	দাড়িয়ে থাকুন।	खड़े रहिए।	খড়ে রহিয়ে।
18	এটা কি?	यह क्या है?	ইয়ে কেয়া হায়?
19	চা খান।	चाय पीजिए।	চায়ে পীজিয়ে।
20	মুখ ধুয়ে নাও।	मुँह धो लो।	মুঁহ ধো লিজিয়ে।
21	তাকে ডাক।	उसे बुलाओ।	উসে বুলাও।
22	এই টা কে সরাও।	इसे हटाओ।	ইসে হাটাও।
23	আমায় ছাড়।	मुझे छोड़ो।	মুঝে ছোড়ো।
24	কথা বল না।	बोलो मत।	বোলো মত।
25	আমায় বল।	मुझे बताओ।	মুঝে বাতাও।
26	আমার লাগবে না।	मुझे नहीं चाहिए।	মুঝে নেহি চাহিয়ে।
27	আমার জল চাই।	मुझे पानी चाहिए।	মুঝে পানি চাহিয়ে।
28	ওদের দুধ চাই।	उसे दूध चाहिए।	উসে দুধ চাহিয়ে।

কি?/ (What) क्या?

1	কি ব্যাপার?	क्या बात है?	কেয়া বাত হ্যায়?
2	এটা কি?	यह क्या है ?	ইয়ে কেয়া হ্যায়?
3	তার নাম কি?	उसका नाम क्या है?	উসকা নাম কেয়া হ্যায়?

4	এর মানে কি?	इसका क्या अर्थ है?	ইসকা কেয়া অর্থ হ্যায়?
5	আপনার কি হল?	आपको क्या हुआ?	আপকো কেয়া হুয়া হ্যায়?
6	এখন কটা বাজে?	अभी कितने बजे है?	আভি কেতনা বাজে হায়ঁ?
7	তুমি এখন কি কর।	तुम अभी क्या करते हो?	তুম আভি কেয়া করতে হো?
8	সে টা কি?	वह क्या है?	ও কেয়া হ্যায়?
9	আপনি তাকে কি বললেন?	आपने उससे क्या कहा?	আপনে উসসে কেয়া কহা?
10	তুমি কি কিনতে চাও?	तुम क्या खरीदना चाहते हो?	তুম কেয়া খরিদনা চাহতে হো?
11	আমি কি করব?	मैं क्या करूँगा?	ম্যাঁ কেয়া করুঙ্গা?
12	তুমি কি কর?	तुम क्या करते हो?	তুম কেয়া করতে হো?
13	আমি পালাচ্ছি তাতে তোমার কি?	मैं भाग रहा हूँ तो तुम्हें क्या?	ম্যাঁ ভাগ রাহা হুঁ তো তুমকো কেয়া?

কে? (Who) कौन

1	আপনি কে?	आप कौन हैं?	আপ কৌন হ্যাঁয়?
2	তুমি কে?	तुम कौन हो?	তুম কৌন হো?
3	আমি কে?	मैं कौन हूँ?	ম্যাঁ কৌন হুঁ?
4	আপনি কাকে চান?	आपको कौन चाहिए?	আপকো কৌন চাহিয়ে?

5 উনি কাকে চান? उनको कौन चाहिए? উনকো কৌন চাহিয়ে?

6 উনি কে? वह कौन हैं? উবহ কৌন হায়?

7 এই বাড়িতে কে কে থাকে? इस घर में कौन–कौन रहता है?
ইস ঘর মে কৌন-কৌন কওন রহতা হায় ?

8 এমোটা ছেলে টা কে? यह मोटा लड़का कौन है?
ইয়ে মোটা লড়কা কৌন হায়?

9 এই জমির মালিক কে? इस जमीन का मालिक कौन है?
ইস জমীন কা মালি ক কৌন হায়?

10 আপনার পরিবারের কর্ত্তা কে? आपके परिवार में बड़ा कौन है?
আপ কে পরিবার মে বড়া কৌন হায়?

11 এটা জিজ্ঞেস করার আপনি কে? यह प्रश्न पूछनेवाले आप कौन है?
ইয়ে পুছনে বালে আপ কৌন হায়ঁ?

12 এই গলিতে কে তোমার বন্ধু? इस गली में तुम्हारा दोस्त कौन है?
ইস গলি মে তুমহারা দোস্ত কৌন হায়?

13 সে তোমায় কি বলে? वह तुम्हें क्या कहता है?
উবহ তুমকো কেয়া কহতা হায়?

14 আজকের মিটিংএ কেকে বক্তব্য রাখবে? आज की सभा में कौन–कौन भाषण देगा?
আজ কি সভা মে কৌন কৌন ভাষণ দেগা।

15 কে তোমার বোন? तुम्हारी बहन कौन है?
তুমহারী বহেন কৌন হায়?

16 আমার সাথে কথা বলার তুমি কে? — **मुझसे बात करने वाले तुम कौन हो?** মুঝসে বাত করনে বালে তুম কৌন হো?

17 এরা কার সন্তান? — **ये किसके बच्चे हैं?** ইয়ে কিসকে বাচ্চে হায়ঁ?

18 এ পুতুলগুলি কার? — **ये किसकी गुड़ियाँ हैं?** ইয়ে কিসকী গুড়িয়া হায়?

19 এটি কার বই? — **यह किसकी किताब है?** ইয়ে কিসকী কিতাব হায়?

20 সে তোমার কে? — **वह तुम्हारा कौन है?** উবহ তুমহারা কৌন হায়?

কেন ? (Why) क्यों?

1 তুমি আমার বাড়ি এসেছ কেন? — **तुम मेरे घर क्यों आए हो?** তুম মেরে ঘর কিয়োঁ আয়ে হো?

2 আসবো না কেন? — **क्यों न आऊँ ?** কিয়োঁ না আউঁ?

3 তুমি রাগ করছ কেন? — **तुम नाराज क्यों होते हो?** তুম নারাজ কিয়োঁ হোতে হো?

4 তুমি তেলুগু শিখলে কেন? — **तुमने तेलुगु क्यों सीखी?** তুমনে তেলুগু কিয়োঁ সিখী?

5 তুমি কেন শেখ নি? — **तुमने क्यों नहीं सीखी** তুমনে কিয়োঁ নহীঁ সিখী?

6 আপনি ওখানে গেলেন কেন? — **आप वहाँ क्यों गए ?** আপ উহাঁ কিয়োঁ নহীঁ গয়ে?

7 আজ আপনি আসেন নি কেন? — **आज आप आए क्यों नहीं?** আজ আপ কিয়োঁ নহীঁ আয়ে?

8 তুমি রোজ রোজ কার্যালয়ে যাও কেন? — **तुम रोज–रोज ऑफिस क्यों जाते हो ?** তুম রোজ-রোজ আফিস কিয়োঁ জাতে হো?

9 মহিলাটি জোরে জোরে কথা বলছে কেন? — **वह औरत जोर–जोर से क्यों बोल रही है?** উবহ আউরাত জোর-জোর সে কিয়োঁ বোল রাহী হায়?

10 তুমি খেললে না কেন? तुम खेले क्यों नहीं? তুম খেলে কিয়োঁ নহীঁ ?

11 আপনি এত দেরী করলেন কেন? आपने इतनी देर क्यों की?
আপনে আনে মে ইতনি দের কিয়োঁ কী?

13 আপনি ওনার সাথে কথা বললেন না কেন? आपने उनसे बात क्यों नहीं की?
আপনে উনসে বাত কিয়োঁ নহীঁ কী?

14 তুমি তার সাথে দেখা করলে কেন? तुम उनसे क्यों नहीं मिले?
তুম উনসে কিয়োঁ নহীঁ মিলে?

15 আমি তোমায় কেন জবাব দেব? मैं तुम्हें जवाब क्यों दूँ ? মায় তুমহে জবাব কিয়োঁ দূঁ?

16 সে কেন হাসছে? वह क्यों हँस रहा है? ডবহ কিয়োঁ হঁস রহা হায়?

17 আমায় কেন? मुझे क्यों? মুঝে কিয়োঁ?

18 সে চাকরী ছাড়ল কেন? उसने नौकरी क्यों छोड़ी? উসনে নৌকরী কিয়োঁ ছোড়ী?

19 তুমি পালাচ্ছ কেন? तुम भाग क्यों रहे हो? তুম ভাগ কিয়োঁ রহে হো?

20 তুমি সোজা জবাব দাও না কেন? तुम सीधा उत्तर क्यों नहीं देते?
তুম সীধা জবাব কিয়োঁ নহীঁ দেতে?

21 আপনি আমায় বাঁচালেন। आपने मुझे बचा लिया। আপনে মুঝে বচা লিয়া।

কোথায়? (Where) कहाँ

আপনি কোথায় থাকেন? आप कहाँ रहते है? আপ কাহাঁ রহতে হায়ঁ?

আমরা কোথায় থাকি? हम कहाँ रहते हैं? হাম লোগ কাহাঁ রহতে হায়ঁ?

তারা কোথায় থাকে? वे लोग कहाँ रहते हैं? উয়ে লোগ কাহাঁ রহতে হায়ঁ?

তোমার স্কুল কোথায়? तुम्हारा स्कूल कहाँ है? তুমহারা স্কুল কাহাঁ হায়?

আমি কোথায যাব? मैं कहाँ जाऊँगा? ম্যাঁয় কাহাঁ জাউঁগা?

তুমি কোতায় যাবে? तुम कहाँ जाओगे? তুম কাহাঁ জাওগে?

আপনার গাড়ি কোথায় রাখতে হবে? आपकी गाड़ी कहाँ रखनी होगी? আপকী গাড়ি কহাঁ রাখনি হোগী?

তুমি কোথায় কাজ কর? तुम कहाँ काम करते हो? তুম কহাঁ কাম করতে হো?

তুমি কোথায় কাজ করছ? तुम कहाँ काम कर रहे हो? তুম কহাঁ কাম কর রহে হো?

তুমি কোথা থেকে দেখো? तुम कहाँ से देखते हो? তুম কহাঁ সে দেখতে হো?

আমরা কোথায় দেখা করব? हम कहाँ मिलेंगे? হাম কহাঁ মিলেঙ্গে?

তুমি ওর যাথে কোথায় দেখা কর? तुम उससे कहाँ मिलते हो? তুম উসসে কহাঁ মিলতে হো?

তুমি এত টাকা কোতায় পেলে? इतने रुपए तुम्हें कहाँ से मिले? ইতনে রুপয়ে তুম্হে কহাঁ সে মিলে ?

আপনার বাড়ি কোথায়? आपका घर कहाँ है? আপকা ঘর কহাঁ হায়?

কি করে? (How) **कैसे**

আপনি কি করে যাবেন? आप कैसे जाएँगे? আপ কাইসে জায়েঙ্গে?

তুমি কি করে যাও? तुम कैसे जाते हो? তুম কাইসে জাতে হো?

আমি কি করে যাবো?	मैं कैसे जाऊँगा ?	ম্যাঁ কাইসে জাউঁগা?
তারা কি করে যাবে?	वे लोग कैसे जाएँगे?	ও লোগ কাইসে জায়েঙ্গে?
এনারা কি করে যাবেন?	आपलोग कैसे जाएँगे?	আপ লোগ কাইসে জায়েঙ্গে?
আমি কি করে জানব?	मुझे कैसे पता होगा?	মুঝে কাইসে পাতা হোগা?
তুমি কি করে জানলে?	तुमको कैसे पता चला?	তুম্‌হে কাইসেপাতা চালা?
আমি তোমায় কি করে দেব?	मैं तुम्हें कैसे दूँ?	ম্যাঁয় তুম্‌হে কাইসে দুঁ?
তারা কি করে দেবে?	वे लोग कैसे देंगे?	ও লোগ কাইসে দেঁগে?
সে কি করে গ্রামে যাবে?	वह गाँव कैसे जाएगा?	ও গাঁব কাইসে জায়েগা?
বিবাহ কি করে হল?	विवाह कैसे हुआ?	বিবাহ কাইসে হুয়া?
আপনি খাচ্ছেন কি করে?	आप खा कैसे रहे हैं?	আপ কাইসে খা রাহে হায়ঁ?
কি করে চা করব?	मैं चाय कैसे बनाऊँगा?	ম্যাঁ চায় কাইসে বানাউঁগা?
কি করে তরকারি কিনব?	सब्जी कैसे खरीदूँ?	সব্জী কাইসে খরিদুঁ?
তুমি কেমন আছ?	तुम कैसे हो?	তুম কাইসে হো?
লেখাপড়া কেমন চলছে?	पढ़ाई–लिखाई कैसी चल रही है?	পড়াই-লিখাই কাইসি চল রাহী হায়?
কাজকর্ম কেমন চলছে?	काम धंधा कैसा चल रहा है?	কাম-ধান্দা কাইসা চাল রাহা হায়?
রাঁধুনি কেমন আছে?	खाना बनाने वाली कैसी है?	খানা বানানে বালী কাইসি হায়?

কখন? (When) कब

তুমি কখন ওঠ?	तुम कब उठते हो?	তুম কব ওঠতে হো?
আমার কখন ওঠা উচিত?	मुझे कब उठना चाहिए?	মুঝে কব ওঠনা চাহিয়ে?
কখন ওঠা ভাল?	कब उठना ठीक है?	কব ওঠনা ঠিক হায়?
কখন যাওয়া ঠিক হবে?	कब जाना ठीक रहेगा?	কব জানা ঠিক হোগা?
তুমি কখন আসবে?	तुम कब आओगे?	তুম কব আওগে?
আপনি কখন যাবেন?	आप कब जाएँगे?	আপ কব জায়েঙ্গে ?
আমি কখন যাব?	मैं कब जाऊँगा?	ম্যাঁ কব জাউঁগা?
আপনার মেয়ের বিবাহ কবে।	आपकी बेटी का विवाह कब है? আপকি বেটী কা বিবাহ কব হায়?	
আমি কখন বাড়ি যাব?	मैं घर कब जाऊँगा?	ম্যাঁয় ঘর কব জাউঁগা?
আমি কবে থেকে কাজ আরম্ভ করতে পারি?	मैं कब से काम आरंभ कर सकता हूँ? ম্যাঁয় কব সে কাম আরম্ভ কর সকতা হূঁ?	
আপনি কখন আফিসে যাবেন?	आप आफिस कब जाएँगे?	আপ আফিস কব জায়েঙ্গে?
আমরা কবে যাব?	हम कब जाएँगे?	হম কব জায়েঙ্গে ?
আমরা কবে বিয়ে করব?	हम विवाह कब करेंगे?	হম বিবাহ কব করেঙ্গে?
আমরা খাব কখন?	हम खाना कब खाएँगे?	হম খানা কব খায়েঙ্গে?

সে কখন করল?	उसने कब किया?	উসনে কব কিয়া?
কখন হবে?	कब होगा?	কব হোগা?
আপনার বিয়ে কবে হবে?	आपका विवाह कब होगा?	আপকা বিবাহ কব হোগা?
ছুটি কবে পড়বে?	छुट्टी कब होगी?	ছুট্টি কব হোগী?

কত? (How many ? / How much ?) कितना

এক টাকায় কত পয়সা?	एक रुपए में कितने पैसे होते हैं? এক রুপয়ে মে কিতনে পয়সে হোতে হায়ঁ?
এক কোটিতে কটা শূন্য থাকে?	एक करोड़ में कितने शून्य होते हैं? এক করোড় মে কিতনে শুন্য হোতে হায়ঁ?
আপনার বয়স কত?	आपकी उम्र क्या है? আপকী উমর কিতনী হায়?
তুমি সকাল বেলা কয়টা ইডলী খেতে পার?	तुम सुबह के समय कितनी इडली खा सकते हो? তুম সুবহ কে সময় কিতনি ইডলী খা সকতে হো?
তুমি রোজ কটায় আপিস যাও?	तुम रोज कितने बजे आफिस जाते हो? তুম রোজ কিতনে বজে আফিস জাতে হো?
তুমি রোজ কত কাজ কর?	तुम रोज कितना काम करते हो? তুম রোজ কিতনা কাম করতে হো?
তোমার কত লাগবে?	तुमको कितना चाहिए? তুমকো কিতনা চাহিয়ে?

রামধনুতে কটা রঙ আছে?	इन्द्रधनुष में कितने रंग होते हैं? ইন্দ্রধনুষ মে কিতনে রঙ হোতে হায়ঁ?
তুমি রোজ কত বার খাও?	तुम रोज कितनी बार खाते हो? তুম রোজ কিতনি বার খাতে হো?
সব্জী কত করে দিচ্ছ?	सब्जी कैसे दे रहे हो? সব্জি কইসে দে রহে হো?

এত ক্ষণ আপনারা কি, কেন, কোথায় ইত্যাদি প্রশ্নবাচক শব্দ শিখলেন এবার আদেশ বাচক বাক্য শিখুন।

তুমি কি বোঝ?	तुम क्या समझते हो?	তুম কেয়া সমঝতে হো?
ওটা কে এদিকে রাখ।	उसे यहाँ रख दो।	উসে ইহাঁ রাখ দো ।
তাড়াতাড়ি এযো।	जल्दी आओ।	জল্দী আও।
আপনি কি জানেন?	आप क्या समझते हैं।	আপ কেয়া সমঝতে হ্যায়?
আস্তে যাও।	धीरे–धीरे जाओ।	ধীরে-ধীরে জাও।
এটা কে সামলাও।	इसे सम्भालो।	ইসে সম্ভালো।
চুপ করে থাক।	चुप रहो।	চুপ রহো।
এদিকে এসো।	इधर आओ।	ইধর আও।
চুপ কর।	चुप रहो।	চুপ রাহো।
এদিকে তাকাও।	इधर देखो।	ইধর দেখো।
তাকাও।	देखो	দেখো।

ছাড়ুন।	छोड़ो।	ছোড়ো।
এটা সরান।	इसे हटाओ।	ইসে হাটাও।
চেষ্টা করুন।	कोशिश कीजिए।	কোশিশ করো।
তৈরি থাক।	तैयार रहो।	তইয়ার রহো।
এটা খাও।	इसे खाओ।	ইসে খাও।
ওটা ছাড়।	उसे छोड़ो।	উসে ছোড়ো।
এটা কে ছেড়ে দাও।	इसे छोड़ दो।	ইসে ছোড় দো।
আস্তে আস্তে চল।	धीरे-धीरे चलो।	ধীরে-ধীরে চলো।
তুমি এখানে দাঁড়াও।	तुम यहाँ खड़े रहो।	তুম ইহাঁ খড়ে রহো।
ভেবে কথা বল।	सोच कर बोलो।	সোচ কর বোলো।
দেখে চল।	देख कर चलो।	দেখ কর চলো।
ভুলে যেও না।	भूल मत जाना।	ভুল মত জানা।
কথা বল না।	बात मत करो।	বাত মত করো।

বলবে না।	बोलना मत।	বোলনা মত।
তাদের জ্বালিও না।	उन्हें परेशान मत करो।	উন্হে পরেশান মত করো।
আসল কথা কও।	असली बात बताओ।	অসলী বাত বাতাও।
দেরী করে যেয়ো না।	देर से मत जाना।	দেরী সে মত জানা।
আমায় জ্বালাতন কর না।	मुझे परेशान मत करो।	মুঝে পরেশান মত করো।
আমায় জেতে দাও।	मुझे जाने दो।	মুঝে জানে দো।
ফিরে যাও।	लौट जाओ।	লওট জাও।
লেখা পড়া করে এগিয়ে যাও।	लिख–पढ़ कर आगे बढ़ जाओ।	লিখ-পড় কর আগে বড় জাও।
আপনি বুঝে নেবেন।	आप समझ लीजिए।	আপ সমঝ লীজিয়ে।
তুমি আমায় বোঝাও।	तुम मुझे समझाओ।	তুম মুঝে সমঝাও।
তোমার বুদ্ধি নেই।	तुम्हें बुद्धि नहीं है।	তুম্হে বুদ্ধি নহীঁ হায়।
আমার কথা শোন।	मेरी बात सुनो।	মেরী বাত সুনো।
সোজাসুজি কথা বল।	सीधी बात करो।	সীধী বাত করো।
ফালতু কথা বোল না।	बेकार की बात मत करो।	বেকার কী বাত মত করো।

রাগ কোর না। **नाराज मत होओ।** নারাজ মত হোও।

আমি কি করব। **मैं क्या करूँ।** ম্যায়ঁ কেয়া করূঁ।

আমার সামনে থেকে সরে যাও। **मेरे सामने से हट जाओ।** মেরে সামনে সে হট জাও।

সে বেকার। **वह बेकार है।** ইয়ে বেকার হায়।

আমি তোমায় কোনোদিন ক্ষমা করতে পারব না। **मैं तुम्हें कभी माफ नहीं कर पाऊँगा।** ম্যাঁয় তুম্‌হে কভী মাফ নহীঁ কর পাউঁ গা।

সে বাজে বকে। **वह बेकार की बात करता है।** উবহ বেকার কী বাত করতা হায়।

আমাদের কথা বলা বন্ধ আছে। **हमारी बातचीत बन्द है।** হামারী বাতচীত বন্ধ হায়।

বিনা কারণে ঝগড়া কোর না। **बिना किसी कारण के झगड़ा मत करो।** বিনা কিসী কারণ কে ঝগড়া মত করো।

তোমার উপর কোন ভরসা নেই। **तुम पर कोई भरोसा नहीं है।** তুম পর কোই ভরোসা নহীঁ হায়।

ভুল টা কার? **गलती किसकी है।** গলতী কিসকী হায়।

কারুর না। **किसी की नहीं।** কিসী কী নহীঁ।

সরাসরি কথা বল। **सीधे–सीधे बात करो।** সীধে-সীধে বাত করো।

সোজা হয়ে দাঁড়াও। सीधे खड़े रहो। সীধে খড়ে রহো।

আপনি আমার সাথে কথা বলবেন না। आप मुझसे बात न करें। আাপ মুঝসে বাত ন করেঁ।

সে বড় অলস। वह बहुत आलसी है। উও বহুত আলসী হায়।

আমার অভ্যাস নেই। मुझे आदत नहीं है। মুঝে আদত নহীঁ হায়।

তুমি কি তোমার প্রতিশ্রুতি ভুলে গেছ? तुम अपना वायदा भूल गए हो क्या?
তুম আপনা উয়াদা ভুল গয়ে হো কিয়া।

কেমন মানুষ তুমি? तुम कैसे आदमी हो? তুম কাইসে আদমি হো।

তুমি আমায় ঠকাতে পারবে না। तुम मुझे धोखा नहीं दे सकते। তুম মুঝে ধোখা নহীঁ দে সকতে।

তারা হঠাৎ ঝগড়া আরম্ভ করে দিল। उनलोगों ने अचानक झगड़ा आरंभ कर दिया।
উন লোগোঁ নে আচানক ঝগড়া শুরু কর দিয়া।

তুমি জেনেবুঝে করছ। तुमने जान बूझ कर ऐसा किया है।
তুমনে জান বুঝ কর আইসা কিয়া হায়।

এ সমস্ত তোমার জন্যই হচ্ছে। यह सबकुछ तुम्हारी वजह से हुआ है।
ই সব কুছ তুম্হারী উজহ সে হুআ হায়।

এখন পর্যন্ত আপনারা প্রশ্নসূচক, আদেশ সুচক আর রাগ সুচক শব্দগুলি শিখেছেন এবার আমরা কিছু সাধারণ বাক্য শিখব।

ভিতরে আসুন। अंदर आइए। অন্দর আইয়ে।

বসুন।	**बैठिए।**	বইঠিয়ে।
আপনার নাম কি?	**आपका नाम क्या है?**	আপ কা নাম কেয়া হায়?
আমার নাম গৌরীনাথ।	**मेरा नाम गौरीनाथ है।**	মেরা নাম গৌরীনাথ হায়।
আপনার নাম খুব ভাল।	**तुम्हारा नाम बहुत अच्छा है।** তুম্হারা নাম বহুত আচ্ছা হায়।	
ধন্যবাদ।	**धन्यवाद।**	ধন্যবাদ।
আপনি কোথায় থাকেন?	**आप कहाँ रहते हैं?**	আপ কাহাঁ রহতে হায়ঁ?
আমি মৌলালি তে থাকি।	**मैं मौलाली में रहता हूँ।** ম্যাঁয় মউলালি মে রহতা ুঁ।	
আপনি কি করেন?	**आप क्या करते हैं?**	আপ কেয়া করতে হায়ঁ?
আমি কুম্ভকার।	**मैं कुम्भकार (कुम्हार) हूँ।**	ম্যায়ঁ কুমহার হুঁ।
আপনার বয়স কত।	**आपकी उम्र कितनी है?**	আপকী উমর কিতনি হায়?
আপনি কি খান?	**आप क्या खाते हैं?**	আপ কেয়া খাতে হায়ঁ?
আমি কিছু খাই না।	**मैं कुछ नहीं खाता।**	ম্যাঁয় কুছ নহীঁ খাতা।
জল খাই।	**पानी पीता हूँ।**	পানী পীতা হুঁ।
খাবার নিয়ে এসো।	**खाना लाओ।**	খানা লাও।
আমি একটু আগেই চা খেয়েছি।	**थोड़ी देर पहले मैंने चाय पी है।** থোড়ি দের পহিলে ম্যাঁনে চায় পী হায়।	

কোনো অসুবিধে নেই।	कोई परेशानी नहीं है।	কোই পরেশানী নহীঁ হায়।
চিন্তা করবেন না।	चिन्ता न करें।	চিন্তা না করেঁ।
পরে দেখবো।	बाद में देखूँगा।	বাদ মে দেখুঁগা।
আপনার কি চাই।	आपको क्या चाहिए।	আপকো কেয়া চাহিয়ে?
দুটাই।	दोनों।	দোনো।
আপনি এখানে আসুন।	आप यहाँ आइए।	আপ ইহাঁ আইয়ে।
আপনি কি বললেন?	आपने क्या कहा?	আপনে কেয়া কাহা?
আমি কিছুই বলি নি।	मैंने कुछ नहीं कहा।	ম্যাঁনে কুছ নহীঁ কাহা।
আপনি কি করেন?	आप क्या करते हैं?	আপ কেয়া করতে হায়ঁ?
আমি কিছুই করি না।	मैं कुछ नहीं करता।	ম্যাঁয় কুছ নহীঁ করতা।
আপনার জীবনটা ভাল থাক।	आपका जीवन मंगलमय हो।	আপকা জীবন মঙ্গলময় হো।
থাকবে না কেন?	रहेगा क्यों नहीं।	রহেগা কেয়োঁ নহীঁ?
আমি ছাড়ছি।	मैं छोड़ रहा हूँ।	ম্যাঁয় ছোড় রাহা হুঁ।
আমি ছাড়ব না।	मैं नहीं छोड़ूँगा।	ম্যাঁয় নহীঁ ছোড়ুঁগা।
আমার খিদে পেয়েছে।	मुझे भूख लगी है।	মুঝে ভুখ লগী হায়।
কতটা খিদে পেয়েছে?	कितनी भूख लगी है?	কিতনি ভুখ লগী হায়?
বেশি না।	अधिक नहीं।	অধিক নহীঁ।

भाग - ४
PART - 4

साधारण बातचीत

কিছু সময়ের অন্তরালের পর কারুর সাথে আমাদের দেখা হলে আমরা প্রথমে তাকে অভিবাদন জানাই, তার পর অন্য কথা আরম্ভ করি।

1.অভিবাদন **अभिवादन**

অভিবাদন	**अभिवादन**	অভিবাদন
নমস্কার	मस्कार	নমস্কার
সুপ্রভাত	**सुप्रभात**	সুপ্রভাত
কেমন আছেন?	**कैसे हैं।**	কৈইসে হায়ঁ?
আমি ভাল আছি।	**मैं अच्छा हूँ।**	ম্যাঁয় আচ্ছা হুঁ।
আপনার সাথে দেখা	**आपसे मिलकर**	আপসে মিলকর বহুত খুশি হুই।
হয়ে খুব ভাল লাগল।	**बहुत खुशी हुई।**	
অনেক দিন আপনার	काफी दिनों से आपसे	কাফি দিন সে আপসে মুলাক্কাত
সাথে দেখা হয় নি।	**मुलाकात नहीं हुई थी।**	নহীঁ হুই থী।
অনেক দিন পর আমাদের সাক্ষাত হল।	**अरसे बाद आपसे भेंट हुई।**	অরসে বাদ আপসে মুলাক্কাত হুই।
আপনার সাথে দেখা কবে খুব খুশী হয়েছি।	**आपसे मिलकर मैं बहुत प्रसन्न हूँ।** আপসে মিলকর বহুত প্রসন্ন হুঁ।	

2 সৌজন্যে ও ঐতিহ্য (Courtesy and Tradition) শিষ্টাচার

1. আসুন, ভীতরে আসুন।
   आइए, अंदर आइए।
   আইয়ে, অন্দর আইয়ে।

2. আসুন ভাল করে বসুন।
   आइए, आराम से बैठिए।
   আইয়ে, আরাম সে বইঠিয়ে।

3. বাবা, এক গেলাস জলদিয়ে যাও। **बेटा, एक गिलास पानी लाना।**
বেটা, এক গিলাস পানী লানা।

4. না, না, কষ্ট করবেন না। **नहीं, नहीं, तकलीफ न करें।**
নহীঁ, নহীঁ, তকলী ফ ন করেঁ।

5. এতে কোন কষ্ট নেই। **इसमें कोई तकलीफ नहीं होगी।**
ইসমে কেইতকলী ফ নহীঁ হোগী।

6. আমরা আপনার জন্য কি করতে পারি? **हम आपके लिए क्या कर सकते है?**
হম আপকে লিয়ে কেয়া কর সকতে হায়ঁ?

7. আমার কিছু লাগবে না। **मुझे कुछ नहीं चाहिए।**
মুঝে কুছ নহীঁ চাহিয়ে।

8. ঠিক আছে, আরো কিছুক্ষন থাকুন। **ठीक है, कुछ देर और बैठिए।**
ঠিক হায় কুছ দের আউর বইঠিয়ে।

9. আমায় ক্ষমা করবেন, শুধু একবার আপনাকে দেখতে এসেছিলাম।
मुझे माफ कीजिएगा, मैं केवल आपसे मिलने आया था।
মুঝে মাফ কীজিয়েগা, ম্যায় কেবল আপসে মিলনে আয়া থা।

10. যদি আপনার অনুমতি থাকে তো আবার দেখা হবে।
अगर आपकी अनुमति हो तो फिर मुलाकात होगी।
অগর আপকী অনুমতি হো তো ফির মুলাকাত হোগী।

11. ঠিক আছে। **ठीक है।** ঠিক হায়।

3. মুচি (Cobbler) मोची

আমার চটির ফিতে কেটে গেছে। **मेरी चप्पल का फीता टूट गया है।**
মেরী চপ্পল কা ফিতা টুট গয়া হায়।

এটা বার করে অন্য ফিতে দিয়ে দাও। দিয়ে দিচ্ছ কি? **इसे निकाल कर दूसरा फीता लगा दो।**
लगा रहे हो क्या? ইসে নিকাল কর দুসরা ফিতা লগা দো। লগা রহে হো কেয়া?

হ্যাঁ সাহেব। **हाँ, साहब।** হাঁ সাহব।

কত হল? **कितने पैसे हुए?** কিতনে পয়সে হুয়ে?

দশ টাকা সাহেব। **दस रुपए साहब।** দশ রুপয়ে সাহব।

চটিতে যে পেরেকটা আছে সেটি কে বার করে সেলাই করে দাও।
चप्पल में जो कील है उसे निकाल कर सिलाई कर दो।
চপ্পল মে জো কীল হায়, উসে নিকাল কর সিলাই কর দো।

কি দিয়ে সেলাই করব সাহেব? **किस चीज से सिलाई करूँ साहब?**
কিস চীজ সে সিলাই করুঁ সাহব।

চামড়া বা রেজিন দিয়ে কর। **चमड़ा या रेक्सीन लगा कर सिल दो।**
চমড়া য়া রেক্সীন লগা কর সিল দো।

চামড়া দিয়ে করলে ভাল হবে। **चमड़े से करना अच्छा रहेगा।**
চমড়ে সে করনা অচ্ছা রহেগা।

বুঝলে? **समझ में आया?** সমঝ মে আয়া?

চটিটা ভাল দেখাচ্ছে না, পালিশ করে দাও।
यह चप्पल अच्छी नहीं दिख रही है। पालिश कर दो।
ইয়হ চপ্পল অচ্ছী নহীঁ দিখ রহী হায়। পালিশ কর দো।

আমি ভাল করে পালিশ করে দিচ্ছি, তার পর দেখবেন।
मैं अच्छी पालिश कर देता हूँ, उसके बाद देखिएगा।
ম্যাঁয় অচ্ছী পালিশ কর দেতা হুঁ, ডসকে বাদ দেখিয়েগা।

তুমি কি শুধু পুরনো চটিই সেলাই কর?

तुम क्या केवल पुरानी चप्पलें ही सिलते हो

তুম কেয়া কেবল পুরানী চপ্পলেঁ হী সিলতে হো?

না সাহেব, নতুন চটি ও বানাই।

नहीं साहब, नई चप्पलें भी बनाता हूँ।

নহীঁ সাহব, নই চপ্পল ভী বনাতা হুঁ।

4. ব্যাংকে (In the Bank) बैंक में

ক্ষমা করবেন, স্যার।

माफ कीजिएगा, महाशय।

ক্ষমা কীজিয়েগা, মহাশয়।

আমি আপনার ব্যংকে অকাউন্ট খুলতে চাই।

मैं आपके बैंक में खाता खोलना चाहता हूँ।

ম্যাঁয় আপকে ব্যাংক মে অকাউন্ট খোলনা চাহতা হুঁ।

ঠিক আছে।

ठीक है। ঠীক হ্যায়।

আমি আপনাকে একটি এ প্লিকেশন ফর্ম দিচ্ছি।

मैं आपको एक आवेदन पत्र देता हूँ।

ম্যাঁয় আপকো এক আবেদন পত্র দেতা হুঁ।

এটা কি করে ভরতে হবে?

इसमें क्या करना होगा?

ইসমে কেয়া করনা হোগা?

पहले अच्छी तरह पढ़ लें, फिर ठीक से भर दीजिए।

পহলে অচ্ছী তরহ পণ্ লেঁ, ফির ঠিক যে বর দীজিয়ে।

এর সাথে অন্য কিছু দিতে হবে কি?

क्या इसके साथ कुछ और भी जमा करना होगा?

কেয়া ইসকে সাথ কুছ আউর ভী জমা করনা হোগা?

এই এপ্লিকেশন ফার্মের সাথে এক হাজার টাকা জমা দেবেন।
इस आवेदन पत्र के साथ एक हजार रुपए जमा कराने होंगे।
ইস আবেদন পত্র কে সাথ এক হাজার রুপয়ে জমা করানে হোঁগে।

অন্য কিছু? **और कुछ**? আউর কুছ?

আমাদের ব্যংকের এক জন পুরনো গ্রাহক কে এই এপ্লিকেশন ফর্মে জমানত দিতে হবে।
हमारे बैंक के किसी पुराने ग्राहक को इस आवेदन पत्र पर जमानत देनी होगी।
হমারে ব্যংকে কে কিসী পুরানে গ্রাহক কো ইস আবেদন পত্র পর জমানত দেনী হোগী।

তার মানে? **इसका मतलब**? ইসকা মতলব?

কিছু না। সে শুধু এই এই এপ্লিকেশন ফর্মে সই করবে।
कुछ खास नहीं।उसे केबल इस आवेदन पत्र पर हस्ताक्षर करना होगा।
কুছ খাস নহীঁ। উসে কেবল ইস আবেদন পত্র পর হস্তাক্ষর করনা হোগা।

এ সব হওয়ার পর আপনি পাসবুক দেবেন কি?
यह सब होने के बाद क्या आप पासबुक देंगे?
এ সব হোনে কে বাদ কেয়া আপ পাসবুক দেঙ্গে?

হ্যাঁ, অবশ্য। हाँ, जरूर। হ্যাঁ, জরূর।

মেল ট্রান্সফরের কি লাভ আছে? मेल ट्रान्स्फर का क्या फायदा है?
মেল ট্রান্সফরের কা কেয়া ফায়দা হায়?

এ ডী ডী র তুলনায় অনেক সুবিধের। यह डीडी की तुलना में बहुत आसान है।
ইয়হ ডী ডী কী তুলনা মে বহুত আসান হায়।

আপনি এখানে নগদ ক্যাস জমা করবেন আর ওটা সোজা আপনাদের একাউন্টে জমা হয়ে যাবে।
आप यहाँ नकद रुपया जमा कराएंगे और वह सीधे आपके खाते में जमा हो जाएगा।
আপ ইহাঁ নগদ রুপয়া জমা করায়েঙ্গে আউর উবহ সীধে আপকে একাউন্ট মে জমা হো জায়েগা।

আমি একটা জমি কিনতে চাই।

मैं एक जमीन खरीदना चाहता हूँ।
ম্যাঁয় এক জমীন খরীদনা চাহতা হুঁ।

আপনার ব্যংকে ঋণ বা লোন দেবার সুবিধা আছে কি?
क्या आपके बैंक में ऋण या लोन की सुविधा है?
কেয়া আপকে ব্যংক মে ঋণ য়া লোন দেনে কী সুবিধা হায়?

আপনি এই ফর্মটা ভরে দিন। ঋণ পেয়ে যাবেন।
आप यह फार्म फर दीजिए, ऋण मिल जाएगा।
আপ ইয়ে ফার্ম ভর দীজিয়ে। ঋণ মিল জায়েগা।

গহনা রাখার জন্য কি আপনাদের লকারের ব্যবস্থা আছে।
क्या गहने रखने के लिए आपके यहाँ लाकर की व्यवस्था है?
কেয়া গহনা রখনে কে লিয়ে আপকে ইহাঁ লাকর কী ব্যবস্থা হায়।

5. দর্জীর দোকান (Tailoring Shop) दर्जी की दुकान

বলুন, কি সেলাই করতে হবে?

बताइए, क्या बनाना होगा?
বতাইয়ে কেয়া বনানা হোগা?

স্যুটের সেলাই কত?

सुट की सिलाई कितनी ह?
সুট কী সিলাই কিত্নী হায়?

দু হাজার।

दो हजार। দো হাজার।

এ তো অনেক বেশী।

यह तो बहुत अधिक है।
ইয়ে তো বহুত অধিক হায়।

ওটাতে অনেক কাজ থাকে।

उसे सिलने में बहुत काम होता है।
উসে সিলনে মে বহুত কাম হোতা হায়।

আমার শার্টের দুটা বোতাম ছিঁড়ে গেছে, নতুন বোতাম লাগিয়ে দিন।
मेरी कमीज के दो बटन टूट गए हैं, नए लगा दीजिए।
মেরী কমীজ কে দো বটন টুট গয়ে হায়ঁ, নয়ে লগা দীজিয়ে।

আমি একটা জামা বানাতে চাই।
मुझे एक कमीज सिलवानी है।
মুঝে এক কমীজ সিলবানী হায়।

আমার মাপ নিয়ে নিন।
मेरी माप ले लीजिए।
মেরী মাপ লে লীজিয়ে।

টাইট করবেন না, ঢিলা করবেন।
तंग मत बनाइएगा, ढीली रखिएगा।
তংগ মত বনাইয়েগা, ঢীলী রখিয়েগা

জামার জন্য কত কাপড় লাগবে?
कमीज में कितना कपड़ा लगेगा?
কমীজ মে কিত্না কপড়া লগেগা?

আড়াই মিটর লাগবে।
ढाई मीटर लगेगा।
ঢাই মিটর লগেগা।

প্যান্ট কেমন থাকবে?
पैण्ट कैसी बनेगी?
প্যান্ট কৈসী রহেগী?

প্যান্ট পেটের নীচে আছে।
पैण्ट पेट के नीचे है।
প্যান্ট পেট কে নীচে হায়।

প্যান্ট পেটের উপর বেশী ফিট থাকবে।
पैण्ट पेट के ऊपर अधिक फिट रहेगी।
প্যান্ট পেট কে উপর অধিক ফিট রহেগী।

দুটা তৈরি করতে কত দিন লাগবে?
दोनों को बनाने में कितने दिन लगेंगे।
দোনো কো তৈরি করতে কত দিন লাগবে?

দুর্গাপুজোর আগে দিয়ে দেব।
दुर्गापूजा के पहले दे दूँगा।
দুর্গাপুজা কে পহলে দে দুঙ্গা।

আপনি ছেঁড়া কাপড়ও ঠিক করেন না কি?

क्या आप फटे हुए कपड़े भी ठीक करते हैं?
কেয়া আপ ফটে হুয়ে কপড়ে ভী ঠিক করতে হায়ঁ?

না স্যার, তাতেকাজ বেশি, আয় কম।

नहीं जनाब, उसमें काम अधिक होता है और आमदनी कम।
নহীঁ জানাব, উসমে কাম অধিক হোতা হায় আউর আমদানি কম।

রেডিমেড আসার পরে আমাদের আয় কমে গেছে।
रेडीमेड कपड़ों के आ जाने के बाद हमारी आय कम हो गई है।
রেডিমেড কপড়োঁ কে আ জানে কে বাদ হামারী আয় কম হো গই হায়।

6. নাপিতের দোকান (Barber Shop) नाई की दुकान

চুল কাটার জন্য কত নাও?

बाल काटने के लिए कितने पैसे लेते हो?
বাল কাটনে কে লিয়ে কিতনে পয়সে লেতে হো?

চল্লিশ টাকা।

चालीस रुपए? চালিশ রুপিয়া।

আঁ, চল্লিশ টাকা?

क्या, चालीस रुपए? কেয়া, চালিশ রুপিয়া?

তার থেকে তো চুল না থাকা ভাল।

इससे तो बाल न रहना अच्छा है।
ইসসে তো বাল না রহনা আচ্ছা হায়।

দাড়ি কাটার জন্য কত নাও।

दाढ़ी बनाने का क्या लेते हो?
দাড়ি বানানে কা কেয়া লেতে হো?

এ সব দেখে তো ইচ্ছে করছে গৃহস্থ না থেকে সন্ন্যাসী হয়ে যাই।
यह सब देख कर तो मन कर रहा है कि गृहस्थ न रहकर संन्यासी बन जाऊं।
ইয়ে সব দেখ কর তো মন কর রাহা হায় কি গৃহস্থ না রহকর সন্ন্যাসী বন জাউঁ।

আমার চুল কাট। তার সাথে দাড়িও কাটবে।
मेरे बाल काट दो। साथ में दाढ़ी भी बना देना
মেরে বাল কাট দো। সাথ মে দাড়ি ভী বনা দেনা।

দাড়ি কাটার সময় শেভর, ট্রিমরের মত যন্ত্রের ব্যাবহার করবে না।
दाढ़ी बनाते हुए शेवर, ट्रिमर जैसे यंत्रों का प्रयोग मत करना ।
দাড়ি বানাতে সময় শেভর, ট্রিমর জইসে যন্ত্রোঁ কা প্রয়োগ মত করনা।

আমার চুল পড়ছে। **मेरे बाल गिर रहे हैं।** মেরে বাল গির রহে হায়ঁ।

এটা বুঝি আপনার বংশগত কাজ। **क्या यह तुम्हारा खानदानी पेशा है?**
কেয়া ইয়হ তুমহারা খানদানী পেশা হায়?

তোমার ছুরি ভাল চলছে না। **तुम्हारा छुरा ठीक नहीं चल रहा है ।**
তুমহারা ছুরা ঠিক নহীঁ চল রাহা হায়।

দাড়ি কাটার যময় যেন আঁচড় না লাগে। **देखना कहीं काटते समय खरोंच न लग जाए।**
দেখনা, কহীঁ দাড়ি কাটতে সময় খরোঁচ না লাগজায়।

আমার গোঁফও ঠিক করে দাও। **मेरी मूंछें भी ठीक कर दो।**
মেরি মূঁছে ভী ঠিক কর দো।

তোমার ছুরিতে কেটে গেল। **तुम्हारे छुरे से कट गया।**
তুমহারে ছু রে সে কাট গেয়া।

ওখানে একটু ফিটকিরি লাগিয়ে দেব। **वहाँ फिटकिरी लगा दूँगा।**
উহাঁ ফিটকিরি লাগা দূঙ্গা।

মাথায় একটু তেল দিয়ে দাও। আমার নোখ কেটে দাও।
सिर में जरा तेल लगा दो। मेरे नाखून भी काट दो।
সির মে জারা তেল লাগা দো। মেরে নাখুন ভী কাট দো।

সকাল বেলায় কটায় দোকান খোলে। **दुकान सुबह कितने बजे खुलती है?**
দুকান সুবহ কিতনে বজে খুলতী হ ায়?

রবিবারে ভীষণ ভীড় থাকে। **रविवार को बहुत भीड़ होती है।**
রবিবাব কো বহুত ভীড় হোতী হায়।

মঙ্গলবার আমরা দোকান খুলি না। मंगलवार को हम दुकान नहीं खोलते। মঙ্গলবার কো হম দুকান নহীঁ খোলতে।

7. চশমার দোকান (Opticals Shop) चश्मे की दुकान

আমার চশমার ফ্রেম ভেঙ্গে গেছে। मेरे चश्मे का फ्रेम टूट गया है। মেরে চশমে কা ফ্রেম টুট গয়া হায়।

একটা মজবুত ফ্রেমের কত দাম? एक मजबूत फ्रेम की क्या कीमत है? এক মজবূত ফ্রেম কী কেয়া কীমত হায়?

এক টা ভাল ফ্রেম দেখান। एक अच्छा फ्रेम दिखाइए। এক আচ্ছা ফ্রেম দিখাইয়ে।

এটা পরে দেখুন। इसे पहन कर देखिए। ইসে পহনকর দেখিয়ে।

এটা আপনাকে মানিয়েছে। यह आपको जंच रहा है। ইয়হ আপকো জঁচ রহা হায়।

আজকাল বড় রোদ। आजकल बहुत धूप है। আজকল বহুত ধূপ হায়।

কিছুদিনের জন্য ঠাণ্ডা চশমা পরুন। कुछ दिनों तक ठंडा चश्मा पहनिए। কুছ দিন কে লিয়ে ঠাণ্ডা চশমা পহনিয়ে।

প্রায়ই আমার চোখে জল আসে। मेरी आँखों में अक्सर पानी आता है। মেরী আঁখোঁ মে অক্সর পানী আতা হায়।

বোধ হয় আপনার চোখে কোনো দোষ আছে।
लगता है आपकी आँख में कुछ खराबी है।
লগতা হায় আপকী আঁখো মে কুছ খারাবী হায়।

আমার চোখে ব্যথা ও হয়। मेरी आँख में दर्द भी होता है। মেরী আঁখো মে দরদ ভী হোতা হায়।

এখানে কি কাম্পিউটারে চক্ষু পরীক্ষা করা হয়?
क्या यहाँ कम्प्यूटर से आँखों की जाँच होती है?
কেয়া ইহাঁ কাম্পিউটার সে আঁখো কী জাঁচ হোতী হায়?

তার জন্য স্পেশলিস্ট আসেন। **उसके लिए विशेषज्ञ आते हैं।**
ডসকে লিয়ে বিশেষজ্ঞ আতে হায়ঁ।

ওনারা বিকেলে আসেন। **वे लोग शाम को आते हैं।** উয়ে লোগ শাম কো আতে হায়ঁ।

আমি ডাক্তরের সাথে দেখা করার জন্য সন্ধ্যা বেলায় আসবো।
मैं डाक्टर से मिलने के लिए शाम को आऊँगा।
ম্যাঁয় ডাক্তর সে মিলনে কে লিয়ে শাম কো আউঁগা।

আপনার সমস্যা কি? **आपकी समस्या क्या है?** আপকী সমস্যা কেয়া হায় ?

দূরের জিনিস ও অক্ষর আমি স্পষ্ট ভাবে দেখতে পারি না।
मैं दूर की चीजों और अक्षरों को स्पष्ट नहीं देख पाता हूँ।
ম্যাঁয় দূর কী চীজেঁ আউর অক্ষর স্পষ্ট নহীঁ দেখ পাতা।

চক্ষু পরীক্ষা কি বিনামূল্যে করা হয়। **क्या आँखों की जाँच मुफ्त होती है?**
কেয়া আঁখো কী জাঁচ মুফ্ত হোতী হায়?

পরীক্ষা বিনে পয়সায় হয়, কিন্তু চশমা নেবার জন্য পয়সা লাগে।
जाँच मुफ्त होती है लेकिन चश्मा लेने के पैसे लगते हैं।
জাঁচ মুফ্ত হোতী হায় লেকিন চশমা লেনে কে লিয়ে পয়সে লগতে হায়ঁ।

যে টা তো আমিও জানি। **यह तो मुझे भी पता है।** ইয়হ তো মুঝে ভী পাতা হায়।

তা হলে সন্দেহ করছেন কেন। **तो संदेह क्यों कर रहे हैं?** তো সন্দেহ কিয়োঁ কর রহে হায়ঁ?

হ্যাঁ, কিছু না। **नहीं, कुछ नहीं।** নহীঁ, কুছ নহীঁ।

যন্দেহ করলে যেরকমই হতে পারে। **शक करने से वैसा ही हो सकता है।**
শক করনে সে বোইসা হী হো সাকতা হায়।

তাই সন্দেহ ছেড়ে আমাদের উপর ভরসা রাখুন। **इसलिए शक छोड़कर मुझ पर भरोसा कीजिए।**
হসলিয়ে শক ছোড়কর মুঝ পর ভারোসা কীজিয়ে।

আপনি যা বলছেন সে টাই ঠিক। **आप जो कह रहे हैं, वही सही है।**
আপ জো কহ রহে হায়ঁ, উবহ সহী হায়।

8. রাস্তায় (On the Road) सड़क पर

এই রাস্তা কোথায় যায়।	यह रास्ता कहाँ जाता है? ইয়ে রাস্তা কাহাঁ জাতা হায়।
রাস্তা কোথাও যায় না আমরাই যাই।	रास्ता कहीं नहीं जाता, हमीं लोग जाते हैं। রাস্তা কহীঁ নহীঁ জাতা, হমী লোগ জাতে হায়ঁ।
আপনার কথায় আমার হাসি পাচ্ছে।	आपकी बातें सुनकर मुझे हँसी आ रही है। আপকী বাতেঁ সুনকর মুঝে হঁসী আ রহী হায়।
আশেপাশে কি কোনও ভাল হোটেল আছে?	यहाँ पास में कोई अच्छा होटल है क्या? ইহাঁ পাস মে কোই আচ্ছা হোটল হায় কেয়া?
আছে, কিন্তু ওখানের জল ভাল নয়।	है तो, लेकिन वहाँ का पानी अच्छा नहीं है। হায় তো, লেকিন উহাঁ কা পানী আচ্ছা নহীঁ হায়।
এই রাস্তাতে অনেক স্পীড ব্রেকার আছে।	इस सड़क पर बहुत से स्पीड ब्रेकर हैं। ইস সড়ক পর বহুত সে স্পীড ব্রেকার হাঁয়।
এই রাস্তায় বাইক চালাতে ভাল লাগে।	इस रास्ते पर बाइक चलाने में बहुत मजा आता है। ইস রাস্তে পর বাইক চালানে মে বহুত মাজা আতা হায়।
কেন।	क्यों? কেয়োঁ?

কখনো উপর কখনো নীচে যেতে ভারী মজা, তাই।
कभी ऊपर, कभी नीचे जाने में बहुत मजा आता है, इसीलिए।
কভী উপর কভী নীচে জানে মে বহুত মজা আতা হায়, ইসীলিয়ে।

এ রাস্তার দু পাশে একটিও গাছ নেই।	इस रास्ते के दोनों तरफ एक भी पेड़ नहीं है। ইস রাস্তে কে দোনো তরফ এক ভী পেড় নহীঁ হায়।

গাছ নেই তো কি, দেখো ওখানে একটা কল আছে।
पेड़ नहीं है तो क्या हुआ, देखो वहाँ एक नल है।
পেড় নহীঁ হায় তো কেয়া, দেখো উহাঁ এক নল হায়।

শুধু কল থাকলে কি হয়, কলে জল থাকা চাই।
केवल नल रहने से क्या होता है, उसमें पानी भी होना चाहिए।
কেবল নল রহনে সে কেয়া হোতা হায়, উসমে পানী ভী হোনা চাহিয়ে।

হ্যাঁ সব হওয়া ভাল। हाँ, सब कुछ होना अच्छा है।
হ্যাঁ, সব কুছ হোনা আচ্ছা হায়।

তেমায় নমস্কার করি, এ সব ছেড়ে দাও। तुम्हारे हाथ जोड़ता हूँ यह सब छोड़ दो।
তুমহারে হাথ জোড়তা হুঁ,, ইয়ে সব ছোড় দো।

এই রাস্তা দিয়ে আমি রেল স্টেশনে জেতে পারি?
इस रास्ते से मैं रेलवे स्टेशन जा सकता हूँ?
ইস রাস্তে সে ম্যাঁয় রেলবে স্টেশনে জা সকতা হুঁ?

হ্যাঁ সোজা চলে যান। हाँ, सीधे चले जाइए। হ্যাঁ সীধা চলে জাইয়ে।

রাস্তাটা ভাল। रास्ता अच्छा है। রাস্তা অচ্ছা হায়।

আয়নার মত মসৃণ। आइने की तरह समतल है। আইনে কী তরহ যমতল হায়।

তা হলে তাতে নিজের মুখ দেখে নাও। तो इसमें अपना मुँह देख लो।
তো ইসমে অপনা মুঁহ দেখ লো।

9. ফলের দোকান (Fruit Shop) फलों की दुकान

আম কত করে দিচ্ছ? आम क्या भाव दे रहे हो? আম কেয়া ভাব দে রহে হো?

সঠিক দামে ই দিচ্ছি। ठीक भाव से ही दे रहा हूँ। ঠিক ভাব সে হী দে রহে হুঁ।

যঠিক দামের মানে কি। ठीक दाम का क्या मतलब है?
ঠিক ভাব কা কেয়া মতলব হায়?

মানে আমি দেব আর আপনি নেবেন। मतलब है कि मैं दूँगा और आप लेंगे।
মতলব হায় কি ম্যাঁয় দুঁঙ্গা আউর আপ লেঁগে।

এগুলি দেখে তো মনে হচ্ছে এখনো পাকে নি।
इनको देख कर तो लग रहा है जैसे ये पके नहीं हैं।
ইনকো দেখ কর তো লগ রহা হায় জইসে কি য়ে পকে নহীঁ হায়ঁ।

সন্দেহ করবেন না। संदेह मत कीजिए। সন্দেহ মত কীজিয়ে।
তো কি করব, এমনি কিনে নেব? तो क्या ऐसे ही खरीद लूँ? তো কেয়া অইসে হী খরীদ লুঁ?
না, না, রাগ করবেন না। नहीं, नहीं, नाराज मत होइए। নহীঁ, নহীঁ, নারাজ মত হোইয়ে।

রাগ না, কিন্তু কেনার আগে দেখতে তো হবে।
नाराज नहीं हो रहा हूँ, लेकिन खरीदने से पहले देखना तो होगा ही।
নারাজ নহীঁ হো রাহা হুঁ, লেকিন খরীদনে সে পহলে দেখনা তো হোগা হী।

তোমার কাছে কমলা লেবু আছে? तुम्हारे पास संतरा है? তুমহারে পাষ সন্ত্রা হায়?

হ্যাঁ, আজকেই আনিয়েছি। हाँ है, आज ही मंगवाये हैं। হ্যাঁ হায়, আজ হী মঁগবায়ে হায়ঁ।

এগুলি তো সবুজ। ये तो हरे हैं। ইয়ে তো হরে হায়ঁ।

আমি বেছে-বেছে আপনাকে দিয়ে দেব। मैं आपको चुन–चुन कर दे दूँगा।
ম্যাঁয় আপকো চুন চুন কর দে দুঁগা।

কিন্তু দাম অনেক বলছো। लेकिन दाम बहुत अधिक बता रहे हो।
লেকিন দাম বহুত অধিক বতা রহে হো।

জিনিস দেখে কথা বলুন। सामान देख कर बात कीजिए।
সামান দেখকর বাত কীজিয়ে।

মাল ভাল কিন্তু দাম ভাল না। सामान अच्छा है पर दाम ठीक नहीं है।
সামান আচ্ছা হায় পর দাম ঠিক নহীঁ হায়।

পেয়ারা দেখে এখনই খেতে ইচ্ছে করছে।
अमरुदों को देखकर तो इन्हें अभी खाने का मन कर रहा है।
অমরুদোঁ কো দেখকর তো ইনহে অভী খানে কা মন কর রহা হায়।

কিন্তু এতে কালো-কালো দাগ রয়েছে। लेकिन इनमें काले–काले धब्बे हैं।
লেকিন ইনমে কালে-কালে ধব্বে হাঁয়।

কলাগুলি ভাল। केले अच्छे हैं। কেলে অচ্ছে হাঁয়।

10. সব্জীর দোকান (Vegetable Shop) सब्जियों की दुकान

কত করে দেবে?	क्या भाव दे रहे हो?	কেয়া ভাব দে রহে হো?
কি?	क्या?	কেয়া ?
বেগুন কত করে দেবে?	बैगन क्या भाव दे रहे हो?	বৈঁগন কেয়া ভাব দে রহে হো?
একেবারে টাটকা আছে।	बल्कुल ताजे हैं।	বিলকুল তাজে হাঁয়।

মালটা টাটকা কি না জানি না কিন্তু দাম টাটকা আছে।
सामान ताजा है या नहीं, पता नहीं पर दाम ताजे हैं।
সামান তাজা হায় ইয়া নহীঁ, পতা নহীঁ লেকিন দাম তাজে হাঁয়।

এ কথা বলছেন কেন?	ऐसा क्यों कह रहे हैं?	আইসা কেয়া কহ রহে হায়ঁ?

বলব না তো কি ? কাল তুমিই কুড়ি টাকায় দেড় কিলো কুমড়ো দিয়ে ছিলে।
कहूँ नहीं तो क्या करूँ? कल तुमने ही बीस रुपए में डेढ़ किलो कुम्हड़ा दिया था।
কহুঁ নহীঁ তো কেয়া করূঁ? কল তুমনে হী বীস রুপিয়ে মে ডেঢ় কিলো কুমহড়া দিয়া থা।

আগে বাজার ঘুরে দাম জেনে নিন তাহলে আসল দাম জানতে পারবেন।
पहले बाजार में घूम कर कीमत पता कर लीजिए, असली कीमत जान जाएंगे।
পহলে বাজার ঘুম কর কীমত পতা কর লীজিয়ে, আসলী কীমত জান জায়েঙ্গে।

সব্জী টাটকা আছে কি।	सब्जियाँ ताजी हैं क्या?	সব্জিয়াঁ তাজী হাঁয় কেয়া?
হ্যাঁ, টাটকা আছে।	हाँ, ताजी हैं।	হ্যাঁ তাজী হাঁয়।
আমার কাছে খারাপ থাকে না।	मेरे पास खराब सामान नहीं रहता। মেরে পাস খরাব সামান নহীঁ রহতা।	
লাউ কোথা থেকে আনলে?	लौकी कहाँ से लाए हो?	লাউকী কাহাঁ সে লায়ে হো?

11. মুদির দোকান (Grocery Shop) पसारी की दुकान

আপনার কাছে আচারে দেওয়ার সব কিছু পাওয়া যায়?
आपके पास अचार में डालने की सब चीजें मिलती हैं क्या?
আপকে পাস আচার মে ডালনে কী সব চীজেঁ মিলতী হায়ঁ?

হ্যাঁ, পাবেন।	हाँ मिलती हैं।	হ্যাঁ মিলতী হায়ঁ?

হাফ কিলো সরসে তেল দিন। आधा किलो सरसो का तेल दीजिए। আধা কিলো সরসো কা তেল দীজিয়ে।

আর কি দেব? और क्या दूँ? আউর কেয়া দুঁ?

মেথী, হিঙ, রসুন, লংকা দিন। मेथी, हिंग, लहसुन और मिर्च दीजिए। মেথী, হিঙ, লহসুন, আউর মিরচ দীজিয়ে।

চাল রাখেন? चावल है? চাওল হায়?

বাসমতি চাল কত করে?
बासमती चावल क्या भाव है?
বাসমতি চাওল কা কেয়া ভাব হায়?

একবার আমি এখান থেকে বাড়ির কিছু জিনিস পত্র কিনেছিলাম।
एक बार आपकी दुकान से घर के लिए कुछ चीजें खरीदी थीं।
একবার আপকী দুকান সে ঘর কে লিয়ে কুছ চীজেঁ খরীদী থীঁ।

আটা একটু মোটা মনে হচ্ছে। आटा कुछ मोटा लग रहा है। আটা কুছ মোটা লগ রহা হায়।

আমায় কাজু, লবঙ্গ, কিসমিস, এলাচ দিন।
मुझे काजू, लौंग, किसमिस और इलायची दीजिए।
মুঝে কাজু, লবঙ্গ, কিসমিস, ইলায়চি দীজিয়ে।

বেসন, চিনাবাদাম, সাবু আর তিল এক কিলো করে দেবেন।
बेसन, मूंगफली, साबुदाना और तिल भी एक–एक किलो दीजिए।
বেসন, চিনাবাদাম, সাবুদানা আউর তিল ভী এক -এক কিলো দীজিয়ে।

দেখুন তো আপনার পাল্লা ঠিক মনে হচ্ছে না।
देखिए, आपका तराजू ठीक नहीं लग रहा है।
দেখিয়ে তো আপকা তারাজু ঠিক নহীঁ লগ রহা হায় ।

না মশায়, ঠিক আছে। আবার ওজন করে দিচ্ছি।
नहीं जनाब, ठीक है, फिर से वजन कर देता हूँ।
নহীঁ জনাব, ঠিক হায়। ফির সে ওজন কর দেতা হুঁ।

কাল যে অড়হর ডাল টা নিয়ে গেলাম সে টা ঠিক ছিল না।
कल जो अरहर की दाल ले गया था वह ठीक नहीं थी।
কল জো অড়হর কী দাল লে গয়া থা, উবহ ঠিক নহীঁ থী।

আজ পর্যন্ত কেউ আমাদের জিনিস কে খারাপ বলতে পারে নি।
आजतक कोई हमारी चीजों को खराब नहीं कह सका है।
আজ তক কোই হমারী চীজোঁ কো খরাব নহীঁ কহ সকা হায়।

আপনার জিনিসে ভেজাল নেই তো।
आपकी चीजों में मिलावट तो नहीं है?
আপকী চীজোঁ মে মিলাবট তো নহীঁ হায়।

আপনি কি এ কথা জোর দিয়ে বলতে পারেন।
क्या आप यह बात जोर देकर कह सकते हैं?
কেয়া আপ ইয়ে বাত জোর দেকর কহ সকতে হাঁয়।

এই পনীরের প্যাকেটের সাথে কোন উপহার দিচ্ছ না কি?
पनीर के इस डिब्बे के साथ कोई उपहार दे रहे हैं क्या?
পনীর কেইস ডিব্বে কে সাথ কোই উপহার দে রহে হায়ঁ কেয়া?

ভেজাল ছাড়া কেরোসিন আছে?
बिना मिलावट के किरासन का तेल है?
বিনা মিলাবট কে কিরাসন কা তেল হায়?

শুনেছি কিছু লোক আজকাল কেরোসিনেও ভেজাল দিচ্ছে।
सुना है आजकल कुछ लोग किरासन में भी मिलावट कर रहे हैं।
শুনা হায় কুছ লোগ আজকল কিরাসন মে ভী মিলাবট কর রহে হায়ঁ।

12. কাপড়ের দোকান (Cloth Shop) कपड़े की दुकान

আসুন, আসুন, ভীতরে আসুন, এখানে বসুন।	आइए, आइए, अंदर आइए। यहाँ बैठिए। আইয়ে, আইয়ে, অন্দর আইয়ে, ইহাঁ বইঠিয়ে।
কি লাগবে। বলুন কি দেখাব।	क्या चाहिए? क्या दिखाऊँ? কেয়া চাহিয়ে। বোলিয়ে কেয়া দিখাউঁ।
শাড়ি দেখান।	साड़ी दिखाइए। শাড়ি দিখাইয়ে।
কত দামের দেখাব ?	कितनी कीमत की दिखाऊँ? কিতনী কীমত কী দিখাউঁ ?
সস্তা।	सस्ती। সস্তী।
আপনার কাছে সিল্কের শাড়ি আছে?	आपके पास सिल्क की साड़ियाँ हैं? কেয়া আপকে পাস সিল্কে কী শাড়ি হায় ?

163

আছে, কিন্তু দামী।

हैं, लेकिन मँहगी हैं।
হায়, লেকিন মহঁগী হায়ঁ।

এগুলি কোথা থেকে আনান?

इन्हें कहाँ से मंगवाते हैं?
ইনহে কহাঁ সে মঁগবাতে হায়ঁ?

অনেক জায়গা থেকে।

कई जगहों से। কই জগহোঁ সে।

এই শাড়িটির দাম কত?

इस साड़ी की क्या कीमत है?
ইস শড়ি কী কেয়া কীমত হায়?

এর ডিজাইন আমার ভাল লাগছে না।

इसकी डिजाइन मुझे पसंद नहीं आ रही है।
ইসকী ডিজাইন মুঝে পসন্দ নহীঁ আ রহী হায়।

তাতে কি, অন্য শাড়ি দেখাচ্ছি।

तो क्या हुआ, दूसरी साड़ी दिखाता हूँ।
তো কেয়া হুআ, দুসরী শাড়ি দিখাতা হুঁ।

এগুলি না, রোজ পরার মত কিছু দেখান।

ये नहीं, रोज पहनने की कुछ साड़ियाँ दिखाइए।
ইয়ে নহীঁ, রোজ পহননে কী কুছ শাড়িয়াঁ দিখাইয়ে।

শাড়ি কত মিটার?

यह साड़ी कितने मीटर की है?
ইয়ে শাড়ি কিতনে মিটর কী হায়?

আমাদের সব শাড়ি ছয় মিটার করে।

हमारी सभी साड़ियाँ छः मीटर की हैं।
হমারী সব শাড়িয়াঁ ছ মিটার কী হায়ঁ।

আমার একটা কাপড় লাগবে।

मुझे एक कपड़ा चाहिए।
মুঝে এক কপড়া চাহিয়ে।

কিন্তু আমার যত লাগবে মেপে দিও।

लेकिन मुझे जितना चाहिए माप कर उतना ही दीजिएगा।
লেকিন মুঝে জিতনা চাহিয়ে মাপ কর উতনা হী দীজিয়েগা।

তোমার কাপড় দেখে তো সব কটা কিনতে ইচ্ছা করছে।
तुम्हारे कपड़ों को देखकर तो मन कर रहा है कि सब खरीद लूँ।
তুমহারে কপড়োঁ কো দেখ কর তো মন কর রহা হায় কি সব কুছ খরীদ লুঁ।

তা হলে দেরি করছেন কেন! এখনই কিনে নিন।
तो देर क्यों कर रहे हैं? अभी खरीद लीजिए।
তো দের কেয়োঁ কর রহে হায়ঁ! অভী খরীদ লীজিয়ে।

আমার টাকা কম পড়ে গেল নাহলে আমি সব কটা কিনে নিতাম।
मेरे पास पैसे कम पड़ गए नहीं तो मैं सारी खरीद लेता।
মেরে পাষ পয়সে কম পড় গয়ে নহীঁ তো ম্যাঁয় সব খরীদ লেতা।

কোনো অসুবিধে নেই, পরে দিয়ে যাবেন।
कोई परेशानी नहीं है, बाद में दे दीजिएगा।
কোই পরেশানী নহীঁ হায়, বাদ মে দে দীজিয়েগা।

তা কি করে হয়?
ऐसा कैसे हो सकता है?
আইসা কৈসে হো সকতা হায়?

আমরা ক্রেডিট কার্ডেও বিক্রী করি।
हम क्रेडिट कार्ड पर भी सामान बेचते हैं।
হম ক্রেডিট কার্ড পর ভী সামান বেচতে হায়ঁ।

না, না, ছুটতে-ছুটতে দুধ খাবো কেন?
नहीं, नहीं, दौड़ते हुए दूध क्यों पीना?
নহীঁ, নহীঁ, দৌড়তে হুয়ে দুধ কেয়োঁ পী না?

ভাল কথা, সবাই যদি আপনার মত হত তাহলে সংসার কত ভাল হত?
अच्छी बात है, अगर सारे लोग आप जैसे होते तो यह दुनिया कितनी अच्छी होती?
অচ্ছী বাত হায়, অগর যারে লোগ আপ জৈসেহোতে তো ইয়হ দুনিয়া কিতনী অচ্ছী হোতী।

13. বাজার (Market) बाजार

এখানে বাজার কোথায়?
बाजार कहाँ है?
বাজার কহাঁ হায়?

কিষের বাজার?
किस चीज का बाजार?
কিস চীজ কা বাজার ?

কিসের বাজার মানে?
किस चीज का बाजार का क्या मतलब है?
কিস চীজ কা বাজার কা কেয়া মতলব হায়?

মানে মাছের বাজার, সব্জীর বাজার বা কাপড়ের বাজার।
यानी मछली का बाजार, सब्जी का बाजार या कपड़ों का बाजार?
য়ানি মছলী কা বাজার, সব্জী কা বাজার য়া কপড়ে কা বাজাব?

আমি জানতাম যে এখানে ¯অতগুলি বাজার হয়।
मुझे पता नहीं था कि यहाँ इतने सारे बाजार हैं।
মুঝে পতা নহীঁ থা কি ইহাঁ ইতনে সারে বাজার হায়ঁ।

আমি সাধারণ বাজারে যাব।
मैं साधारण बाजार में जाना चाहता हूँ।
ম্যাঁয় সাধারণ বাজার মে জানা চাহতা হুঁ।

এ দিক দিয়ে গেলে নিউ মার্কেট পড়বে।
इधर से जाने पर न्यू मार्केट आएगा।
ইধর সে জানে পর নিউ মার্কেট আয়েগা।

ওখানে আপনি যব জিনিস পেয়ে যাবেন।
वहाँ आपको सारी चीजें मिल जाएँगी।
উহাঁ আপকো সারী চীজেঁ মিল জায়েঁগী।

আপনার কাছে পাঁচ টাকার খুচরো আছে?	आपके पास पाँच रुपए के छुट्टे हैं? আপকে পাস পাঁচ রুপয়ে কে ছুট্টে হাঁয়?
এখানে সব কিছুর দাম বেশী মনে হচ্ছে।	लगता है यहाँ हर चीज के दाम अधिक हैं। লগতা হায় ইহাঁ হর চীজ কে দাম অধিক হাঁয়।
এ সব আপনার ভুল ধারণা।	यह आपकी गलतफहमी है। ইয়ে আপকী গলতফহমী হায়।
তাই না কি?	ऐसी बात है? আহসী বাত হায়?
অন্য কোন বাজার এর মত নয়।	कोई दूसरा बाजार ऐसा नहीं है? আউর কোই বাজার অইসা নহীঁ হায়।
এখানে এমন কি পাওয়া যায়?	यहाँ ऐसा क्या मिलता है? ইহাঁ আহসা কেয়া মিলতা হায়?
অনেক জিনিস।	बहुत सी चीजें। বহুত সী চীজেঁ?
সে গুলি কী?	कौन सी चीजें? কৌন সী চীজেঁ?
চন্দন কাঠের পুতুল পাওয়া যায়।	चन्दन की लकड़ी के खिलौने मिलते है। চন্দন কী লকড়ী কে খিলৌনে মিলতে হাঁয়।
আমায় চন্দন কাঠের একটি ঝুড়ি দাও।	मुझे चन्दन की लकड़ी की टोकरी दो। মুঝে চন্দন কী লকড়ী কী এক টোকরী দো।

তা তো পাওয়া যায় না কিন্তু হাতি দাঁতের তৈরি অনেক কিছু পাওয়া যায়।
वह तो यहाँ नहीं मिलती लेकिन हाथी दाँत की बनी बहुत सी चीजें मिलती हैं।
উবহ তো নহীঁ মিলতী লেকিন হাথী দাঁত কী বনী বহুত সী চীজেঁ মিলতী হাঁয়।

তা হলে দেখেই যাব।	तो देखकर ही जाऊँगा? তো দেখ কর হী জাউঁগা।

14. বাস স্ট্যান্ড (Bus Stand) बस स्टैण्ड

এখানে বাস স্ট্যান্ড কোথায়?	यह बस स्टैण्ड कहाँ है? ইয়হ বস স্ট্যান্ড কহাঁ হায়?
এখান থেকে আধ কিলোমিটর দূরে।	यहाँ से आधा किलोमीटर दूर? ইহাঁ সে আধা কিলোমিটর দূর।

অনুরোধ করলে বাস থামাবার জায়গা কোথায়?
अनुरोध करने पर बस रोकने की जगह कहाँ है?
অনুরোধ করনে পর বস রোকনে কী জগহ কহাঁ হায়?

যেখানে বাষ দেখতে পাবেন। **जहाँ आपको बस दिखाई पड़े।**
জহাঁ আপকো বস দিখাই পড়ে।

কিন্তু হাত দেখালে তো বাষ থামছে না। **लेकिन हाथ दिखाने पर तो बस नहीं रुक रही है?**
লেকিন হাথ দিখানে পর তো বস নহীঁ রুক রহী হায়।

এ টা অটো নয়, যে যেখানে হাত দেখাবেন সেখানেই থামিয়ে দেবে।
यह आटो नहीं है कि जहाँ हाथ दिखाइएगा वहीं रुक जाए।
ইয়ে আটো নহীঁ হায় কি জহাঁ হাথ দিখাইয়েগা বহীঁ রুক জায়ে।

যেখানে লোক দাঁড়িয়ে আছে, সেখানে বাস থামানো উচিত কি না?
जहाँ लोग खड़े हों वहाँ बस रोकना उचित है या नहीं?
জহাঁ লোগ খড়ে হোঁ, উহাঁ বস রেকেনা উচিত হায় কি নহীঁ?

যদি তা করে তা হলে বাস এক মিটারও এগোতে পারবে না।
अगर ऐसा हुआ तो बस एक मीटर भी नहीं बढ़ पाएगी।
অগর অইসা হুয়া তো বস এক মিটর ভী নহীঁ বঢ় পায়েগী।

এই বাসে তো অনেক ভীড় আছে। **इस बस में तो बहुत भीड़ है।** ইস বস মে তো বহুত ভীড় হায়।

দেখো তারা কি করে যাচ্ছে। **देखो, वे लोग कैसे जा रहे हैं।**
দেখো, উয়ে লোগ কইসে জা রহে হায়ঁ।

তারা তো দাঁড়িয়ে আছে। **वे लोग तो खड़े हैं।** উয়ে লোগ তো খড়ে হায়ঁ।

সিটি বাস মানে কি? **सिटी बस का क्या मतलब है?**
সিটি বাস কা কেয়া মতলব হায়?

টিকিট কোথায় পাওয়া যাবে? **टिकट कहाँ मिलेगी?** টিকট কহাঁ মিলেগী।

কাউন্টার থেকে নিয়ে নিন। **काउंटर से ले लीजिए।** কাউন্টার সে লে লী জিয়ে

বাসে দেয় না? **बस में नहीं देते?** বাস মে নহীঁ দেতে?

যে বাসটি জেলায় যায় তার স্ট্যাণ্ড কোথায়।
जो बस जिले को जाती है, उसका स्टैण्ड कहाँ है?
জো বস জিলে কো জাতী হায় ডসকা স্ট্যাণ্ড কাহাঁ হায়।

এখানে দাঁড়াও, আমি একবার টাইম-টেবিল দেখে আষছি।
यहीं रुको, मैं समय–सारणी देखकर आता हूँ।
য়হীঁ রুকো, ম্যাঁয় এক বার সময়-সারণী দেখ কর আতা হুঁ।

এখান থেকে কি রাজ্যের সব দিকে যাবার বাস পাওয়া যায়।
क्या यहाँ से राज्य के हर तरफ जाने के लिए बस मिलती है?
কেয়া ইহাঁ সে রাজ্য কে হর তরফ জানে কে লিয়ে বস মিলতী হায়?

না পাওয়া যায় না। **नहीं, नहीं मिलती।** নহীঁ, নহীঁ মিলতী।

কিছুটা এগিয়ে গিয়ে বাস বদলাতে হবে। **आगे जाकर बस बदलना पड़ता है।**
আগে জাকর বস বদলনা পড়তা হায়।

হায়দ্রাবাদ থেকে রাজামুন্দরী যেতে কতটা সময় লাগে?
हैदराबाद से राजामुन्दरी जाने में कितना समय लगता है?
হায়দ্রাবাদ সে রাজামুন্দরী জানে মে কিতনা সময় লগতা হায়?

নয় ঘন্টা লাগে। **नौ घंटे लगते है।** নৌ ঘণ্টে লগতে হায়ঁ।

আজকাল বাসে যাওয়া-আসা বড্ড কঠিন হয়ে গেছে।
आजकल बस में कहीं जाना बहुत कठिन हो गया है।
আজকল বস মে আনা-জানা বহুত কঠিন হো গয়া হায়।

এমন ভাঙাচোরা বাসে উঠতে আমারও ভাল লাগে না।
ऐसी टूटी–फूटी बस में चढ़ना मुझे अच्छा नहीं लगता।
অইসী টুটী-ফুটী বস মে চঢ়না মুঝে অচ্ছা নহীঁ লগতা।

15. আমাদের রাজ্য (Our State) हमारा राज्य

আমাদের রাজ্যের নাম অন্ধ্র প্রদেশ। **हमारे राज्य का नाम आंध्र प्रदेश है।**
হমারে রাজ্য কা নাম অন্ধ্র প্রদেশ হায়।

আমাদের রাজ্য তেইশটি জেলা আছে। **हमारे राज्य में तेइस जिले हैं।**
হমারে রাজ্য মে তেহস জিলে হায়ঁ।

আমাদের রাজ্যে তিনটি প্রান্ত আছে। **हमारे राज्य में तीन प्रान्त हैं।**
হমারে রাজ্য মে তিন প্রান্ত হায়ঁ।

তাদের নাম কোস্তা, রায়লসীমা আর তেলাঙ্গানা।
उनके नाम हैं कोस्ता, रायलसीमा और तेलंगाना।
উনকে নাম হায়ঁ কোস্তা, রায়লসীমা আউর তেলাঙ্গানা।

এই তিনটি প্রান্তের লোক একই ভাষায় কথা বলে।
इन तीनों प्रान्तों के लोग एक ही भाषा बोलते हैं।
ইন তিন প্রান্তোঁ কে লোগ এক হী ভাষা বোলতে হায়ঁ।

যারা যমুদ্রের ধারে থাকে তাদের কোস্তা বলা হয়।
जो लोग समुद्र के किनारे रहते हैं उन्हें कोस्ता के नाम से जाना जाता है।
জো লোগ সমুদ্র কে কিনারে রহতে হায়ঁ উনহে কোস্তা কে নাম সে জানা জাতা হায়।

তাই শ্রীকাকুলম থেকে নেল্লূর পর্যন্ত জেলাগুলিকে কোস্তা বলা হয়।
इसीलिए श्रीकाकुलम से नेल्लूर तक के जिलों को कोस्ता कहते हैं।
হসীলিয়ে শ্রীকাকুলম সে নেল্লূর তক কে জিলোঁ কো কোস্তা কহতে হায়ঁ।

শ্রী কৃষ্ণ দেবরায় যে প্রান্ত বানিয়ে ছিলেন সেটাকে রায়লসীমা বলা হয়।
श्री कृष्णदेवराय ने जो प्रान्त बनाया था वह रायलसीमा कहलाता है।
শ্রী কৃষ্ণ দেবরায় নে জো প্রান্ত বনায়া থা উবহ রায়লসীমা কহলাতা হায়।

কডপা, কর্নুল, চিত্তুর আর অনন্তপুর কে রায়লসীমা বলা হয়।
कडपा, कर्नुल, चित्तूर और अनंनतपुर को रायलसीमा कहा जाता है।
কডপা, কর্নুল, চিত্তুর আউর অনন্তপুর কো রায়লসীমা কহা জাতা হায়।

মহারাষ্ট্র, কর্নাটিক এবং অন্ধ্র প্রদেশের রাজ্যর কিছু এলাকা মুসলমান শাসকদের অধীন ছিল।
महाराष्ट्र, कर्नाटक एवं आंध्र प्रदेश राज्यों के कुछ हिस्से मुसलमान शासकों के अधीन थे।
মহারাষ্ট্র, কর্নাটিক এবং অন্ধ্র প্রদেশ রাজ্য কে কুছ হিস্সে মুসলমান শাসকো কে অধীন থে।

এ এলাকাগুলি একটি রাজ্যের মতন ছিল।
ये इलाके एक राज्य जैसे थे।
ইয়ে ইলাকো এক রাজ্যের জইসে থে।

এই রাজ্য তেলুগু ভাষী এলাকা গুলো কে তেলেঙ্গানা বলা হতো।
इन राज्यों के तेलुगु भाषी इलाकों को तेलंगाना कहा जाता था।
ইন রাজ্যোঁ কে তেলুগু ভাষী ইলাকোঁ কো তেলেঙ্গানা কহা জাতা থা।

সে এলাকাই এখন তেলেঙ্গানার মত হয়ে গেছে।
यही इलाके अब तेलंगाना जैसे बन गए हैं।
ইয়হী ইলাকে অব তেলেঙ্গানা জইসে বন গয়ে হায়ঁ।

আমাদের রাজ্যের রাজধানী হায়দ্রাবাদ।
हमारे राज्य की राजधानी हैदराबाद है।
হমারে রাজ্য কী রাজধানী হায়দ্রাবাদ হায়।

আমাদের রাজ্যে কৃষ্ণা, গোদাবরী, মঁজীরা, তুঙ্গভদ্রার মত পবিত্র নদী প্রবাহিত হয়।
हमारे राज्य में कृष्णा, गोदावरी, मंजीरा, तुंगभद्रा जैसी पवित्र नदियाँ प्रवाहित होती हैं।
হমারে রাজ্য মে কৃষ্ণা, গোদাবরী, মঁজীরা, তুঙ্গভদ্রা জইসী পবিত্র নদিয়াঁ প্রবাহিত হোতী হায়ঁ।

এই রাজ্য অনেক দরগা, মষজিদ, চার্চ আর মন্দির আছে।
इस राज्य में अनेक दरगाह, मस्जिद, गिरजे और मन्दिर हैं।
হস রাজ্য মে অনেক দরগাহ, মসজিদ, গিরজে আউর মন্দির হায়ঁ।

আমাদের রাজ্য শান্তিকামী রাজ্য। **हमारा राज्य शांति चाहने वाला राज्य है।**
হমারা রাজ্য শান্তি চাহনে বালা রাজ্য হায়।

এখানের বাসিন্দারা শান্তিপ্রিয়। **यहाँ के निवासी शांतिप्रिय हैं।**
ইহাঁ কে নিবাসী শান্তিপ্রিয় হায়ঁ।

ভারতবর্ষে আন্ধ্র প্রদেশ কে বিশিষ্ট স্থান দেওয়া হয়েছে।
भारतवर्ष में आंध्र प्रदेश को विशेष स्थान दिया गया है।
ভারতবর্ষ মে আন্ধ্র প্রদেশ কো বিশেষ স্থান দিয়া গয়া হায়।

16. জলখাবারের দোকান (Tiffin Centre) अल्पाहार गृह

দাদা, কাছাকাছি জলখাবারের কোনো ভাল দোকান আছে?
भाई साहब, आसपास नाश्ते की कोई अच्छी दुकान है क्या?
ভাই সাহব, আস্পাস নাশতে কী কোই অচ্ছী দুকান হায় কেয়া?

আছে, সোজা গিয়ে ডান দিকে ঘুরে যাবেন।
हाँ है, सीधे जाकर दाहिनी ओर मुड़ जाइए।
হ্যাঁ হায়, সীধে জাকর দাহিনে মুড় জাইয়ে।

আমরা একটা ভাল হোটেলে যাব। **हम किसी अच्छे होटल में जाना चाहते हैं।**
হম কিসী অচ্ছে হোটল মে জানা চাহতে হায়ঁ।

না এখন না, পরে দেখব। **नहीं, अभी नहीं, बाद में देखेंगे।**
নহীঁ, অভী নহীঁ, বাদ মে দেখেঙ্গে।

জলখাবার সকালে খেতে হয়, দুপুরে নয়। **नाश्ता सुबह किया जाता है, दोपहर में नहीं।**
নাশতা সুবহ কিয়া জাতা হায়, দোপহর মে নহীঁ।

আপনারা কি নেবেন? **आपलोग क्या लेंगे?** আপলোগ কেয়া লেঁগে?

আমি ইডলী-দোসা খাব। **मैं इडली–डोसा खाऊँगा।** ম্যাঁয় ইডলী-দোসা খাউঁগা।

সাম্বার গরম আছে? **सांभर गरम है?** সাম্বর গরম হায়?

আগে জল নিয়ে এসো। **पहले पानी लाओ।** পহলে পানী লে আও।

এই টেবিলটা পরিষ্কার করে দাও। **यह टेबल साफ करदो।** ইয়হ মেজ সাফ কর দো।

17. ভোজনালয় (হোটেল) (Hotel) **भोजनालय (होटल)**

আমার খিদে পেয়েছে।	**मुझे भूख लगी है।**	মুঝে ভূখ লগী হায়।
এখানে একটি মাত্র হোটেল আছে।	**यहाँ केवल एक होटल है।**	ইহাঁ কেবল এক হী হোটল হায়।
ওখানে ভাল খাবার পাওয়া যায়?	**वहाँ अच्छा खाना मिलता है?**	উহাঁ কানা অচ্ছা মিলতা হায়?
টেস্ট ভাল।	**स्वाद अच्छा है।**	স্বাদ অচ্ছা হায়।
কি দেব স্যার?	**क्या दूँ सर?**	কেয়া দূঁ স্যার?
মেনুটা নিয়ে এস।	**मेनू ले आइए।**	মেনু লে আইয়ে।
কি লাগবে স্যার।	**क्या लगेगा सर?**	কুছ লগেগা স্যার?
আমি সাউথ ইণ্ডিয়ান খাব।	**मैं साऊथ इंडियन खाऊँगा।**	ম্যাঁয় সাউথ ইণ্ডিয়ান খাউঁগা।

আপনার সাউথ ইণ্ডিয়ান খাবার ভাল লাগে?
आपको साऊथ इंडियन अच्छा लगता है?
আপকো সাউথ ইণ্ডিয়ান খানা অচ্ছা লগতা হায়?

ভীষণ ভাল লাগে।	**बहुत अच्छा लगता है।**	বহুত অচ্ছা লগতা হায়।
ভীষণ ভাল লাগে কেন?	**बहुत अच्छा क्यों लगता है?**	বহুত অচ্ছা কেয়োঁ লগতা হায়।
আমি তাতে ছয় রকম স্বাদ পাই।	**उसमें मुझे छ तरह का स्वाद मिलता है।** উসমে মুঝে ছক্ষ্ম তরহ কা স্বাদ মিলতা হায়।	
কি করে?	**कैसे?**	কইসে?
যেমন ভাতে কোনো স্বাদ নেই।	**जैसे कि भात में कोई स्वाद नहीं है।** জইসে ভাতমে কোই স্বাদ নহীঁ হায়।	

সেটাতে ডাল, ঘি, আচার মেশালে কেমন লাগে জানেন?
पर उसमें दाल, घी और अचार मिलाने के बाद कैसा लगता है, जानते हैं?
পর উসমে দাল, ঘি, আচার মিলানে পর কইসা লগতা হায়, জানতে হায়ঁ?

না, আমি বলতে পারবো না। | नहीं मैं नहीं बता सकता। | নহীঁ, ম্যাঁয় নহীঁ বতা সকতা।

খেয়ে দেখে নাও। | खाकर देख लो। | খাকর দেখ লো।

খাবারে গুজিয়াও আছে? | खाने में गुझिया भी है? | খানে মে গুজিয়া ভী হায়?

শুধু গুজিয়া না স্যার, লুচি, ফ্রাইড রাইস, তরকারি আর ভাজাও আছে।
केवल गुझिया नहीं सर, पूड़ी, फ्राइड राइस, सब्जी और भाजी भी है।
কেবল গুজিয়া নহীঁ স্যার, পুড়ী, ফ্রাইড রাইস, তরকারি আউর ভাজা ভী হায়

ধন্যবাদ ভাই, ভাল খাবার খাইয়েছো। কত বকশীশ দেব?
धन्यवाद भाई, अच्छा खाना खिलाया। ईनाम कितना दूँ?
ধন্যবাদ ভাই, অচ্ছা খানা খিলায়া। কিতনী বকশীশ দূঁ?

আপনার জা খুশী। | आपकी जो इच्छा हो। | আপকী জো ইচ্ছা হো।

এখানে সার্বিস বড্ড ঢিলে। | यहाँ की सर्विस बहुत ढीली है। | ইহাঁ কী সাবিস বহুত ঢিলী হায়।

18. ডাকঘর (Post Office) डाक घर (पोस्ट ऑफिस)

ডাকঘব কোথায়? | डाकघर कहाँ है? | ডাকঘব কহাঁ হায়?

সোজা গিয়ে বাঁ দিকে ঘুরলে একটা চড়াই পাবেন।
सीधे जाकर बाएं घूमने पर एक चढ़ाई मिलेगी।
সীধে জাকর বাঁয়ে ঘুমনে পর এক চড়াই মিলেগী।

তাতে উঠে ডান দিকে তাকালে লাল বোর্ডে সাদা অক্ষরে লেখা দেখতে পাবেন।
उस पर चढ़कर देखने पर लाल बोर्ड पर सफेद अक्षरों से लिखा हुआ दिखाई देगा।
উস পর চড় কর দাহিনী তরফ দেখনে পর লাল বোর্ড পর সফেদ অক্ষরোঁ মে লিখা হুআ দিখআই দেগা।

আমি এই চিঠিটা তাড়াতাড়ি পাঠাতে চাই। | **मैं यह पत्र जल्दी भेजना चाहता हूँ।** ম্যাঁয় ইয়ে পত্র জল্দী ভেজনা চাহতা হুঁ।

স্পীড পোস্টে পাঠিয়ে দিন। | **स्पीड पोस्ट से भेज दीजिए।** স্পীড পোস্ট সে ভেজ দীজিয়ে।

কত টাকার টিকিট লাগাতে হবে? | **कितने रुपए का टिकट लगाना होगा?** কিতনে রুপয়ে কা টিকিট লগানা হোগা?

টিকিট লাগাবার দরকার নেই। **टिकट लगाने की कोई जरूरत नहीं है।**
টকিট লগানে কী কোই জরুরত নহীঁ হায়।

এই খামটা একটু ওজন করে দিন। **इस लिफाफे को वजन कर दीजिए।**
ইস লিফাফে কো জরা ওজন কর দীজিয়ে।

এর ওজনের হিসাবে আপনাকে আশি টাকার টিকিট লাগাতে হবে।
इसके वजन के हिसाब से आपको अस्सी रुपए का टिकट देना होगा।
ইসকে ওজন কে হিসাব সে আপকো অস্সী রুপয়ে কা টিকট লগানা হোগা।

চিঠি তাড়াতাড়ি পৌঁছানোর জন্য সঠিক পিনকোড লেখা জরুরী।
पत्र के जल्दी पहुँचने के लिए उस पर सही पिनकोड लिखा होना आवश्यक है?
পত্র কে জল্দী পহুঁচনে কে লিয়ে উস পর সহী পিনকোড লিখা হোনা জরুরী হায়।

বুক পোস্ট থাকলে খাম বন্ধ করবেন না।
बुक पोस्ट हो तो लिफाफा बन्द मत कीजिए।
বুক পোস্ট হো তো লিফাফা বন্ধ মত কীজিয়ে।

মানি অর্ডার কটা পর্য়ন্ত নেওয়া হয়?
मनी आर्डर कितने बजे तक लिया जाता है?
মনি অর্ডার কিতনে বজে তক লিয়া জাতা হায়?

তিনটে পর্য়ন্ত। **तीन बजे तक।** তিন বজে তকঙ।

হাজার টাকা পাঠাতে হলে কত টাকা ফী দিতে হবে?
हजार रुपए भेजने के लिए कितने रुपए शुल्क देना होगा?
হাজার রুপয়ে ভেজনে কে লিয়ে কিতনে রুপয়ে কা শুল্ক দেনা হোগা?

পঞ্চাশ (৫০) টাকা **पचास रुपए।** পঞ্চাশ (৫০) রুপয়ে।

মানি অর্ডাব ফর্ম কি করে ভরতে হয়? **मनी आर्डर फार्म कैसे भरते हैं?**
মানি অর্ডাব ফার্ম কৈসে ভরতে হাঁয়?

ফর্ম কি করে ভরবেন সেটা ফর্মের উপর তিনটি ভাষায় লেখা আছে?
फार्म कैसे भरा जाएगा यह फार्म पर तीन भाषाओं में लिखा है?
ফার্ম কৈসে ভরা জায়েগা ইয়হ ফার্ম পর তিন ভাষা মে লিখা হায়?

ডাক কটায় বেরোয়? **डाक कितने बजे निकलती है?**
ডাক কিতনে বজে নিকলতী হায়?

যকালের ডাক বেরিয়ে গেছে। **सुबह की डाक निकल गई है।**
সুবহ কী ডাক নিকল গই হায়?

পরের ডাক চারটে সময় বেরোবে? **बादवाली डाक चार बजे निकलेगी?**
বাদ বালী ডাক চার বজে নিকলেগী।

আজকে ডাক বিলি করা হবে? **आज डाक बाँटी जाएगी?** আজ ডাক বাঁটী জায়েগী ?

হ্যাঁ, অবশ্যই করা হবে। **हाँ जरूर बाँटी जाएगी।** হাঁ, জরুর বাঁটী জায়েগী।

19. রেল স্টেশন (Railway Station) रेलवे स्टेशन

আজ আমি রাজামুন্দ্রী যেতে চাই। **मैं आज राजामुन्द्री जाना चाहता हूँ।**
ম্যাঁয় আজ রাজামুন্দ্রী জানা চাহতা হুঁ।

কি করে যেতে চান? ট্রেনে না বাযে? **कैसे जाना चाहते हैं? ट्रेन से या बस से?**
কৈসে জানা চাহতে হায়ঁ? ট্রেন সে য়া বস সে?

ট্রেনে করে নয় ঘণ্টায় আরাম করে যাওয়া যায়। **ट्रेन से नौ घंटे में आराम से जाया जा सकता है।**
ট্রেন সে নৌ ঘণ্টে মে আরাম সে জায়া জা সকতা হায়।

আসন সংরক্ষন করিয়ে নিয়েছনে? **सीट आरक्षित करा चुके हैं?** সীট আবক্ষিত করা চুকে হায়ঁ?

হ্যাঁ, করিয়ে নিয়েছি। **हाँ, करा लिया है।** হ্যাঁ, করা লিয়া হায়।

ভাগ্যের জোরে জানালার কাছে বসার জায়গা পেয়েছি।
किस्मत से खिड़की के पास बैठने की जगह मिल गई है।
কিস্মত সে খিড়কী কে পাস বৈঠনে কী জগহ মিল গই হায়।

দেখে নিন নিজের জায়গায় বসেছেন না অন্য কারুর জায়গায়।
देख लीजिए, अपनी जगह पर बैठे हैं या किसी और की जगह पर।
দেখে লীজিয়ে অপনী জগহ পর বৈঠে হায়ঁ য়া কিসী আউর কী জগহ পর।

আমি ষব দেখেই বষেছি। **मैं सब कुछ देख कर ही बैठा हूँ।**
ম্যাঁয় সব দেখ কর হী বৈঠা হূঁ।

জানালা বন্ধ করে নিন, নইলে নোংরা আসবে।
खिड़की बंद कर लीजिए नहीं तो कचरा अंदर आएगा।
খিড়কী বন্দ কর লীজিয়ে, নহীঁ তো কচরা আয়েগা।

খাওয়ার কোচটি কোন দিকে? **खाने का डिब्बा किस तरफ है?**
খানে কা ডিব্বা কিস তরফ হায়।

ওদিকটায় চলে যান। **उस तरफ चले जाइए।** উস তরফ চলে জাইয়ে।

আমি কাল রাত্রের ট্রেনে মুম্বাই যাচ্ছি। **कल रात की ट्रेन से मैं मुंबई जा रहा हूँ।**
কল রাত কী ট্রেন সে ম্যাঁয মুম্বই জা রহা হুঁ।

মুম্বই জাওয়ার জন্য কি একটি মাত্র ট্রেন আছে? **मुंबई जाने के लिए क्या एक ही ट्रेन है?**
মুম্বই জানে কে লিয়ে কেয়া কেবল একহী ট্রেন হায়ে?

হ্যাঁ, এখান থেকেএকটি ট্রেনই মুম্বাই যায়। **हाँ, यहाँ से बस एक ट्रेन मुंबई जाती है।**
হ্যাঁ, ইয়হাঁ সে বস এক হী ট্রেন মুম্বাই জাতী হায়।

ঠিক আছে। **ठीक है।** ঠিক হায়।

না হলে মাঝে গাড়ি বদলাতে হবে। **नहीं तो बीच में गाड़ी बदलनी होगी।**
নহীঁ তো বীচ মে গাড়ি বদলনী হোগী।

আমি আপনার সাথে স্টেশনে যাব। **मैं आपके साथ स्टेशन चलूँगा।**
ম্যাঁয় আপকে সাথ স্টেশন চলুঁগা।

তা হলে তুমি তাড়াতাড়ি তৈরি হয়ে নাও। तो तुम जल्दी तैयार हो जाओ।
তো তুম জল্দী তইয়ার হো জাও।

তারা গাড়ি ধরতে পারে নি। वे लोग गाड़ी नहीं पकड़ पाए।
উয়ে লোগ গাড়ি নহীঁ পকড় সকে।

আজ ট্রেন আসতে অনেক দেরি করছে। आज ट्रेन आने में बहुत देर हो रही है।
আজ ট্রেন আনে মে বহুত দের হো রহী হায়।

হ্যাঁ, আজ ট্রেনগুলি সঠিক টাইমে আসছে না। हाँ, आज गाड़ियाँ सही समय से नहीं चल रही हैं।
হ্যাঁ, আজ ট্রেনেঁ সহী সময় সে নহীঁ চল রহী হায়ঁ।

খাওয়ার জন্য গাড়ি থেকে নামার দরকার হয় না।
खाने के लिए गाड़ी से नीचे उतरने की जरूरत नहीं पड़ती।
খানে কে লিয়ে গাড়ি যে উতরনে কী জরুরত নহীঁ পড়তী।

গাড়িতেই খাবার পাওয়া যায়। गाड़ी में खाना मिलता है।
গাড়ি মে হী খানা মিলতা হায়।

যদি ভাল খাবার পাওয়া যায় তা হলে যাত্রা যতই দীর্ঘ হোক আমার কেনো আপত্তি নেই।
अगर खाना अच्छा मिले तो यात्रा चाहे जितनी लम्बी हो मैं परवाह नहीं करता।
অগর খানা অচ্ছা মিলে তো যাত্রা চাহে জিতনী লম্বী হো ম্যাঁয় পরবাহ নহীঁ করতা।

20. ক্রীড়া (Sports) खेल

আপনি কি খেলেন? आप कौन सा खेल खेलते हैं?
আপ কৌন সা খেল খেলতে হায়ঁ?

আমি দাবা খেলি। मैं शतरंज खेलता हूँ। ম্যাঁয় শতরঞ্জ খেলতা হু?

আপনার কি খেলতে ভাল লাগে? आपको क्या खेलना अच्छा लगता है?
আপকো কেয়া খেলনা অচ্ছা লগতা হায়?

আমি ঘুড়ি ওড়াতে পারি। मैं पतंग उड़ा सकता हूँ। ম্যাঁয় পতংগ উড়া সকতা হুঁ।

তারা কোন খেলার খেলোয়াড়? **वे लोग किस खेल के खिलाड़ी हैं?**
আপ কিস খেল কে খিলাড়ী হায়ঁ ?

তারা কাবাডি ভাল খেলে। **वे कबड्डी खेलते हैं।** উয়ে কবড্ডি খেলতে হায়ঁ।

আজকাল ক্রিকেট কে বেশী উৎসাহ দেওয়া হচ্ছে।
आजकल क्रिकेट को अधिक प्रोत्साहित किया जा रहा है।
আজকাল ক্রিকেট কো অধিক প্রোৎসাহিত কিয়া জা রহা হায়।

শুধু আজ-কাল না, তাকে তো সব সময় উৎসাহ দেওয়া হয়, আপনি কি জানেন না?
केवल आजकल नहीं, उसे तो हमेशा बढ़ावा दिया जाता है, क्या आपको यह पता नहीं हैं?
কেবল আজ কল নহীঁ, উসে তো হমেশা বঢ়াবা দিয়া জাতা হায়, কেয়া আপকো য়হ পতা নহীঁ হায়?

আপনার কথাই ঠিক। **आपकी बात सही है।** আপকী বাত সহী হায়।

ক্রিকেট ছাড়া কি অন্য কোন খেলা নেই?
क्या क्रिकेट को छोड़कर कोई अन्य खेल नहीं है?
কেয়া ক্রিকেট কো ছাড় কর কোই অন্য খেল নহীঁ হায়?

আমার হাই জাম্প ভাল লাগে। **मुझे ऊँची छलांग अच्छी लगती है।**
মুঝে উঁচী ছলাঁগ অচ্ছী লগতী হায়।

তুমি কি তাতে ভাল। **क्या तुम उसमें अच्छे हो?** কেয়া তুম উসমে এচ্ছ হো?

না! না! আমার দেখতে ভাল লাগে। **नहीं! नहीं!मुझे देखना अच्छा लगता है।**
নহীঁ! নহীঁ! মুঝে দেখনা অচ্ছা লগতা হায়।

আপনি জানেন, সে কে? **आप जानते हैं, वह कौन है?**
আপ জানতে হায়ঁ, উবহ কৌন হায় ?

জানি, সে ফাস্ট রানার। **जानता हूँ, वह तेज धावक है।**
জানতা হুঁ, উবহ তেজ ধাবক হায় ?

আপনার খেলার স্কুলে কি রোজ খেলার জন্য সময় ঠিক করা আছে?
क्या आपकी खेल पाठशाला में रोज खेलने का समय तय है?
কেয়া আপকী খেল পাঠশালা মে রোজ খেলনে কা সময় তয় হায়?

হ্যাঁ, আমরা রোজ চারটেরসময় মাঠে যাই।
हाँ, हम लोग रोज शाम को चार बजे खेलने के लिए मैदान में जाते हैं।
হ্যাঁ, হম লোগ রোজ শাম কো চার বজে খেলনে কে লিয়ে মৈদান মে জাতে হায়ঁ।

ওখানে আপনারা কি-কি খেলেন?
वहाँ आपलोग कौन–कौन सा खेल खेलते हैं?
উবহাঁ আপলোগ কৌন--কৌন সা খেল খেলতে হায়ঁ।

যদি আপনি না হাসেন তা হলে আমি বলতে পারি।
अगर आप हँसें नहीं तो मैं बता सकता हूँ।
অগর আপ হঁসে নহীঁ তো ম্যাঁয় বতা সকতা হূঁ।

হাসবো না, বলুন।	**नहीं हँसूंगा, बताइए।**	নহীঁ হঁসুঙ্গা বত্তইয়ে।
আমরা গুলি (মার্বেল) খেলি।	**हम कंचे खेलते हैं।**	হম কনচে খেলতে হাঁয়।
সে সাঁতার কাটতে ভালবাসে।	**उसे तैरना अच्छा लगता है।**	উসে তৈরনা অচ্ছা লগতা হায়।
কিন্তু জল নেই।	**लेकिन पानी नहीं है।**	লেকিন পানী নহীঁ হায়।

কেউ জানে না যে খেলায় কে জিতবে আর কে হারবে।
कोई नही जानता कि खेल में किसकी जीत होगी और किसकी हार।
কোই নহীঁ জানতা কি খেল মে কিসকী জীত হোগী আউর কিসকী হার।

যাই হোক, একটা কথা সবাই জানে যে যারা খেলে তাদের স্বাস্থ্য ভাল থাকে।
जो भी हो, एक बात सभी जानते हैं कि जो लोग खेलते हैं, उनका स्वास्थ्य अच्छा रहता है।
জো ভী হো, এক বাত সভী জানতে হায়ঁ কি জো লোগ খেলতে হায়ঁ উনকা স্বাস্থ্য অচ্ছা রহতা হায় ।

21. স্বাস্থ্য (Health) स्वास्थ्य (आरोग्य)

আপনি কেমন আছেন?	**आप कैसे हैं?**	আপ কৈসে হায়ঁ?
ভাল না।	**अच्छा नहीं हूँ।**	অচ্ছা নহীঁ হূঁ।
কি হল?	**क्या हुआ?**	কেয়া হুআ?

আমার পেটে ব্যথা হচ্ছে।	**मेरे पेट में दर्द हो रहा है।** মেরে পেট মে দরদ হো রহা হায়।	
কেন হচ্ছে?	**क्यों हो रहा है?**	কেয়োঁ হো রহা হায়?
তা জানলে তো এত সমস্যা থাকতো না।	**यह पता होता तो कोई समस्या ही नहीं थी।** ইয়ে পতা হোতা তো কোই সমস্যা হী নহীঁ থী।	
দু-এক বার হলে ঠিক আছে।	**कभी–कभार हो तो ठीक है।**	কভী-কভার হো তো ঠিক হায়।

যদি বার-বার হয় তো পেটে কোন সমস্যা থাকতে পারে।
अगर बार–बार होता है तो पेट की कोई समस्या हो सकती है।
অগর বার-বার হোতা হায় তো পেট কী কোই সমস্যা হো সকতী হায়।

আগে তো আপনি ভাল ছিলেন।	**पहले तो आप ठीक थे।**	পহলে তো আপ ঠিক থে।

আমার ব্যবসাতে লোকসান হয়েছে, তাই সময় মত খাওয়া হয় নি।
मेरे व्यापार में घाटा हुआ है, इसीलिए समय से खाना–पीना नहीं हुआ।
মেরে ব্যাপার মে ঘাটা হুয়া হায়, হসীলিয়ে সময় সে খানা-পীনা নহীঁ হুয়া।

কি ওষুধ নিয়েছেন?	**क्या दवा ले रहे हैं?**	কেয়া দবা লে রহে হায়ঁ?
অনেক গুলি?	**कई दवाएं लीं।**	কই দবায়েঁ লীঁ।
আপনার বাচ্চারা কেমন আছে?	**आपके बच्चे कैसे हैं?**	আপকে বচ্চে কৈসে হায়ঁ।

ছোটটার মাথা ব্যথা আর বড়টার কাশি হয়েছে।
छोटे के सिर में दर्द है और बड़े वाले को खांसी हुई है।
ছোটে বালে কে সির মে দরদ হায় আউর বড়েবালে কো খাঁশি হুই হায়।

এর মানে জানেন?	**इसका मतलब समझते हैं?**	ইসকা মতলব জানতে হায়ঁ?

আপনারা স্বাস্থ্য নিয়ম কে অবহেলা করছেন।
आपलोग स्वास्थ्य के नियमों की अनदेखी कर रहे हैं।
আপলোগ স্বাস্থ্য কে নিয়মো কী অনদেখী কর রহে হায়ঁ।

কি করব?　　क्या करूँ?　　কেয়া করূঁ?

রোজ ষকালে এক থেকে দেড় লিটার জল খাবেন।
रोज सबेरे एक से डेढ़ लीटर पानी पीजिए।
রোজ ষবেরে এক সে ডেঢ় লিটার পানী পীজিয়ে।

সকাল বেলা জল খেলে আমার মাথা ঘোরে।
सुबह–सुबह पानी पीने से मुझे चक्कर आता है।
সুবহ-সুবহ পানী পীনে সে মুঝে চক্কর আতা হায়।

আপনি কি ষিগারেট খান?　　क्या आप सिगरेट पीते हैं?　　কেয়া আপ ষিগরেট পীতে হায়ঁ?

তুমি কি কিছু টেবলেট দেবে?　　तुम क्या कोई गोली दोगे?　　তুম কেয়া কোই গোলী দোগে?

আমি দিই না কিন্তু উনি দেন।　　मैं नहीं देता लेकिन वे देते हैं।
ম্যাঁয় নহীঁ দেতা পর উয়ে দেতে হায়ঁ।

স্বাস্থ্যই ষব, এ কথা খুব গুরুত্বপূর্ণ।　　स्वास्थ्य ही सब कुछ है, यह बात बहुत महत्वपूर्ण है।
স্বাস্থ্য হী সব কুছ হায়, ইয়ে বাত বহুত মহত্বপূর্ণ হায়।

22. ডাক্তারের কাছে (Doctor) डॉक्टर के पास

এখানে বসুন।　　यहाँ बैठिए।　　ইহাঁ বইঠিয়ে।

কি সমস্যা।　　क्या परेशानी है?　　কেয়া পরেশানী হায়?

নিশ্বাস নেবার সময় ব্যথা হচ্ছে।　　साँस लेने में तकलीफ हो रही है।
সাঁস লেনে মে তকলীফ হো রহী হায়।

নিশ্বাস নিন।　　साँस लीजिए।　　সাঁস লীজিয়ে।

এ সমস্যা কবে থেকে?　　यह समस्या कब से है?　　ইয়হ সমস্যা কব সে হায়।

সাত মাস ধরে।	सात महीने से है।	সাত মহীনে সে হায়।
আর কি সমস্যা আছে?	और क्या परेशानी है?	আউর কেয়া পরেশানী হায়?
খিদে পায় না।	भूख नहीं लगती।	ভূখ নহীঁ লগতী।
ওজন বেড়ে গেছে।	वजन बढ़ गया है।	ওজন বঢ় গয়া হায়।
প্রায় কাশি হয়।	अक्सर खांसी रहती है।	অক্সর খাঁসি রহতী হায়।
কিছু করার ইচ্ছে করে না।	कुछ भी करने का मन नहीं करता। কুছ ভী করনে কা মন নহীঁ করতা।	
সব সময় রাগ হয়।	हमेशा गुस्सा आता है।	হমেশা গুস্সা আতা হায়।

একটি প্রশ্ন করেছি তো এক শো উত্তর দিয়ে দিলেন।
एक प्रश्न किया तो सौ उत्तर दे दिए।
এক প্রশ্ন কিয়া তো সৌ উত্তর দে দিয়ে।

কি করব স্যার, আমার সমস্যার তো শেষ নেই।
क्या करूँ सर, मेरी तकलीफों का तो अंत नहीं है?
কেয়া করূঁ স্যার, মেরী তকলীফো কা অন্ত নহীঁ হায়।

যবার চেয়ে জরুরী ওযুধ হল কথা কম বলা।	सबसे जरूरी दवा है कम बोलना। সবসে জরূরী হায় কম বোলনা।	
আহারের প্রতি সতর্ক থাকুন।	भोजन में सावधानी बरतें।	ভোজন মে সাবধানী বরতেঁ।
কিছু দিন মাত্র দু বার খান।	कुछ दिन तक केवल दो बार खाना खाइए। কুছ দিন তক কেবল দো বার খানা খাইয়ে।	
ঘাবড়াবেন না।	घबड़ाने की कोई बात नहीं है। ঘবড়ানে কী কোই বাত নহীঁ হায়।	
উপোস করার দরকার নেই।	उपवास करने की जरूरत नहीं है। উপবাস করনে কী জরূরত নহীঁ হায়।	

আমি অষুধ দিচ্ছি।	मैं दवा देता हूँ।	ম্যাঁয় দবা দেতা হুঁ।

আমি যেমন বলব সেই সময় খাবেন।

जैसा मैं बताऊँ, उसी समय लीजिएगा।
জায়েসা ম্যাঁয় বতাউঁ, উসী সময় লীজিয়েগা।

আপনার ষর্দি হয় নি তো?

आपको जुकाम तो नहीं हुआ है?
আপকো জুকাম তো নহীঁ হুআ হায়?

প্রত্যক দিন ষকালে ব্যায়াম করা আরম্ভ করুন।

रोज सुबह व्यायाम करना शुरु करें।
রোজ সুবহ ব্যায়াম করনা শুরু করেঁ।

ধন্যবাদ ডাক্তার ষাহেব।

धन्यवाद, डाक्टर साहब।
ধন্যবাদ ডাক্তার সাহব।

23. বিনোদন (Entertainment) मनोरंजन

আজকাল অনেক লোক বিনোদনের জন্য প্রচুর খরচ করে।
आजकल बहुत से लोग मनोरंजन पर काफी पैसे खर्च कर देते हैं।
আজকাল বহুত সে লোগ মনোরঞ্জন পর কাফী পয়সে খরচ কর দেতে হায়ঁ।

এই যান্ত্রিক জীবনধারায় সবার ভীষণ টেনশান হয়।
इस मशीनी जीवनशैली में सबको बहुत तनाव होता है।
ইস মশীনী জীবনশৈলী মে সবকো বহুত তনাব হোতা হায়।

প্রত্যেকে সখে জীবন কাটাতে চায়।
हर कोई सुख से जीवन बिताना चाहता है।
হর কোই সুখ সে জীবন বিতানা চাহতা হায়।

কিন্তু ভাবনা আর সুখের মধ্য কোনো সম্পর্ক নেই।
लेकिन विचारों और सुख में कोई संबंध नहीं है।
লেকিন বিচারো আউর সুখ মে কোই সম্বন্ধ নহীঁ হায়।

তাই ষবাই বিনোদনের পিছনে ছুটছে।
इसीलिए सब मनोरंजन के पीछे भाग रहे हैं।
ইসীলিয়ে সব মনোরঞ্জন কে পীছে ভাগ রহে হায়ঁ।

কিছু লোক সঙ্গীত চর্চা পছন্দ করে।
कुछ लोग संगीत का रियाज करते हैं।
কুছ লোগ সঙ্গীত কা রিয়াজ করতে হায়ঁ।

আর কিছু লোকের ষিনমো ভাল লাগে।
कुछ अन्य लोगों को सिनेमा अच्छा लगता है।
কুছ অন্য লোগো কো সিনেমা অচ্ছা লগতা হায়।

এ যব কিষের জন্য। यह सब किस लिए? ইয়ে সব কিস লিয়ে।

মানসিক শান্তির জন্য। मानसिक शांति के लिए। মানসিক শন্তি কে লিয়ে।

যার মাথায় যত চিন্তা আর টেনশান থাকে সে তত বেশী বিনোদন চায়।
जिसके दिमाग में जितनी अधिक चिंता और तनाव रहता है वह उतना ही अधिक मनोरंजन चाहता है।
জিসকে দিমাগ মে জিতনী অধিক চিন্তা আউর তনাব রহতা হায় উবহ উতনা অধিক মনোরঞ্জন চাহতা হায়।

যত ক্ষন মন বিনোদনে ভুলে থাকে তত ক্ষন সে চিন্তা-মুক্ত থাকে।
जब तक मन मनोरंजन में लगा रहता है तब तक वह चिंताओं से मुक्त रहता है।
জব তক মন মনোরঞ্জন মে লগা রহতা হায় তব তক উবহ চিন্তা সে মুক্ত রহতা হায়।

ওদিকে তাকাও বাচ্চারা কি করছে। उधर देखो, बच्चे क्या कर रहे हैं।
উদর দেখো, বচ্চে কেয়া কর রহে হায়ঁ।

ওখানে বাচ্চারা দোলনায় দুলছে। बच्चे वहाँ झूला झूल रहे हैं। বচ্চে উহাঁ ঝুলা ঝুল রহে হায়ঁ।

ওই লোকেদের দেখো। उन लोगों को देखो। উন লোগোঁ কো দেখো।

তারা কত খুশী। वे कितने खुश हैं। উয়ে কিতনে খুশ হায়ঁ।

এ তো আমিও জানি। यह तो मैं भी जानता हूँ। ইয়ে তো ম্যাঁয় ভী জানত্র হুঁ।

এর কারণ বলতে পার? इसका कारण बता सकते हो। ইসকা কারণ বতা সকতে হো?

তাদের অনেক সম্পত্তি, তাই তারা অত খুশী।
उनके पास बहुत धन है इसीलिए वे खुश हैं।
উনকে পাস বহুত ধন হায় ইসীলিয়ে উয়ে খুশ হায়ঁ।

তা নয়। ऐसा नहीं है। আইসা নহীঁ হায়।

মন কে একটু বিশ্রাম দাও। मन को जरा विश्राम दो। মন কো জরা বিশ্রাম দো।

তাই সবাইকে খেলা-ধুলো বা গান-বাজনা দিয়ে মনকে শান্ত রাখতে হয়।
इसीलिए मन को खेल–कूद या गाने–बजाने में लगा कर शांत रखना होता है।
হসীলিয়ে মন কো খেল-কূদ য়া গানে-বজানে মে লগাকর শান্ত রখনা হোতা হায়।

যদি তুমি সুখী জীবন পেতে চাও তা হলে সঙ্গীত-নৃত্য বা খেলা-ধুলো শেখা আরম্ভ করো।
अगर तुम सुखी जीवन पाना चाहते हो तो नाच–गाना या खेल–कूद सीखना आरंभ कर दो।
অগর তুম সুখী জীবন পানা চাহতে হো তো নাচ-গানা য়া খেল-খূদ শিখনা আরম্ভ কর দো।

24. বেকারী (Bakery) बेकरी

আমরা আজকে একটি ভাল বেকারীতে যাব।
आज हम किसी अच्छी बेकरी में जाएंगे।
আজ হম কিসী অচ্ছী বেকারী মে জায়েঙ্গে।

কেন? বিশেষ কিছু? क्यों? कोई विशेष बात है?
কেয়ো? কোই বিশেষ বাত হায়?

হ্যাঁ, পরশু আমার ছেলের জন্মদিন। हाँ, परसों हमारे बेटे का जन्मदिन है।
হ্যাঁ, পরসো মেরে বেটে কা জন্মদিন হায়।

ওই গলিতে একটি বেকারী আছে। उस गली में बेकरी है।
উস গলী মে বেকরী হায়।

সে টাটকা রুটি বিক্রি করে। वह ताजी रोटियाँ बेचता है।
উবহ তাজী রোটিয়াঁ বেচতা হায়।

ঠিক আছে, আমরা ওটাতেই যাব। ठीक है, हम उसी में जाएंगे।
ঠিক হায়, হম উসী মে জায়েঙ্গে।

ভাই, আপনি বার্থডে কেকের আর্ডর নেবেন?
भाई, आप जन्मदिन के केक का आर्डर लेते हैं?
ভাই,আপ জন্মদিন কে কেক কা আর্ডর লেতে হায়ঁ?

হ্যাঁ স্যার, বলুন। हाँ सर, बताइए। হ্যাঁ স্যার, বতাইয়ে।

কি কেক বানাতে হবে? कैसा केक बनाना चाहते हैं? কইসা কেক বনবানা চাহতে হায়ঁ?

আপনার কাছে কত রকমের কেক পাওয়া যায়।
आपके पास कितनी तरह का केक मिलता है?
আপকে পাস কিতনী তরহ কা কেক মিলতা হায়?

সিম্পল কেক, বাটার কেক, স্পেশাল কেক, ডিম কেক, ডিম ছাড়া কেক. সব রকমের কেক পাওয়া যায়।
साधारण केक, बटर केक, स्पेशल केक, अंडे का केक, बिना अंडे का केक हर तरह का केक मिलता है।
সাধারণ কেক, বাটার কেক, স্পেশল কেক, অণ্ডে কা কেক, বিনা অণ্ডে কা কেক. হর তরহ কা কেক মিলতা হায়।

কেকের জন্য এডভান্স করতে হবে। केक के लिए एडवान्स देना होगा।
কেক কে লিয়ে এডভান্স দেনা হোগা।

কেকের উপর কি লিখতে হবে, বলুন। केक पर क्या लिखना होगा, बताइए।
কেক পর কেয়া লিখনা হোগা, বতাইয়ে।

আমায় জ্যামের একটি বোতল আর এক ডজন ডিম দিন।
मुझे जैम की एक बोतल और एक दर्जन अंडे दीजिए।
মুঝে জৈম কী এক বোতল আউর এক দর্জন অণ্ডে দীজিয়ে।

কাল আপনি আমায় বাসি জিনিস দিয়েছিলেন।
कल आपने मुझे बासी चीजें दी थीं।
কল আপনে মুঝে বাসী চীজেঁ দী থী।

আমি এ কথা স্বীকার করবো না। मैं यह बात नहीं मानूँगा।
ম্যাঁয় ইয়ে বাত নহীঁ মানুঁগা।

তার মানে আমি মিথ্যা বলছি?
इसका मतलब मैं झूठ बोल रहा हूँ?
ইসকা মতলব ম্যাঁয় ঝুঠ বোল রহা হুঁ।

আমার দোকানে খারাপ জিনিস থাকে না।
मेरी दुकान में खराब चीजें नहीं रहतीं।
মেরী দুকান মে খরাব চীজেঁ নহীঁ রহতী।

আমি এনে দেখাব?
मैं लाकर दिखाऊँ?
ম্যাঁয় লাকর দিখাউঁ।

রাগ করবেন না।
गुस्सा मत कीजिए।
গুস্সা মত কীজিয়ে।

জিনিস যত ভালই হোক, কখনো না কখনো খারাপ হয়ে যায়।
चीजें चाहे जितनी अच्छी हों, कभी न कभी खराब हो ही जाती हैं।
চীজেঁ চাহে জিতনী অচ্ছী হো, কভী ন কভী খরাব হো হী জাতী হায়ঁ।

ঠিক আছে, ছাড়।
ठीक है, छोड़ो।
ঠিক হায় ছোড়ো।

আমায় একটা আইষক্রীম দাও।
मुझे एक आइसक्रीम दो।
মুঝে এক আইসক্রীম দো।

একটি প্যাকেটে দুটি পেস্ট্রী দিয়ে ওনাকে দিয়ে দাও।
एक पैकेट में दो पेस्ट्री डालकर इन्हें दे दो।
এক পৈকেট মে দো পেস্ট্রী ডাল কর ইনহে দে দো।

25. মেরামত(Repair) मरम्मत

দাদা, আমার কম্পিউটার কাজ করছে না।
भाई, हमारा कम्प्यूटर काम नहीं कर रहा है।
ভাই, হমারা কম্পিউটার কাম নহীঁ কর রহা হায়।

আপনার কম্পিউটারে কি সমস্যা হয়েছে?
आपके कम्प्यूटर में क्या खराबी है?
আপকে কম্পিউটার মে কেয়া খারাবী হায়?

আমি জানি না।
मुझे पता नहीं।
মুঝে পতা নহীঁ।

কম্পিউটার কোথায়?
कम्प्यूटर कहाँ है?
কম্পিউটার কহাঁ হায়?

ওই হলে রাখা আছে।	उस हाल में रखा है।	উস হাল মে রখা হায়।
কবে খারাপ হল?	कब खराब हुआ?	কব করাব হুআ?
কাল রাতে।	कल रात को।	কল রাত কো।
কেউ কি কিছু করেছিলো।	किसी ने कुछ किया था क्या? কিসী নে কুছ কিয়া থা কেয়া?	
না।	नहीं।	নহীঁ।
তা হলে কি নিজে থেকে বন্ধ হয়ে গেছে?	तो क्या अपने आप बन्द हो गया? তো কেয়া অপনে আপ বন্দ হো গিয়া?	
তাই তো বলছি।	वही तो कह रहा हूँ।	বহী তো কহ রহা হুঁ।
আমি এটাকে ঠিক করার চেষ্টা করে ছিলাম।	मैंने इसे ठीक करने की कोशिश की थी। ম্যানে ইসে ঠিক করনে কী কোশিশ কী থী।	
কিন্তু যমস্ত চেষ্টাই বৃথা হয়ে গেলো।	लेकिन सारी कोशिश बेकार हो गई। লেকিন সারী কোশিশ বেকার হো গই।	
এটা ঠিক করতে কত টাকা লাগবে?	इसे ठीक करने का कितना खर्च लगेगा? ইসে ঠিক করনে মে কিতনা খরচ লাগেগা?	
এখন বলতে পারছি না।	अभी नहीं बता सकता।	অভী নহীঁ বতা সকতা।
এটা কে আমার দোকানে নিয়ে যাচ্ছি।	मैं इसे अपनी दुकान में ले जाता हूँ। ম্যাঁয় ইসে অপনী দুকান মে লে জাতা হুঁ।	
ভাল ভাবে দেখে নিয়ে বলছি।	ठीक से देखकर बताऊँगा।	ঠিক সে দেখকর বতাউঁগা।
আপনার কাছে হাতুড়ি আছে?	क्या आपके पास हथौड़ी है? কেয়া আপকে পাস হথৌড়ী হায়?	
আছে, কিন্তু কেনো?	है, लेकिन क्यों?	হায়, লেকিন কেয়োঁ?
আমার বাড়িতে একটু মেরামত্তের কাজ করার ছিল।	मेरे घर में कुछ मरम्मत का काम करना है। মেরে ঘর মে কুছ মরম্মত কা কাম করনা হায়।	

আমার জানালার দুটি পেরেক ভেঙে গেছে।
मेरी खिड़की की दो कीलें टूट गई हैं।
মেরী খিড়কী কী দো কীলেঁ টুট গই হায়ঁ।

নিজের কাজ শেষ করে আমার কাজটা করে দেবেন ?
अपना काम पूरा करने के बाद मेरा काम कर देंगे?
অপনা কাম পুরা করনে কে বাদ মেরা কাম কর দোগে?

নিশ্চই করে দেব।   जरूर कर दूँगा।   জরূর কর দুঁগা।

বাড়ি র এমন ছোট-ছোট জিনিসের মেরামত করাতে চাই।
घर की कुछ छोटी–छोटी चीजों की मरम्मत करवाना चाहता हूँ।
ঘর কী কুছ ছোটী-ছোটী চীজোঁ কী মরম্মত করবানা চাহতা হুঁ।

26. কম্পিউটার কেনা (Computer Purchase) कम्प्यूटर की खरीदारी

আমার একটা কম্পিউটার লাগবে। मुझे एक कम्प्यूटर चाहिए। মুঝে এক কম্পিউটার চাহিয়ে।

কোন কোম্পানির নেবেন? किस कम्पनी का चाहिए ? কিস কম্পনী কা চাহিয়ে?

আপনার কাছে কোন কোম্পানিব আছে? आपके पास किस कम्पनी का है?
আপকে পাস কিস কম্পনী কা হায়?

বেশ কএকটি কোম্পানির। कई कम्पनियों का। কই কম্পনিয়োঁ কা।

কোন কোম্পানি সব থেকে ভাল। कौन सी कम्पनी सबसे अच्छी है?
কৌন সী কম্পনী সবসে অচ্ছী হায়?

স্যার, আমি বিক্রী করি। আমার সব কোম্পানি ভাল লাগে।
सर, मैं तो बेचता हूँ। मुझे सभी कम्पनियाँ अच्छी लगती हैं।
স্যার, ম্যাঁয় তো বেচতা হুঁ। মুঝে সভী কম্পনিয়াঁ অচ্ছী লগতী হায়ঁ।

কোন কোম্পানির কম্পিউটাব বেশী বিক্রী হচ্ছে?
किस कम्पनी का कम्प्यूटर अधिक बिक रहा है?
কিস কম্পনী কা কম্পিউটার অধিক বিক রহা হায?

ষত্যি বলতে কি আমরা তৈরি করে বিক্রী করি।
सच कहूँ तो हम बनाकर बेचते हैं।
সচ কহুঁ তো হম বনাকর বেচতে হায়ঁ।

তার মানে? इसका मतलब? ইসকা মতলব?

আলাদা-আলাদাকোম্পানির জিনিস দিয়ে একটা সেট তৈরি করি স্যার।
अलग–अलग कम्पनियों का सामान लगाकर एक सेट बनाते हैं सर।
অলগ-অলগ কম্পনিয়োঁ কা সামান লগাকর এক সেট বনাতে হাঁয়।

আমি বুঝতে পারলাম না। मेरी समझ में नहीं आया। মেরী সমঝ মে নহীঁ আয়া।

কি করে বোঝালে আপনি বুঝতে পারবেন? कैसे समझाऊँ कि आप समझ सके?
কইসে সমঝাউঁ কি আপ সমঝ সকেঁ?

দেখুন ষ্যার, যেমন, মনিটর, এক্স কোম্পানির তো কী-বোর্ড ওয়াই কোম্পানির, ইয়ু পিএস জেড কোম্পানির আর মাউস এ কোম্পানির।
देखिए सर, जैसे कि मानिटर एक्स कम्पनी का, तो की–बोर्ड वाई कम्पनी का, यूपीएस जेड कम्पनी का और माऊस ए कम्पनी का।
দেখিয়ে স্যার, জইসে, মানিটর, এক্স কম্পনী কা, তো কী-বোর্ড ওয়াই কম্পনী কা, ইয়ু পি এস জেড কম্পনী কা আউর মাউস এ কম্পনী কা।

ঠিক আছে, বুঝলাম। ठीक है, समझ गया। ঠিক হায়, যমঝ গয়া।

আমার জন্য একটি ভাল সেট তৈরি করে দিন। मेरे लिए एक अच्छा सेट बना दीजिए।
মেরে লিয়ে এক অচ্ছা সেট বনা দীজিয়ে।

সেটি তৈরি করতে কত খরচ পড়বে? बनाने में कितना खर्च आएगा?
বনানে মে কিতনা খরচ আয়েগা?

কম পক্ষে বত্রিশ হাজার। कम से कम बत्तीस हजार।
কম সে কম বত্তীস হজার।

আপনি ওটাকে চালিয়ে দেখিয়ে দেবেন তো? आप उसे चलाकर दिखा देंगे न?
আপ উসে চলা কর দিখা দেংগে ন?

কিস্তিতে নেবার ব্যবস্থা আছে কি? किस्तों पर लेने का क्या प्रबंध है?
কিস্তোঁ পর লেনে কা কেয়া প্রবন্ধ হায়?

চল্লিশ শতাংশ নকদ দিতে হবে, যা বাকি থাকবে প্রতি মাসে ছয় শতাংশ করে দিতে হবে।
चालीस प्रतिशत नकद देना होगा, जो बाकी रहेगा वह छः प्रतिशत की मासिक किस्तों में देना होगा।
চালিস প্রতিশত নকদ দেনা হোগা, জো বাকি রহেগা ছক্ষ্ম প্রতিশত কী মাসিক কিস্তোঁ মে দেনা হোগা।

সেট কত দিনে তৈরি করে দেবনে? सेट कितने दिन में बना देंगे?
সেট কিতনে দিন মে বনা দেঁগে?

কাল সন্ধ্যাতে আপনার বাড়ি চলে যাবে।
कल शाम तक आपके घर पहुँच जाएगा।
কল শাম তক আপকে ঘর পহুঁচ জায়েগা।

27. ওষুধের দোকান (Medical Shop) दवाइयों की दुकान

এই কাগজে লেখা ওষুধগুলি দিন।
इस पुर्जे पर लिखी हुई दवाएं दीजिए।
ইস পুরজে পর লিখি হুই দবায়েঁ দীজিয়ে।

আমাদের কাছে 'এক্স' ট্যেবলেট নেই, 'ওয়া ই' দিয়ে দেব?
मेरे पास 'एक्स' टेबलेट नहीं है, 'वाई' दे दूँ।
মেরে পাস 'এক্স' ট্যেবলেট নহীঁ হায়, 'ওয়াই' দে দুঁ?

না, ডাক্তার যা লিখেছেন, তাই দেবেন।
नहीं, डाक्टर ने जो लिखा है, वही दीजिए।
নহীঁ, ডাক্তার নে জো লিখা হায় বহী দীজিয়ে।

ক্ষমা করবেন, আমাদের কাছে মাল শেষ হয়ে গেছে।
क्षमा कीजिए, हमारे पास माल समाप्त हो गया है।
ক্ষমা কীজিয়েগা, হমারে পাস মাল সমাপ্ত হো গয়া হায়।

কবে আসবে? कब आएगा? কব আয়েগা?

কাল নতুন মাল অসার কথা আছে।

कल नया माल आने की बात है।

কল নয়া মাল আনে কী বাত হায়।

আমায় একটা ব্যথার ওষুধ দিন।

मुझे दर्द की कोई दवा दीजिए।

মুঝে দরদ কী কোই দবা দীজিয়ে।

বয়স কত?

उम्र कितनी है? উমর কিতনী হায়?

বয়স্কদের জন্য।

वयस्कों के लिए? বয়স্কো কে লিয়ে।

ডাক্তারের প্রেসক্রিপশান না হলে আমরা ওষুধ দি না?

डाक्टर का नुस्खा न होने पर हम दवा नहीं देते?

ডাক্তার কা প্রেসক্রিপশন না হোনে পর হম দবা নহীঁ দেতে?

এবার দিয়ে দিন, এর পর দেবেন না।

इस बार दे दीजिए, आगे से मत दीजिएगा।

ইস বার দে দীজিয়ে আগে সে মত দীজিয়েগা।

দিতে অসুবিধে নেই, কিন্তু কোনো সমস্যা হলে কে দায়ী হবে?

देने में कोई परेशानी नहीं है, लेकिन कोई समस्या हुई तो कौन जिम्मेदार होगा?

দেনে মে কোই পরেশানী নহীঁ হায়, লেকিন কোই সমস্যা হুই তো কৌন জিম্মেদার হোগা?

আমায় দিতে বলবেন না, আমি দিতে পারব না।

मुझे देने को मत कहिए, मैं नहीं दे पाऊँगा।

মুঝে দেনে কো মত কহিয়ে,ম্যাঁয় নহীঁ দে পাউঁগা।

স্যার, আমায় এক টা মলম দিন।

महाशय, मुझे एक मलहम दीजिए।

মহাশয়, মুঝে এক মলহম দীজিয়ে।

এটা এক্সটার্নল ব্যবহারের জন্য।

यह बाहरी उपयोग के लिए है।

ইয়ে বাহরী উপযোগ কে লিযে হায়।

আমি জানি।

मैं जानता हूँ। ম্যাঁয় জানতা হুঁ।

গত মাসে আমি একটি টনিক কিনেছিলাম।
पिछले महीने मैंने एक टानिक खरीदा था।
পিছলে মহীনে ম্যানে এক টানিক খরীদা থা।

সেটি আর একটা দিন। वही एक और दीजिए। উবহী এক আউর দীজিয়ে।

দিচ্ছি, কিন্তু দাম বেড়ে গেছে। दे रहा हूँ, लेकिन दाम बढ़ गया है।
দে রহা হুঁ, লেকিন দাম বঢ় গয়া হায়।

দি ন, আমরা কি করতে পারি। दीजिए, हम कर ही क्या सकते हैं।
দীজিয়ে, হম কর হী কেয়া সকতে হায়ঁ।

না, রাগ করবেন না। नहीं, गुस्सा मत होइए। নহীঁ, গুস্সা মত হোইয়ে।

রাগ করব না তো কি আনন্দে নাচব? गुस्सा न करूँ तो क्या खुशी से नाचूँ?
গুস্সা ন করূঁ তো কেয়া খুশী সে নাচুঁ?

28. সিটি বাস স্টাপে (City Bus Stop) सिटी बस स्टॉप

মৌলালী যাবার বায কোথায় পাব? मौलाली जाने की बस कहाँ मिलेगी?
মৌলালী জানে কী বস কহাঁ মিলেগী?

সোজা গিয়ে বাঁ দিক ঘুরে যাবেন। सीधे जाकर बाईं तरफ मुड़ जाइए।
সীধে জাকর বাঁই তরফ মুড় জাইয়ে।

এটা কি মৌলালী বাস স্টপ? क्या यह मौलाली का बस स्टाप है?
কেয়া ইয়হ মৌলালী কা বাস স্টাপ হায়?

হ্যাঁ, এটাই। हाँ, यही है। হ্যাঁ, ইয়হী হায়।

বাস কখন আষবে? बस कब आएगी? বস কব আয়েগী?

প্রায় দশ মিনিটে আসা উটিত। लगभग दस मिनट में आना चाहिए।
লগভগ দস মিনিট মে আনা চাহিয়ে।

এখান থেকে মৌলালী যেতে কত সময় লাগে?
यहाँ से मौलाली जाने में कितना समय लगता है?
ইহাঁ সে মৌলালী জানে মে কিতনা সময় লগেগা?

বাষ কি সময়মতো আসে?
बस समय पर आती है न?
বস সময় সে আতী হায় না?

সময়মতো এলে ভীড় কি রকম থাকে?
समय से आने पर भीड़ कैसी रहती है?
সময় সে আনে পর ভীড় কৈসী রহতী হায়?

বাসে কি খুব ভীড় হয়?
बस में बहुत भीड़ होती है क्या?
বস মে বহুত ভীড় হোতী হায় কেয়া?

না, কিন্তু দেরি হলে কি হবে?
नहीं, लेकिन देर से आने पर क्या होगा?
নহীঁ, লেকিন দের হোনে পর কেয়া হোগা?

লোক জমতে থাকে তো?
लोग इकट्ठा होते रहते हैं?
লোগ ইকাঠ্‌ঠা হোতে রহতে হায়ঁ?

বেশী ভীড় হলে আমার ভয় করে।
भीड़ अधिक होने पर मुझे डर लगता है।
ভীড় অধিক হোনেপর মুঝে ডর লগতা হায়।

ভয় পাবেন না।
डरिए मत।
ডরিয়ে মত।

এখানে ভীড় হওয়া ষাধারণ কথা।
यहाँ भीड़ होना आम बात है।
ইহাঁ ভীড় হোনা আম বাত হায়।

আমার ছোটোবেলায় এই শহরে দোতলা বাস চলত।
मेरे बचपन में इस शहर में दोमंजिली बसें चलती थीं।
মেরে বচপন মে ইস শহর মে দো মঞ্জিলী বসেঁ চলত্রী থীঁ।

সে সময় পাল্টে গাছে।
वह समय बदल गया है।
উবহ সময় বদল গয়া হায়।

এখন সে বাস দেখাও যায় না।
अब वे बसें देखने को भी नहीं मिलतीं।
অব বে বসেঁ দেখনে কো ভী নহীঁ মিলতীঁ।

যে বাসটি আসছে, সে টি কোথায় যায়?	जो बस आ रही है, वह कहाँ जाती है?	জো বস আ রহী হায়, উবহ কহাঁ জাতী হায়?
এ তো ফুলবাগানের দিকে যায়।	यह तो फूलबागान की तरफ आती है।	ইয়ে তো ফুলবাগান কী তরফ জাতী হায়।
এইটাতে উঠলে মাঝখানে নামতে পারবো তো?	इसमें चढ़ने पर बीच में उतर सकते हैं?	ইসমেঁ চঢ়নে পর বীচ মে উতর সকতে হায়ঁ কেয়া?
না।	नहीं।	নহীঁ।
কেনো?	क्यों?	কেয়োঁ?
এটি মেট্রো লাইনার।	यह मेट्रो लाइनर है?	ইয়হ মেট্রো লাইনর হায়।
কোথাও দাঁড়ায় না।	कहीं रुकती नहीं है।	কহীঁ রুকতী নহীঁ হায়।

29. সিটি বাসে (In the City Bus) सिटी बस में

থামাও ভাই, থামাও, থামাও।	रोको भाई, रोको, रोको।	রোকো ভাই, রোকো, রোকো।

বাস স্টপ তো ওখানে , এখানে বাস থামালে কেন?
बस स्टाप तो वहाँ है, बस यहाँ क्यों रोकी?
বাস স্টাপ তো উহাঁ হায় ,বাস ইহাঁ কেয়ো রোকী?

ওঠো, ভাই ওঠো।	चढ़ो भाई, चढ़ो।	চঢ়ো ভাই, চঢ়ো , চঢ়ো।
ভিতরে যাও।	अंदर जाओ।	অন্দর জাও।
ভিতরে জায়গা নেই।	अंदर जगह नहीं है।	অন্দর জগহ নহীঁ হায়।
সরে দাঁড়ান, এদিকে জায়গা নেই।	हट कर खड़े होइए, इधर जगह नहीं है।	হট কর খড়ে হোইয়ে, ইধর জগহ নহীঁ হায়।
জায়গা নেই তো কি করবো?	जगह नहीं है तो क्या करूँ?	জগহ নহীঁ হায় তো কেয়া করূঁ?

জায়গা করে নিয়ে ভিতরে ঢুকে যান।	जगह बनाकर अंदर चले जाइए। জগহ্ বনাকর অন্দর চলে জাইয়ে।	
আমি সেটা করতে পারি না।	मैं ऐसा नहीं कर सकता। ম্যাঁয় অইসা নহীঁ কর ষকতা।	
না করতে পারলে সরে যান।	नहीं कर सकते तो हट जाइए। নহীঁ কর সকতে তো হট জাইয়ে।	
সরুন, সরে যান।	हटिए, हट जाइए।	হটিয়ে, হট জাইয়ে।
কোথায় সরবো?	कहाँ हट जाऊँ?	কহাঁ, হট জাউঁ।

আপনি একটু সরে গেলে আমি ভিতরে যেতে পারব।
आपके जरा सा सरक जाने पर मैं अंदर जा सकूँगा।
আপকে জরা সা সরক জানে পর ম্যাঁয় অন্দর জা সকুঁগা।

এদিকে তাকান। যদি একটুও জায়গা থাকে তা হলে ভিতরে চলে যান।
इधर देखिए, अगर थोड़ी भी जगह हो तो भीतर चले जाइए।
ইধর দেখিয়ে। অগর থোড়ী ভী জগহ হো তো অন্দর চলে জাইয়ে।

হাওয়া আসছে না।	हवा नहीं आ रही है।	হাওয়া নহীঁ আ রহী হায়।
এগিয়ে যান, এগিয়ে যান।	आगे जाइए, आगे जाइए।	আগে জাইয়ে, আগে জাইয়ে।
পিছনে বসার জায়গা আছে।	पीछे बैठने की जगह है।	পিছে বইঠনে কী জগহ হয়।

মহিলাদের বসার জায়গায়, পুরুষরা বসতে পারে না।
महिलाओं के बैटने की जगह पर पुरुष नहीं बैठ सकते।
মহিলাওঁ কে বইঠনে কী জগহ পর, পুরুষ নহীঁ বইঠ সকতে।

উঠুন।	खड़े हो जाइए।	খড়ে হো জাইয়ে।
মহিলাদের যম্মান করুন।	महिलाओं का सम्मान कीजिए। মহিলাওঁ কা সম্মান কীজিয়ে।	

দাদা, সেক্রেটেরিয়াট এলে আমায় বলে দেবেন।
भाई साहब, सचिवालय आने पर मुझे बता दीजिएगा।
ভাই যাহব, সচিবালয় আনে পর মুঝে বতা দীজিয়ে।

এবার আসবে। অब आएगा। অব আয়েগা।

আপনার স্টপ এসে গেছে, নামুন। आपका स्टाप आ गया है, उतर जाइए।
আপকা স্টাপ আ গয়া, উতরিয়ে।

30. গাছ ও উদ্ভিদ (Trees and Plants) पेड़–पौधे

এই গলিতে একটিও গাছ নেই। इस गली में एक भी पेड़ नहीं है।
ইস গলী মে এক ভী পেড় নহীঁ হায়।

গলির কথা কি বলছেন, রাস্তা তেও গাছ নেই।
गली की बात क्या कर रहे हैं, सड़क पर भी कोई पेड़ नहीं है।
গলী কী বাত কেয়া কর রহে হায়ঁ, সড়ক পর ভী কোই পেড় নহীঁ হায়।

কেনো? क्यों? কেয়োঁ?

মানুষের সংখ্যা বেড়ে যাওয়ার জন্য এসব হচ্ছে।
लोगों की संख्या बढ़ जाने की वजह से ऐसा हुआ है।
লোগোঁ কী সংখ্যা বণ় জানে কী বজহ সে য়হ হো রহা হায়।

আমাদের গাছ লাগানো উচিত। हमें पेड़ लगाना चाहिए। হমে পেড় লাগানা চাহিয়ে।

গাছ থাকলে ভাল বায়ু পাওয়া যায়।
पेड़ों के होने पर अच्छी हवा मिलती है।
পেড়াঁ কে হোনে পর অচ্ছী হবা মিলতী হায়।

গরম কালে গাছের ছায়াতে বসতে ভাল লাগে।
गरमी में पेड़ की छाया में बैठना अच्छा लगता है।
গরমী মে পেড় কী ছায়া মে বৈঠনা অচ্ছা লগতা হায়।

গাছ লাগানো ভাল কাজ। पेड़ लगाना अच्छी बात है। পেড় লাগানা অচ্ছী বাত হায়।

গাছ রাতারাতি বাড়ে না। पेड़ रातोंरात नहीं बढ़ता। পেড় রাতোরাত নহীঁ বড়তে।

ধীরে-ধীরে বাড়ে। ধीरे–धीरे बढ़ता है। ধীরে-ধীরে বঢ়তা হায়।

গাছ লাগানো আর তাদের রক্ষা করা আমাদের দায়িত্ব।
पेड़ लगाना और उनकी रक्षा करना हमारी जिम्मेदारी है।
পেড় লাগানা আউর উনকী রক্ষা করনা হমারী জিম্মেদারী হায়।

আমাদের গাছের রক্ষা করা উচিত। हमें पेड़ों की रक्षा करनी चाहिए।
হমে পেড়াঁ কী রক্ষা করনী চাহিয়ে।

গাছে পাতা থাকে। पेड़ों पर पत्ते होते हैं। পেড়াঁ পর পত্তে হোতে হায়ঁ।

পাতা থেকে আমরা শুদ্ধ বায়ু পাই। पत्तों से हमें शुद्ध हवा मिलती है।
পত্তোঁ সে হমে শুদ্ধ হবা মিলতী হায়।

তাতে আমাদের স্বাস্থ্য ভাল থাকে। उससे हमारा स्वास्थ्य ठीक रहता है।
উসসে হমারা স্বাস্থ্য ঠিক রহতা হায়।

গাছে ওঠা এক রকমের ব্যায়াম, তাতে শরীর ভাল থাকে।
पेड़ पर चढ़ना भी एक तरह का व्यायाम है, उससे शरीर अच्छा रहता है।
পেড় পর চঢ়না এক তরহ কা ব্যায়াম হায়, উসসে শরীর ঠিক রহতা হায়।

কিছু-কিছু গাছ সব সময় সবুজ থাকে। कुछ पेड़ हमेशा हरे रहते हैं।
কুছ পেড় হমেশা হরে রহতে হায়ঁ।

গাছ থেকে আমরা কাঠ পাই। पेड़ों से हमें लकड़ी मिलती है?
পেড়াঁ সে হমে লকড়ী মিলতী হায়।

আমাদেরও নিজের বাগানে গাছ লাগাতে হবে। हमें भी अपने बगीचे में पेड़ लगाने चाहिए।
হমে ভী অপনে বগীচে মে পেড় লগানে চাহিয়ে।

গাছ পালা জীবন দায়ক। पेड़–पौधे जीवनदायक हैं।
পেড়-পৌধে জীবন দায়ক হোতে হায়ঁ।

কছু গাছ অনেক বড় আর উচ্চ হয়। कुछ पेड़ बहुत बड़े और ऊँचे होते हैं।
কুছ পেড় বহুত বড়ে আউর উঁচে হোতে হায়ঁ।

কিছু গাছ আষে-পাষে বাড়ে।	कुछ पेड़ अगल–बगल बढ़ते हैं। কুছ পেড় অপনে আস-পাস বড়তে হায়ঁ।	
তাদের লতা বলা হয়।	उन्हें लता कहते हैं।	উনহে লতা কহতে হায়ঁ।

31. উৎসাহ দেওয়া (Encouragement) प्रोत्साहन

হেলা ডেবিড, কেমন আছো?	हेलो डेविड, कैसे हो?	হেলো ডেবিড, কৈসে হো?
ভাল আছি।	अच्छा हूँ।	অচ্ছা হুঁ?
তোমার ব্যবষা কেমন চলছে?	तुम्हारा धंधा कैसा चल रहा है? তুমহারা ধন্ধা কৈসা চল রহা হায়?	
ভাল না।	ठीक नहीं है।	ঠিক নহীঁ হায়।
কি হল?	क्या हुआ?	কেয়া হুআ?
আগে এখানে শুধু আমার দোকান ছিল।	पहले यहाँ केवल मेरी दुकान थी। পহলে ইহাঁ কেবল মেরী দুকান থী।	
ভাল চলত।	अच्छी चलती थी।	অচ্ছী চলতী থী।

সেটা দেখে আরও দু-তিন জন দোকান খুলেছে।
यह देखकर और दो–तीन लोगों ने दुकान खोली है।
ইয়হ দেখ কর আউর দো-তিন লোগোঁ নে দুকান খোলী হায়।

তাই আমার ব্যবসা ভাল যাচ্ছে না।
इसलिए मेरा काम अच्छा नहीं चल रहा है।
ইসীলিয়ে মেরা কাম অচ্ছা নহীঁ চল রহা হায়।

চিন্তা কর না।	चिंता मत करो।	চিন্তা মত করে।

ঈশ্বরের উপর ভরসা রেখে চেষ্টা করে যাও।
भगवान पर भरोसा रख कर प्रयास करते रहो।
ভগবান পর ভরোসা রখ কর প্রয়াস করতে রহো।

তুমি ভাল ব্যবসা কর।	तुम अच्छी तरह से धंधा करते हो। তুম অচ্ছী তরহ সে ধন্ধা করতে হো।	
আমরা তোমার সাথে আছি।	हम तुम्हारे साथ हैं।	হম তুমহারে সাথ হায়ঁ।
সব সময় তোমার সাথে সহযোগিতা করব।	हमेशा तुमसे सहयोग करेंगे। হমেশা তুমসে সহযোগ করেঙ্গে।	
তুমি অবশ্যই সফল হবে।	तुम जरूर कामयाब होगे।	তুম জরুর কাময়াব হোগে।
ভয় করবে না।	डरना मत।	ডরনা মত।
ব্যবসাতে সবার সমস্যা আসে।	व्यापार में सबके सामने मुश्किलें आती हैं। ব্যাপার মে সবকে সামনে মুশিকলে আতী হায়ঁ।	
এ তো সাধারণ কথা।	यह आम बात है।	ইয়ে আম বাত হায়।
ষাহষ করে এগোতে থাক।	साहस के साथ आगे बढ़ते रहो। সাহস কে সাথ আগে বঢ়তে রহো।	
টাকার দরকার হলে আমাদের বলবে।	रुपयों की जरूरत हो तो हमें बताना। রুপয়োঁ কী জরুরত হো তো হমসে কহনা।	
কারুর চিন্তা করবে না।	किसी की परवाह मत करना।	কিসী কী পরবাহ মত করনা।
বিপদ এলেও কিন্তু সাহস ছাড়বে না।	कठिनाई आने पर भी साहस मत खोना। কঠিনাই আনে পর ভী সাহস মত খোনা।	
তুমি ঠিক পথে আছ।	तुम सही रास्ते पर हो।	তুম সহী রাস্তে পর হো।

32. বার্তালাপ (Conversation) वार्तालाप

আনন্দের আসরে আপানাদের সবাই কে স্বাগত জানাই।
खुशी के इस अवसर पर आप सबका स्वागत है।
খুশী কে ইস অবসর পর আপ সবকা স্বাগত হায।

আপনাকে জন্মদিনের শুভেচ্ছা জানাই।
आपको जन्मदिन की शुभकामनाएं।
আপকো জন্মদিন কী শুভ কামনায়েঁ ।

আমার শুভেচ্ছা রইল। मेरी बधाइयाँ भी स्वीकार कीजिए। মেরী বধাইয়াঁ ভী স্বীকার করেঁ।

স্যার, আমি আমার বন্ধুদের পক্ষ থেকে আপনাকে শুভেচ্ছা জানাচ্ছি।
सर! मैं अपने दोस्तों की तरफ से आपका अभिनन्दन करता हूँ।
স্যার, ম্যাঁয় অপনে দোস্তো কী তরফ সে আপকা অভিনন্দন করতা হুঁ।

আমি বিশ্বাষ করি আপনি উন্নতির শিখরে পৌঁছাবেন।
मुझे विश्वास है कि आप उन्नति के शिखर पर पहुँचेंगे।
মুঝে বিশ্বাস হায় কি আপ উিন্নতি কে শিখর পর পহুঁচেঁগে।

আপনাকে দেখে খুশি হয়েছি। आपको देख कर बहुत खुशी हुई है।
আপকো দেখ কর বহুত খুশি হুই হায়।

আপানাকে একটি প্রস্তাব দিতে চাই। मैं आपको एक प्रस्ताव देना चाहता हूँ।
ম্যাঁয় আপকো এক প্রস্তাব দেনা চাহতা হুঁ।

ক্ষমা করবেন। मुझे माफ कर दीजिए। মুঝে মাফ কর দীজিয়ে।

আমার ভাল লাগছে না। मुझे अच्छा नहीं लग रहा है। মুঝে অচ্ছা নহীঁ লগ রহা হায়।

চিন্তা করবেন না। चिंता मत कीजिए। চিন্তা মত কীজিয়ে।

জীবন এক দিনে শেষ হয় না। जिन्दगी एक दिन में समाप्त नहीं होती।
জিন্দগী এক দিন মে সমাপ্ত নহীঁ হোতী।

আবার দেখা হবে। फिर मिलेंगे। ফির মিলেঙ্গে।

33. পরিবার (Family) परिवार

আমরা সবাই এক। हम सब एक हैं। হম সব এক হায়ঁ।

এটাই পরিবারের আধার। यही परिवार का आधार है। য়হী পরিবার কা আধার হায়।

আগে সংযুক্ত পরিবার থাকত। पहले संयुक्त परिवार होते थे।
পহলে সংযুক্ত পরিবার হোতে থে।

সেটা ভালবাসা আর সহযোগিতা দিয়ে তৈরি করা হত।
उसे प्यार और सहयोग से बनाया जाता था।
উসে পেয়ার আউর সহযোগ সে বনায়া জাতা থা।

তখন চার-পাঁচ পুরুষের সদস্যরা এক সাথে থাকতো।
उस समय चार–पाँच पीढ़ियों के लोग साथ रहा करते थे।
উস সময় চার-পাঁচ পিঢ়িয়োঁ কে লোগ এক সাথ রহা করতে থে।

এখন তো পরিবার মানে আমি , আমার বউ আর বাচ্চা।
अब तो परविार का अर्थ है मै, मेरी पत्नी और बच्चे।
অব তো পরিবার কা মতলব হায় ম্যাঁয়, মেরী পত্নী আউর বচ্চে।

তা ছাড়া আর কেউ না। इसके अलावा और कोई नहीं।
ইসকে অলাবা আউর কোই নহীঁ।

আপনার বাড়িতে কে-কে থাকে? आपके घर में कौन–कौन रहता है?
আপকে ঘর মে কৌন-কৌন রহতা হায় ?

আপনার পরিবারে ক জন আছে। आपके परिवार मे कितने लोग हैं?
আপনার পরিবারে ক জন আছে।

আপনার পরিবারে ক জন প্রবীণ সদস্য আছেন?
आपके परिवार में कितने उम्रदराज लोग हैं?
আপকে পরিবার মে কিতনে উমরদরাজ লোগ হায়ঁ?

এখানে এক জন বৃদ্ধ কে দেখতে পাচ্ছি।
वहाँ कोई वृद्ध दिखाई दे रहे हैं।
উহাঁ কোই বৃদ্ধ দিখাই দে রহে হায়ঁ।

উনি আমার ঠাকুর দা। वे हमारे दादाजी हैं। উয়ে হমারে দাদাজী হায়ঁ।

ঠকুরদা এখনো দাঁত দিয়ে ফল কেটে খেতে পারেন।
दादाजी अभी भी अपने दाँत से काटकर फल खाते हैं।
দাদা জী অভী ভী অপনে দাঁত সে কাটকর ফল খাতে হায়ঁ।

34. ঘর (House) घर

ঘরের মানে কি? | घर का क्या अर्थ है? | ঘর কা মতলব কেয়া হায় ?

ঘর মানে চারটি দেওয়ালে ঘেরা, ছাত দিয়ে ঢাকা, এক টি দরজা দেওয়া এমন স্থান যেখানে থাকতে পারা যায়।
चार दीवारों से घिरे, छत से ढके, एक दरवाजे से बंद स्थान को घर कहते हैं, जिसमें रहा जा सकता है।
ঘর চার দিবারো সে ঘিরে, ছত সে ঢকে, এক দরবাজে সে বন্দ স্থান কো ঘর কহতে হায় জহাঁ রহা জা সকতা হায়।

ইট-পাথর দিয়ে তৈরি প্রত্যক টি যায়গা বাড়ি হয় না।
ईंट–पत्थर से बनी हर इमारत घर नहीं होती।
ইট-পাথর সে বনী হর ইমারত ঘর নহীঁ হোতী।

বাড়িতে এক টি পরিবারের যদস্যরা এক যাথে থাকে।
घर में एक परिवार के सदस्य साथ मिलकर रहते हैं।
ঘর মে এক পরিবার কে সদস্য সাথে মিলকর রহতে হায়ঁ।

তারা পরস্পরের দেখা-শোনা করে।
वे एक–दूसरे की देखभाल करते हैं।
উয়ে এক দুষরে কী দেখভাল করতে হায়ঁ।

বাড়ি আমাদের প্রথম পাঠশালা।
घर ही हमारी पहली पाठशाला होता है।
ঘর হমারী পহলী পাঠশালা হোতী হায়।

যেখানে আমরা আমাদের জীবনের প্রথম শিক্ষা লাভ করি।
हम अपने जीवन की पहली शिक्षा वहीं प्राप्त करते हैं।
হম অপনে জীবন কী পহলী শিক্ষা বহীঁ প্রাপ্ত করতে হায়ঁ।

আপনি যেখানে থাকেন সে বাড়িটি আপনার নিজের না ভাড়া বাড়ি?
आप जहाँ रहते हैं वह घर आपका अपना है या किराये का है।
আপ জহাঁ রহতে হায়ঁ উবহ ঘর আপকা অপনা হায় য়া কিরায়ে কা হায়?

নিজের বাড়ি আর ভাড়ার বাড়ির মধ্য অনেক পার্থক্য।
अपने मकान और किराये के घर में बहुत अंतर होता है।
অপনে ঘর আউর কিরায়ে কে ঘর মে বহুত অন্তর হোতা হায়।

আমাদের সরকার সবাই কে কম দামে বাড়ি দেওয়ার চেষ্টা করছে।
हमारी सरकार सभी को कम दाम पर घर देने का प्रयास कर रही है।
হমারী সরকার সভী কো কম দাম পর ঘর দেনে কা প্রয়াস কর রহী হায়।

নিজের বাড়ি সব থেকে ভাল। अपना घर सबसे अच्छा होता है।
অপনা ঘর সবসে অচ্ছা হোতা হায়।

আমি স্বীকার করছি। मैं स्वीकार करता हूँ। ম্যাঁয় স্বীকার করতা হুঁ।

নিজের বাড়ি সব থেকে ভাল। अपना घर सबसे अच्छा होता है।
অপনা ঘর সবসে অচ্ছা হোতা হায়।

35. সার্মথ্য (Efficiency) सामर्थ्य

যদি আমি তোমায় কিছু কাজ দি, তুমি কি সেটা করতে পারবে?
अगर मैं तुम्हें कोई काम दूँ तो क्या तुम उसे पूरा कर सकते हो?
অগর ম্যাঁয় তুমহে কুছ কাম দুঁ তো কেয়া তুম উসে পুরা কর সকতে হো?

কি কাজ? क्या काम? কেয়া কাম?

যে কোনো কাজ। कोई भी काम। কোই ভী কাম?

তা বল না। ऐसा मत कहो। অইসা মত কহো।

আলাদা-আলাদা লোক আলাদা-আলাদা কাজ ভাল করে করতে পারে।
अलग–अलग लोग अलग–अलग कामों में अच्छे होते हैं।
অলগ- অলগ লোগ অলগ- অলগ কামোঁ মে অচ্ছে হোতে হায়ঁ।

সে ভাল গাড়ি চালাতে পারে। वह कार अच्छी चलाता है। উবহ কার অচ্ছী চলাতা হায়।

আমি সাইকেল চালাতে পারি কিন্তু গাড়ি চালাতে পারি না।
मैं साइकिल चला सकता हूँ लेकिन कार नहीं चला सकता।
ম্যাঁয় সাইকেল চলা ষকতা হুঁ লেকিন কার নহীঁ চলা ষকতা।

যে ভাল সাঁতার কাটতে পারে।
वह अच्छी तरह तैर सकता है।
উবহ অচ্ছী তরহ তৈর সকতা হায়।

কিন্তু সে ভাল করে কথা বলতে পারে না।
लेकिन वह अच्छी तरह बात नहीं कर सकता।
লেকিন উবহ অচ্ছী তরহ বাত নহীঁ কর সকতা।

মনীষ হিন্দী, বাংলা আর ইংরেজী তিন ভাষায় কথা বলতে পারে।
मनीष हिंदी, बंगला और अंग्रेजी तीनों भाषाओं में बात कर सकता है।
মনীষ হিন্দী, বাংলা আউর অংরেজী তিনো ভাষাও মে বাত কর সকতা হায়।

কিন্তু সে কোনো ভাষায় লিখতে পারে না।
लेकिन वह किसी भाषा में लिख नहीं सकता।
লেকিন উবহ কিসী ভাষা মে লিখ নহীঁ সকতা ।

সবার সার্মথ্য এক হয় না।
सबके अंदर एक जैसी क्षमता नहीं होती।
সবকে অন্দর এক জায়েসী ক্ষমতা নহীঁ হোতী।

36. প্রার্থনা (অনুরোধ) (Request) विनती

আপনি কি আমাকে সাহায্য করতে পারেন?
क्या आप मेरी सहायता कर सकते हैं?
কেয়া আাপ মেরী সাহায়তা কর সকতে হায়ঁ?

করার ইচ্ছে নেই কিন্তু করতে পারি।
करने की इच्छा तो नहीं है पर कर सकता हूँ।
করনে কী ইচ্ছা তো নহীঁ হায় পর কর সকতা হুঁ।

হাতে না করতে পারলে মুখে কর।	हाथों से नहीं कर सकते तो मुँह से ही कर दीजिए। হাথ সে নহীঁ কর সকতে তো মুঁহ সে হী কব দো।
এখন কিছুতেই করব না।	अभी किसी हाल में नहीं करूँगा। অভী কিসী হাল মে নহীঁ করূঁগা।
দয়া করে ওনা কে ডেকে দিন।	दया करके उसे बुला दीजिए। দয়া করকে ওনহে বুলা দীজিয়ে।
আপনি একটু ষরতে পারবেন?	आप जरा सरक सकते हैं? আপ জরা সরক সকতে হায়ঁ?
দাদা, আমার ফাইলটা নিয়ে আসুন।	भाई साहब, मेरी फाइल ले आइए। ভাই সাহব, মেরী ফাইল লে আইয়ে
আপনি গিয়ে একটি পার্সল আনতে পারবেন?	आप जाकर एक पार्सल ला सकते हैं? আপ জাকর এক পার্সল লা সকতে হায়ঁ?
তুমি আমায় একটি সত্যি কথা বলতে পার?	तुम मुझे एक बात सच–सच बता सकते हो? তুম মুঝে এক বাত সচ-সচ বতা সকতে হো?
আমার অত সাহস নেই, মাফ করুন।	माफ कीजिएगा, मुझमें इतना साहस नहीं है। মাফ কীজিয়েগা, মুঝমে ইতনা সাহস নহীঁ হায়।
দয়া করে আমার কথা শুনুন।	कृपा कर मेरी बात सुनिए। কৃপা করকে মেরী বাত সুনিয়ে।
দয়া করে আমায় যেতে দিন।	दया करके मुझे जाने दीजिए। দয়া করকে মুঝে জানে দীজিয়ে।

37. পরার্মশ (Advice) सलाह

আমি আপনার পরার্মশ চাই।	मुझे आपकी सलाह चाहिए।	মুঝে আপকী সলাহ চাহিয়ে।
কি হলো?	क्या हुआ?	কেয়া হুয়া?
কিছু হয় নি।	कुछ नहीं हुआ है।	কুছ নহীঁ হুয়া হায়।

কিছু হচ্ছে না তাই আপনার পরার্মশ চাই। कुछ हो नहीं रहा है इसीलिए तो सलाह चाहिए।
কুছ হো নহীঁ রহা হায় ইসীলিয়ে তো আপকী সলাহ চাহিয়ে।

ঠিক আছে। ठीक है। ঠিক হায়।

টাকা দেব না কিন্তু পরার্মশ দিতে পারি। रुपए नहीं दूँगा पर सलाह दे सकता हूँ।
রুপয়ে নহীঁ দুঁগা পর সলাহ দে সকতা হুঁ।

সে আমি জানি। वह मुझे पता है। উবহ মুঝে পতা হায়।

কিছু দরকার হলে চেষ্টা করতে হয়।
किसी चीज की जरूरत हो तो उसके लिए कोशिश करनी होती है।
কিসী চীজ কী জরুরত হো তো উসকে লিয়ে কোশিশ করনী পড়তী হায়।

ভাল সময়ের অপেক্ষা করতে হয়। अच्छे समय की प्रतीक्षा करनी पड़ती है।
অচ্ছে সময় কী প্রতীক্ষা করনী পড়তী হায়।

পরীক্ষায় পাশ করতে হলে পরিশ্রম করতে হয়।
परीक्षा में पास होने के लिए परिश्रम करना पड़ता है।
পরীক্ষা মে পাশ হোনে কে লিয়ে পরিশ্রম করনা পড়তা হয়।

ভাল স্বাস্থ্যের জন্য যোগ করুন। अच्छे स्वास्थ्य के लिए योगाभ्यास करें।
অচ্ছে স্বাস্থ্যে কে লিয়ে যোগাভ্যাস করেঁ।

38. মানষিক শান্তি (Peace of Mind) मानसिक शांति

আমার মন ভাল নেই। मेरा मन ठीक नहीं है। মেরা মন ঠিক নহীঁ হায়।

এখন আমি ঘাবড়ে গেছি। इस समय मैं घबड़ा गया हूँ। ইস সময় ম্যাঁয় ঘবড়া গয়া হুঁ।

আমি কাজটা করতে পারি কিন্তু এখন সাহস পাচ্ছি না।
मैं यह काम कर सकता हूँ पर इस समय मेरी हिम्मत नहीं हो रही है।
ম্যাঁয় ইয়হ কামটা কব যকতা হুঁ পর ইস সময় মেরী হিম্মত নহীঁ হো রহী হায়।

তুমি কি কর? तुम क्या करते हो? তুম কেয়া করতে হো?

আমি কিছু করি না। मैं कुछ नहीं करता। ম্যাঁয় কুছ নহীঁ করতা।

এটাই তোমার সমস্যা। यही तुम्हारी समस्या है। ইয়হী তুমহারী সমস্যা হায়।

কোন কাজ মন দিয়ে করলে ঘাবড়াতে হয় না।
मन लगाकर कोई काम करने पर घबड़ाहट नहीं होती।
মন লগা কর কোই কাম করনে পর ঘবড়াহট নহীঁ হোতী।

মন কে খুশি রাখতে হলে শান্ত থাকার চেষ্টা করুন।
मन को प्रसन्न रखने और शांत रहने की कोशिश करें।
মন কো প্রষন্ন রখনে আউর শান্ত রহনে কী কোশিশ করেঁ।

রাগ করবেন না। गुस्सा न करें। গুস্সা ন করেঁ।

কারুর সাথে ঝগড়া করবেন না। किसी से झगड़ा न करें। কিসী সে ঝগড়া ন করেঁ।

মন কে দেখা যায় না। मन को देखा नहीं जा सकता।
মন কো দেখা নহীঁ জা সকতা।

39. প্রশংসা (Praise) प्रशंसा (तारीफ)

আপনি ভাল কাজ করেছেন। आपने अच्छा काम किया है।
আপনে অচ্ছা কাম কিয়া হায়।

সে ভাল। वह अच्छा है। উবহ অচ্ছা হায়।

আপকো দেখে আমি খুব খুশী হয়েছি। आपको देखकर मुझे बहुत खुशी हुई है।
আপকো দেখকর মুঝে বহুত খুশী হুই হায়।

তুমি যত্যি কথা বল। तुम सच बोलते हो। তুম সচ বোলতে হো।

তুমি কি ভাল। तुम कितने अच्छे हो। তুম কিতনে অচ্ছে হো।

সে সুন্দরী। वह सुन्दर है। উবহ সুন্দর হায়।

আমি এটা খুব ভালবাসি। मुझे यह बहुत अच्छा लगता है।
মুঝে ইয়হ বহুত অচ্ছা লগতা হায়।

আপনি কাজ টা অত শীঘ্র কি করে করলেন।
आपने इतनी जल्दी काम कैसे पूरा कर दिया?
আপনে ইতনী জল্দী কাম কইসে পুরা কর দিয়া।

আপনি যা করেছেন আমি আজীবন ভুলতে পারবো না।
आपने जो किया है उसे मैं जीवन भर नहीं भूल सकूंगा।
আপনে জো কিয়া হায় উসে ম্যাঁয় জীবন ভর নহীঁ ভুল সকতা ।

কেউ আপনার মত কথা বলতে পারে না।
कोई आपकी तरह बातें नहीं कर सकता।
কোই আপকী তরহ্ বাত নহীঁ কর সকতা।

ঈশ্বরের কৃপায় আপনার সাথে দেখা হয়ে গেল।
ईश्वर की कृपा से आपसे मुलाकात हो गई।
ঈশ্বর কী কৃপা সে আপসে মুলাকাত হো গই।

ভাল করে কথা বলতে পারাও ঈশ্বরের কৃপা।
अच्छी तरह बोल पाना ईश्वर की कृपा है।
অচ্ছী তরহ বাত কর পানা ভী ঈশ্বরে কী কৃপা হায়।

40. রাগ (Anger) क्रोध/राग

তুমি এ কাজ কেন করলে? — तुमने यह काम क्यों किया? — তুমনে ইয়হ কাম কেয়ো কিয়া।

সেটা বলার তুমি কে? — यह कहने वाले तुम कौन हो? — ইয়হ পুছনে ড়ালে তুম কৌন হো?

সোজা কথা বল। — सीधी बात करो। — সীধী বাত করো।

আর কি করে বলব? — और कैसे बोलूँ? — আউর কৈসে বোলুঁ।

আমি কি করে কথা বলছি আর তুমি? — मैं कैसे बात कर रहा हूँ और तुम? — ম্যাঁয় কৈসে বাত কর রহা হুঁ আউর তুম?

এটা কি কথা বলার নমুনা? — यह बात करने का तरीका है? — ইয়ে বাত করনে কা তরীকা হায়?

আমার নিন্দা করছ? मेरी निन्दा कर रहे हो? মেরী নিন্দা কর রহে হো?

বুদ্ধি নেই না কি? बुद्धि है या नहीं? বুদ্ধি হায় কি নহীঁ?

এমন কথা বলবে না। ऐसी बात मत करो? আইসী বাত মত করো।

আমার সময় নষ্ট করবে না। मेरा समय नष्ट मत करो। মেরা সময় নষ্ট মত করো।

আমি জানি না যে এ বিষয়ে আপনি কি ভাবছেন।
मुझे पता नहीं कि इसके बारे में आप क्या सोचते हैं?
মুঝে পতা নহীঁ কি ইসকে বারে মে আপ কেয়া সোচতে হায়ঁ।

ধীরে-ধীরে বুঝবে। धीरे–धीरे समझोगे। ধীরে-ধীরে সমঝোগে।

বাজে বকবে না। बेकार की बात मत करो। বেকার কী বাত মত করো।

41. কৃতজ্ঞতা (Gratitude) कृतज्ञता

আপনি আমাকে সাহায্য করুন। आप मेरी सहायता कीजिए আপ মেরী সহায়তা কীজিয়ে।

এ কথা বলা আপনার ভালমানুসি। यह कहना आपकी भलमनसाहत है?
ইয়ে কহনা আপকী ভালমনসাহত হায়।

তুমি দয়াবান। तुम दयावान हो। তুম দয়াবান হো।

যদি আপনি সাহায্য না করতেন তাহলে আজ আমি এমন ভাবে থাকতে পারতাম না।
अगर आप सहायता नहीं करते तो आज मैं इस तरह नहीं रह पाता।
অগর আপ মেরী সহায়তা নহীঁ করতে তো আজ ম্যাঁয় ইস তরহ নহীঁ রহ পাতা।

আমি আপনাকে ভুলতে পারব না। मैं आपको भूल नहीं सकता? ম্যাঁয় আপকো ভুল নহীঁ সকতা।

আমি বলে বোঝাতে পারবো না যে আমি আপনার প্রতি কত কৃতজ্ঞ।
मैं बता नहीं सकता कि आपका कितना आभारी हूँ।
ম্যাঁয় বতা নহীঁ সকতা কি আপকা কিতনা আভারী হুঁ।

আপনার আতিথ্যের জন্য আপনাকে ধন্যবাদ জানাই।
आपके आतिथ्य के लिए मैं आपका धन्यवाद करता हूँ?
আপকে আতিথ্য কে লিয়ে ম্যাঁয় আপকা ধন্যবাদ করতা হুঁ।

আপনি আমার বাড়িতে এসেছেন এটাই বড় কথা।
आप मेरे घर आए यही मेरे लिए बड़ी बात है।
আপ মেরে ঘর আএ য়হী মেরে লিয়ে বড়ী বাত হায়।

আপনার পরামর্শে আমি সমস্যা মুক্ত হতে পেরেছি।
आपकी सलाह से मैं समस्या से उबर पाया।
আপকী সলাহ সে ম্যাঁয় সমস্যা সে উবর পায়া।

আপনার কথা সুনে আমার ভাল লাগছে।
आपकी बात सुनकर मुझे अच्छा लग रहा है।
আপকী বাত সুনকর মুঝে আচ্ছা লগ রহা হায়।

আপনার কৃতজ্ঞতার কারণ আমি বুঝতে পারছি না।
मैं आपकी कृतज्ञता का कारण नहीं समझ पा रहा हूँ?
ম্যাঁয় আপকী কৃতজ্ঞতা কা কারণ নহীঁ সমঝ পা রহা হুঁ।

সে আপনার মহানুভবতা।	यह आपकी महानता है।	ইয়ে আপকী মহানতা হায়।

42. আমন্ত্রণ (Invitation) आमंत्रण

আগামি কাল আমি একটি পার্টি দিচ্ছি।	कल मैं एक पार्टी दे रहा हूँ।	কল ম্যাঁয় এক পাটী দে রহা হুঁ।
আপনি অতি অবশ্য আসবেন।	आप जरूर आइएगा।	আপ জরূর আইয়েগা।
কোথায় দিচ্ছেন?	कहाँ दे रहे हैं?	কাহাঁ দে রহে হায়ঁ?
আমাদের বাড়িতে।	हमारे घर पर।	হমারে ঘর পর।
ওদিকে বাস যায়?	उस तरफ बस जाती है?	উস তরফ বাস জাতী হায়?
হ্যাঁ, যায়।	हाँ जाती है।	হ্যাঁ, জাতী হায়।
আসুন, ভিতরে আসুন।	आइए, अंदर आइए?	আইয়ে, অন্দর আইয়ে।
পাখার নিচে বসুন।	पंखे के नीचे बैठिए।	পঁখে কে নীচে বইঠিয়ে।
কাল আমরা নাটক দেখতে যাচ্ছি।	कल हम नाटक देखने जा रहे हैं।	কল হম নাটক দেখনে জা রহে হায়ঁ।

আপনি কি আমাদের সাথে যাবেন? क्या आप हमारे साथ चलेंगे?
কেয়া আপ হমারে সাথ চলেঁগে?

আমরা একটু হাঁটতে যাচ্ছি। हमलोग जरा टहलने जा रहे हैं।
হমলোগ জরা টহলনে জা রহে হায়ঁ।

আপনি কি হাঁটতে পছন্দ করেন? क्या आप टहलना पसंद करते हैं।
কেয়া আপ টহলনা পসন্দ করতে হায়ঁ?

না, কিন্তু আমি কাল ব্যস্ত থাকব। नहीं, लेकिन कल मैं व्यस्त रहूँगा?
নহীঁ, লেকিন কল ম্যাঁয় ব্যস্ত রহুঁগা।

43. ক্ষমা(Sorry) क्षमा

আমায় ক্ষমা করুন। मुझे माफ कीजिएगा। মুঝে মাফ কীজিয়েগা।

আমি না, আপনি আমায় ক্ষমা করুন। मैं नहीं, आप मुझे माफ कीजिएगा।
ম্যাঁয় নহীঁ আপ মুঝে মাফ কীজিয়েগা।

এটা আমাব ভুল হয়েছে। यह मेरी गलती है। ইয়ে মেরী গলতী হায়।

এটা করা আমার করা উচিত হয় নি। मेरा ऐसा करना उचित नहीं था।
মেরা অইসা করনা উচিত নহীঁ থা।

কিন্তু আমায় এটা করতে হল। लेकिन मुझे यह करना पड़ा।
লেকিন মুঝে ইয়হ করনা পড়া।

ঠিক আছে, সব ভুলে যাও। ठीक है सब भूल जाओ। ঠিক হায়, সব ভুল জাও।

. যদি আপনাকে কষ্ট দিয়ে থাকি তার জন্য আমায় ক্ষমা করুন।
अगर आपको तकलीफ दी हो तो उसके लिए मुझे माफ कीजिएगा।
অগর আপকো তকলীফ দী হো তো উসকে লিয়ে মুঝে মাফ কীজিয়েগা।

ঠিক আছে, সেটা নিয়ে চিন্তা করবে না। ठीक है, इसके बारे में चिंता मत कीजिएगा।
ছিক হায়, ইসকে বারে মে চিন্তা মত কীজিয়েগা।

আমি সব কিছু ক্ষমা করতে পারি।
मैं सब कुछ क्षमा कर सकता हूँ।
ম্যাঁয় সব কুছ ক্ষমা কর সকতা হুঁ।

44. প্রকৃতি (Nature) प्रकृति

পাতা উড়ছে। **पत्ते उड़ रहे हैं।** **পত্তে উড় রহে হায়ঁ।**

মেঘ সূর্য কে আচ্ছাদিত করে রেখেছে। **बादलों ने सूरज को ढक लिया है।** **বাদলোঁ নে সুরজ কো ঢক লিয়া হায়।**

বর্ষায় সব ভিজে গেছে। **बरसाात से सब कुछ भीग गया है।** **বরসাত সে সব কুছ ভীগ গয়া হায়।**

আজ খুব গরম। **आज बहुत गरमी है।** **আজ বহুত গরমী হায়।**

কাল সারা রাত বৃষ্টি হয়েছে। **कल रात बरसात हुई थी।** **কল রাত বরসাত হুই থী।**

পরশু মুসলধারে বৃষ্টি হল। **परसों मूसलाधार बरसात हुई थी।** **পরসো মূষলাদার বরসাত হুই থী।**

কিন্তু আজ চড়া রোদ। **लेकिन आज कड़ी धूप है।** **লেকিন আজ কড়ী ধুপ হায়।**

তাই অত ঘাম হচ্ছে। **इसीलिए इतना पसीना आ रहा है।** **ইসীলিয়ে ইতনা পসীনা আ রহা হায়।**

আমি ব্যাঙের আওয়াজ শুনতে চাই।
मैं मेंढक की आवाज सुनना चाहता हूँ।
ম্যাঁয় মেঢক কী আবাজ সুননা চাচতা হুঁ।

এ বছর গরম বেশি পড়ছে। **इस साल गरमी अधिक पड़ रही है।** **ইস সাল গরমী অধিক পড় রহী হায়।**

বাইরে প্রচণ্ড রোদ। **बाहर तेज धूप है।** **বাহর তেজ ধুপ হায়।**

45. বর্ষা ঋতু (Rainy Season) বর্ষাকাল

আমার বৃষ্টি ভাল লাগে।	मुझे बरसात अच्छी लगती है।	মুঝে বরসাত অচ্ছী লগতী হায়।
বৃষ্টি হলে ঝরনা বইতে আরম্ভ করে।	बरसात होने पर झरने बहने लगते हैं।	বরসাত হোনে পব ঝরনে বহনে লগতে হায়ঁ।
পাখিরা গাছে লুকিয়ে থাকে।	पक्षी पेड़ों पर छिपे रहते हैं।	পক্ষী পেড়োঁ পর ছিপে রহতে হায়ঁ।
মেঘ দেখা যায়।	बादल दिखाई देते हैं।	বাদল দিখাই দেতে হায়ঁ।
রামধনু দেখা দেয়।	इंद्रधनुष दिखाई देता है।	ইন্দ্র ধনুষ দিখাই দেতা হায়।
মুষলধারে বৃষ্টি হচ্ছে।	मूसलाधार बरसात हो रही है।	মুসলাধার বরসাত হো রহী হায়।
গত বছর আরো বেশি বৃষ্টি হয়েছিল।	पिछले साल और अधिक बरसात हुई थी।	পিছলে সাল আউর অধিক বরসাত হুই থী।
এ বছর বেশি বৃষ্টি হবে না।	इस साल अधिक बरसात नहीं होगी।	ইস সাল অধিক বরসাত নহীঁ হোগী।
আপনি কাঁপছেন কেন?	आप काँप क्यों रहे हैं।	আপ কাঁপ কেয়োঁ রহে হায়ঁ?
আমি পুরো ভিজে গেছি।	मैं पूरा भींग गया हूँ।	ম্যাঁয় পুরা ভীগ গয়া হুঁ।
বৃষ্টি থামলে বেরোব।	बरसात रुकने पर निकलेंगे।	বরসাত রুকনে পর নিকলেঁগে।
তোমর ওখানে কি বরফ পড়ছে।	क्या तुम्हारे यहाँ बर्फ पड़ रही है।	তুমহারে ইহাঁ কেয়া বরফ পড় রহী হায়?

46. ऋतु (Seasons) ঋতু (কাল)

আমাদের দেশে ছয়টি ঋতু হয়। হमारे देश में छः ऋतुएं होती हैं।
হমারে দেশ মে ছক্ষ্ম ঋতুয়েঁ হোতী হায়ঁ।

ষবার আাগে বষন্ত ঋতু আযে। **सबसे पहले वसन्त ऋतु आती है।**
সবসে পহলে বসন্ত ঋতু আতী হায়।

আর সবার শেষে শীত। **और सबके अंत में शीत ऋतु।**
আউর সবকে বাদ মে শীত ঋতু।

বাকি ঋতুদের নাম গ্রীষ্ম, বর্ষা, হেমন্ত আর শরৎ।
बाकी ऋतुओं के नाम हैं ग्रीष्म, वर्षा, हेमन्त और शरद।
বাকী ঋতু কে নাম হায়ঁ গ্রীষ্ম, বর্ষা, হেমন্ত আউর শরৎ।

বসন্ত ঋতু তে বসন্ত পঞ্চমীর উৎসব হয়।
बसन्त ऋतु में वसन्त पंचमी का उत्सव होता है।
বসন্ত ঋতু মে বসন্ত পঞ্চমী কা উৎসব হোতা হায়।

সে দিন সরস্বতীর পুজো করা হয়।
उस दिन सरस्वती की पूजा की जाती है।
উস দিন সরস্বতী কী পূজা কী জাতী হায়।

বসন্ত ঋতু তে কোকিল ডাকে। **वसन्त ऋतु में कोयल बोलती है।**
বষন্ত ঋতু মে কোয়ল বোলতী হায়।

শীত কমে যায়। **जाड़ा कम हो जाता है।** **জাড়া কম হো জাতা হায়।**

গাছ-পালা সবুজ থাকে। **पेड़—पौधे हरे रहते हैं।** **পেড়-পোধে হরে রহতে হায়ঁ।**

বসন্তের পরে গ্রীষ্ম আসে। **वसन्त के बाद ग्रीष्म ऋतु आती है।**
বসন্ত কে বাদ গ্রীষ্ম ঋতু আতী হায়।

ভীষন রোদ থাকে। **बहुत अधिक धूप होती है।** **বহুত অধিক ধুপ হোতী হায়।**

জামা-কাপড় পরতে ইচ্ছে করে না। **कपड़े पहनने का मन नहीं होता।**
কপড়ে পহননে কা মন নহীঁ হোতা।

গরমে শরীর আর মন বিরক্ত হয়ে যায়।	गरमी में शरीर और मन चिड़चिड़ा रहता है। গরমী মে শরীর আউর মন চিড়চিড়া রহতা হায়।	
ব্যাঙের আওয়াজ শোনা যায়।	मेंढकों की आवाज सुनाई देती है। মেঢকোঁ কী আউয়াজ সুনাই পড়তী হায়।	

47. সান্ত্বনা (Console) सांत्वना

এ কিসের আওয়াজ?	यह कैसी आवाज है?	ইয়হ কইসী আউয়াজ হায়?
এখানে দুর্ঘয়না ঘটেছে।	यहाँ दुर्घटना हुई है।	ইহাঁ দুর্ঘটনা হুই হায়।
হে ভগবান! এ তো দুঃখের কথা।	हे भगवान! यह तो बड़े अफसोस की बात है। হে ভগবান! ইয়ে তো বড়ে অফসোস কী বাত হায়।	
কার ভুল ছিল?	गलती किसकी थी?	গলতী কিসকী থী?
এ তে আপনার কোন দোস নেই।	इसमें आपकी कोई गलती नहीं है। ইসমে আপকী কোই গলতী নহীঁ হায়।	
শুনে বড় কষ্ট পেয়েছি।	सुनकर बहुत दुख हुआ।	সুনকর বহুত দুখ হুআ।
ভগবানের বিধানকে কেউ পাল্টাতে পারে না।	ईश्वर के निर्णय को कोई बदल नहीं सकता। ঈশ্বর কে নির্ণয় কো কোই বদল নহীঁ সকতা।	
আপনার প্রতি আমার যহানুভুতি আছে।	आपसे मुझे सहानुभूति है। আপসে মুঝে সহানুভূতি হায়।	
আমরা কি করতে পারি।	हम क्या कर सकते हैं।	হম কেয়া কর সকতে হায়ঁ।
কেউ কিছু করতে পারে না।	कोई कुछ नहीं कर सकता।	কোই কুছ নহীঁ কর ষকতা।
আপনারা যা করতে পারেন, করেছেন।	आपलोग जो कर सकते थे, आपने किया। আপলোগ জো কর সকতে থে, আপনে কিয়া।	

এর বেশি কেউ করতে পারে না। ঈশ্বর ভাল করবে।

इससे अधिक कोई नहीं कर सकता। ईश्वर भला करेगा।

ইসসে অধিক কোই নহীঁ কর সকতা। ঈশ্বর ভলা করেগা।

48. শৈশব (Childhood) बचपन

শৈশব সবার পছন্দ।	बचपन सबको पसन्द है।	বচপন সবকো পষন্দ হায়।
তার বয়স কত?	उसकी उमर कितनी है?	উসকী উমর কিতনী হায়?
সে তোমার চেয়ে ছোট।	वह तुमसे छोटा है।	উবহ তুমসে ছোটা হায়।
আমি মানি না।	मैं नहीं मानता।	ম্যাঁয় নহীঁ মানতা।
সে তোমার মর্জী।	वह आपकी मर्जी।	উবহ আপকী মর্জী।
আমরা ছোটবেলার বন্ধু।	हम बचपन के दोस्त हैं।	হম বচপন কে দোস্ত হায়ঁ।

ছোটবেলায় তুমি কি করতে, জান?

पता है, बचपन में तुम क्या करते थे?

বচপন মে তুম কেয়া করতে থে, পাতা হায়।

আমাদের তিনজনের বয়স যমান।	हम तीनों की उमर बराबर है।	হম তিনো কী উমর বরাবর হায়।
তার বিবাহ ছোটবেলায় হয়ে গেছে।	उसका विवाह बचपन में हो गया था।	উসকা বিবাহ বচপন মে হো গয়া থা।
ছোটবেলার কথা আলাদা।	बचपन की बात अलग है।	বচপন কী বাত অলগ হায়।

ছোটবেলার আরো অনেক কথা আছে।

बचपन की और भी बहुत सी बाते हैं।

বচপন কী আউর ভী বহুত সী বাতেঁ হায়ঁ।

সে গুলি ইচ্ছে করলে ও ভোলা যায় না।

कोशिश करके भी उसे भुलाया नहीं जा सकता।

কোশিশ করকে ভী উসে ভুলায়া নহীঁ জা যকতা।

সে এক জন ব্রহ্মচারী।	वह एक ब्रह्मचारी है।	উবহ এক ব্রহ্মচারী হায়।

শৈশব কে কেউ ভুলতে পারে না।

बचपन को कोई भूल नहीं सकता।

বচপন কো কোই নহীঁ ভূল সকতা।

তাকে দেখতে ছোটো মনে হয়।	वह देखने में छोटा लगता है।	উবহ দেখনে মে চোটা হায়।
ছোটবেলার দিনগুলি ভাল হয়।	बचपन के दिन अच्छे होते हैं।	বচপন কে দিন অচ্ছে হোতে হায়ঁ।

49. যৌবন (Youth) यौवन

যৌবন সবার ভাল লাগে। **यौवन सबको अच्छा लगता है। যৌবন সবকো আচ্ছা লগতা হায়।**

যৌবনের মানে কুড়ি থেকে ষাট। **यौवन का मतलब है बीस से साठ। যৌবন কা মতলব হায় বীস সে ষাঠ।**

যৌবনে যা কিছু করতে পারা যায়।

यौवन में जो जी चाहे कर सकते हैं।

যৌবন মে জো জী চাহে কর সকতে হায়ঁ।

যৌবনে পাপ-পুণ্যর খেয়াল থাকে না।

यौवन में पाप–पुण्य का खयाल नहीं रहता।

যৌবন মে পাপ-পুণ্য কা খযাল নহীঁ রহতা।

তাই যৌবনে সতর্ক থাকার দরকার।

इसीलिए यौवन में सावधान रहने की जरूरत है।

ইষলিয়ে যৌবন মে সাবধান রহনে কী জরূরত হায়।

সবাই যুবক হয়ে থাকতে চায়।
सभी जवान बने रहना चाहते हैं।
সভী জবান বনে রহনা চাহতে হায়ঁ।

যৌবনে শরীরে বেশি শক্তি থাকে।

यौवन में शरीर में अधिक बल रहता है।

যৌবন মে শরীর মে অধিক বল রহতা হায়।

বুদ্ধি ও প্রখর থাকে। **बुद्धि भी प्रखर रहती है। বুদ্ধি ভী প্রখর রহতী হায়।**

শরীর ও চোখে চমক থাকে।

शरीर और आँखों में चमक रहती है।

শরীর আউর আঁখো মে চমক রহতী হায়।

দেশের সমস্ত আশা নির্ভর করে যুবক ষম্প্রদায়ের উপর।

देश की सारी आशायें जवानों पर ही निर्भर हैं।

দেশ কী সারী আশায়েঁ জবানো পর হী নির্ভর হায়ঁ।

যৌবনে এই পৃথিবীর সব কিছু ভাল লাগে।

यौवन में इस पृथ्वी का सब कुछ अच्छा लगता है।

যৌবন মে ইস পৃথবী কা সব কুছ অচ্ছা লগতা হায়।

বন্ধুত্ব বা শত্রুতা করার সময় ও এটাই। मित्रता या शत्रुता करने का यही समय है।

মিত্রতা য়া শত্রুতা করনে কা ইয়হী সময় হায়।

যৌবন জীবনের বসন্ত। यौवन जीवन का बसन्त है। যৌবন জীবন কা বসন্ত হায়।

এই সময়টাকে নষ্ট করা উচিত নয়। इस समय को व्यर्थ गंवाना ठीक नहीं होता।

ইস সময় কো ব্যর্থ গঁবানা ঠিক নহীঁ হায়।

50. বার্ধক্য (Old Age) बुढ़ापा

যৌবনের পর বার্ধক্য আসে।

यौवन के बाद बुढ़ापा आता है।

যৌবন কে বাদ বুঢ়াপা আতা হায়।

বার্ধক্যর মানে হল ষাট থেকে একশো বছরের বয়স।

बुढ़ापे का मतलब है साठ से सौ की आयु।

বুঢ়াপে কা মতলব হায় ষাঠ সে সৌ কী আয়ু।

বার্ধক্য শরীরে বল থাকে না।

बुढ़ापे में शरीर में बल नहीं रहता।

বঢ়াপে মে শরীর মে বল নহীঁ রহতা।

রোগে কষ্ট হয়। रोगों से तकलीफ होती है। রোগোঁ সে তকলীফ হোতী হায়।

তাহলে কি বার্ধক্য একটি অভিশাপ? तो क्या बुढ़ापा एक अभिशाप है?
তো কেয়া বুঢ়াপা এক অভিশাপ হায়?

আমি সে কথা বলছি না। मैं ऐसा नहीं कह सकता। ম্যাঁয় অইসা নহীঁ কহ সকতা।

বার্ধক্য চুল সাদা হয়ে যায়। बुढ़ापे में बाल सफेद हो जाते हैं।
বুঢ়াপে মে বাল সফেদ হো জাতে হায়ঁ।

তার পর চুল পড়ে যায়। इसके बाद बाल झड़ जाते हैं।
ইসকে বাদ বাল ঝড় জাতে হায়ঁ।

দাঁত পড়ে যায়। दाँत गिर जाते हैं। দাঁত গির জাতে হায়ঁ।

কিন্তু মন সব কিছুর উপর লেগে থাকে। पर मन हर चीज पर लगा रहता है।
পর মন হর চীজ পর লগা রহতা হায়।

এ তো সবাই জানে। यह तो सभी जानते हैं। ইয়হ তো সভী জানতে হায়ঁ।

তাহলেও কেও অল্প বয়সে মরতে চায় না।
फिर भी कोई कम उम्र में मरना नहीं चाहता।
ফির ভী কোই কম উমর মে মরনা নহীঁ চাহতা।

কিন্তু এখন অনেকে অল্প বয়সে বৃদ্ধ হয়ে যায়।
लेकिन आजकल बहुत से लोग कम उम्र में बूढ़े हो जाते हैं।
লেকিন আজকল লোগ কম উমর মে বুঢ়ে হো জাতে হায়ঁ।

বার্ধক্য কষ্ট হলেও অভিজ্ঞতার বহুমুল্য ভাণ্ডার।
बुढ़ापा कष्टदायक होने पर भी अनुभव का भंडार होता है।
বুঢ়াপা কষ্টদায়ক হোনে পর ভী অনুভব কা ভণ্ডার হোতা হায়।

51. যোগ (Yoga) योगा

প্রত্যেকের রোজ যোগ ব্যায়াম করা উচিত।
सबको रोज योग करना चाहिए।
সবকো রোজ যোগ করনা চাহিয়ে?।

সকাল বেলা যোগব্যায়াম করা উচিত।
योग सुबह के समय करना चाहिए।
যোগ সুবহ কে সময় করনা চাহিয়ে।

যোগ ব্যায়াম করলে রোগ দূর হয়।
योग करने से रोग दूर हो जाते हैं।
যোগ করনে সে রোগ দূর হো জাতে হায়ঁ।

যোগব্যায়াম করলে কোন ক্ষতি হয় না।
योग से कोई नुकसान नहीं होता है।
যোগ সে কোই নুকসান নহীঁ হোতা হায়।

যোগব্যায়াম করে দুর্বল ব্যক্তিও শক্তি লাভ করতে পারে।
योग करने से कमजोर व्यक्ति भी बल प्राप्त कर सकते हैं।
যোগ করনে সে কমজোর ব্যক্তি ভী বল প্রাপ্ত করতে হায়ঁ।

শরীরে রোগ প্রতিষেধক শক্তি বাড়ে।
शरीर में रोग प्रतिरोधक क्षमता बढ़ती है।
শরীর মে রোগ প্রতিরোধক ক্ষমতা বড়তী হায়।

ভীতুরাও সাহস পায়।
डरपोक लोगों में भी शक्ति का संचार होता है।
ডরপোক লোগোঁ মে ভী শক্তি কা সঞ্চার হোতা হায়।

যোগব্যায়ামের সব বলা সম্ভব নয়।
योग के सारे गुणों को बताना संभव नहीं है।
যোগ কে সারে গুণো কো বতানা সম্ভব নহীঁ হায়।

বেশি বয়সের লোকেরাও যোগব্যায়াম করতে পারে।
अधिक उम्र वाले भी योग कर सकते हैं।
অধিক উমর উয়ালে ভী যোগ কর সকতে হায়ঁ।

অল্প বয়স থেকে যোগব্যায়ামেব আরম্ভ করা ভাল।

कम उम्र से ही योगाभ्यास करना आरंभ अच्छा रहता है।

কম উমর সে হী যোগাভ্যাস করনা উচিত হায়।

যোগব্যায়াম করলে জীবন ভাল থাকে।

योगाभ्यास करने से जीवन अच्छा रहता है।

যোগাভ্যাস করনে সে জীবন অচ্ছা রহতা হায়।

ভাগ- ৫

भाग - ५

PART - 5

পত্র- রচনা (Letter Writing) পত্র লেখন

পত্র- রচনার নিয়ম ও নির্দেশ

পত্র লেখার কিছু নিয়ম আছে। সেগুলি পালন করলে চিঠি লেখার উদ্দেশ্য সফল হয়।

আত্মীয়, বন্ধু ও পরিচিতদের চিঠি লেখার সময়-

1- চিঠির ডান দিকে উপরে নিজের ঠিকানা লিখতে হয়।

5-12-180/2A

মঁগাপুর কালোনি, মউলা আলি

হায়দ্রাবাদ-500 040

2- ঠিকানার নিচে তারিখ লিখুন 23-10-2013

3- সম্বোধন- চিঠি যাকে লেখা হচ্ছে তার অনুযায়ী, যেমন

মা-বাবা কে

শ্রী চরণেষু

মা/বাবা/কাকা

4- বিষয- কিসের জন্য চিঠি লিখছেন।

5- সমাপন-

আপনার ছেলে/ তোমার ভাই/ বোন/ বন্ধু

অপরিচিত/ অধিকারী/ প্রকাশককে চিঠি/ অভিযোগ পত্র থাকলে.........

1- উপরে ডান দিকে তারিখ লিখুন।

2- বাম দিকে সবিনয় নিবেদন/ মাননীয়/সুধী।

3- মহাশয় লিখে আরম্ভ করুন।

4- বিষয় লিখুন।

5- সমাপন- বিনীত্/ আপনার বিশ্বাসভাজন

চাকরীর জন্য আবেদন করার সময়-

1- উপরে ডান দিকে স্থান ও তারিখ লিখুন।

2- উপরে বাম দিকে নিজের ঠিকানা লিখুন।

3- নিজের ঠিকানার নিচে যাকে পত্র লিখছেন তার কার্য়ালয়ের ঠিকানা লিখুন।

4-সম্বোধন- মাননীয় মহোদয়

5- বিষয় লিখুন

6- বিবরণ লিখুন

7- সমাপন- আপনার বিশ্বাসভাজন লিখে তার পর নিজের নাম লিখুন।

অভিনন্দন পত্র (Letter of Congratulation) अभिनन्दन पत्र

5-12-180/2ए,

मंगापुर कालोनी, मौलाली,

हैदराबाद–500040,

16.1.2010

प्रिय मित्र नरेश रेड्डी

कैसे हो। हम दोनों को मिले काफी समय हो गया। मैं तुम्हें देखना चाहता हूँ। अगर आ सको तो एक बार मेरे घर जरूर आना।

मैंने आज के वार्ता अखबार में तुम्हारी तस्वीर देखी। तुम उत्तम अध्यापक बने एवं हमारा राष्ट्रीय पुरस्कार प्राप्त किया है। यह बहुत खुशी की बात है। इस समाचार से मुझे अत्यंत प्रसन्नता हुई है।

आपका मित्र

मणिभूषण राव

लिफाफे पर पताः

श्रीमान नरेश रेड्डी

गुलबर्गा, कर्नाटक

অভিনন্দন পত্র (Letter of Congratulation) अभिनन्दन पत्र

5-12-180/2 এ,

মঁগাপুর কালোনি, মউলালি

হায়দ্রাবাদ-৫০০০৪০

১৬-১-২০১২

প্রিয় বন্ধু নরেশ রেড্ডী

কেমন আছো। অনেক দিন হলো, দেখা হয় নি। এক বার তোমায় দেখতে চাই। যদি আসতে পারো তো এক বার এসো।

আজকের কাগজে তোমর ছবি দেখলাম। তোমাকে শ্রেষ্ঠ অধ্যাপক মনোনীত করা হয়েছে আর তুমি রাষ্ট্রীয় পুরস্কার পেয়েছো, এটি আনন্দ ও গর্বের বিষয়। আমি ভীষণ খুশি।

তোমার বন্ধু

মণিভুষণ রাব

খামের উপর ঠিকানাঃ

শ্রীমান নরেশ রেড্ডী

গুলবর্গা, কর্নাটক

मित्र को पत्र

राजामहेन्द्री

25.08.2012

मेरे मनपसंद दोस्त

लक्ष्मण राव

नमस्ते

आशा करता हूँ कि तुम कुशल से हो। तुम को याद है, तुमने मुझे राजमहेन्द्री आने के लिए कहा था। मेरे पास आने का समय तुम्हें शायद नहीं मिला होगा। ठीक है, समय मिलने पर एक बार यहाँ आना।

तुम जानते हो, हमारा शहर बहुत ही प्राचीन है। यह पवित्र गोदावरी नदी के किनारे स्थित है। प्राचीन काल में यह शहर आन्ध्र प्रान्त की राजधानी था। लेकिन पहले बहमनी सुल्तान, बाद में अंग्रेजों के आने से धीरे-धीरे इस राज्य के टुकड़े-टुकड़े हो गए। अब भी यह हमारी सांस्कृतिक राजधानी है।

मैं कुछ काम से अगले महीने की 12 तारीख को कोलकाता जा रहा हूँ। हो सका तो तुमसे मिलूँगा।

बड़ों को मेरा नमस्कार और छोटों को आशीर्वाद।

तुम्हारा मित्र

का. सुरेश

लिफाफे पर पता:

श्रीमान का. लक्ष्मण राव

3.10.10, जगदम्बा सेंटर,

विशाखापट्टणम (आ. प्र.)

বন্ধু কে চিঠি

রাজমহেন্দ্রী

২৫-০৮-২০১২

আমার প্রিয় বন্ধু

লক্ষ্মণ রাও

নমস্কাক

আশা করি ভাল আছ। মনে আছে, তুমি আমায় রাজমহেন্দ্রী যেতে বলে ছিলে। আমার এখানে আসার বোধায় সময় করতে পার নি। ঠিক আছে সময় পেলে এক বার এখানে এসো।

তুমি জানো যে আমাদের এই শহর অত্যন্ত প্রাচীন। এটি গোদাবরী নদীর তিরে অবস্থিত। পুরা কালে এই শহর অন্ধ্র প্রদেশের রাজধানী ছিল। কিন্তু প্রথমে বাহমানি সুলতান আর পরে ইংরেজদের আগমনের পর ধীরে-ধীরে এই রাজ্য বিভাজিত হয়ে যায়। এখনো আমাদের সাংস্কৃতিক রাজধানী এখানেই রয়েছে।

আগামি মাসে কিছু কাজের জন্য আমি কোলকাতা যাচ্ছি। যদি সম্ভব হয় তো তোমার সাথে দেখা করবো। বড়োদের প্রণাম ও ছোট দের জন্যে আমার আশীর্বাদ রইল।

তোমার বন্ধু

কা. সুরেশ

খামের উপর ঠিকানা

শ্রীমান কা. লক্ষ্মণ রাও

৩-১০-১০ জগদম্বা যেন্টর

বিশাখাপট্টনম (আ. প্র.)

छुट्टी के लिए ओवदन पत्र

विशाखापट्टनम

2-07-2013

सेवा में

प्रधानाचार्य

होली मदर कान्वेंट स्कूल

डाबा गार्डेन्स,

विशाखापट्टनम

महोदय,

विषयः छुट्टी के लिए आवेदन पत्र

    सविनय निवेदन है कि मेरे भाई की शादी दिनांकः 3.9.2013 को सिंहाचलम में होगी। इसलिए मैं पाँच दिन तक विद्यालय नहीं आ सकूँगा। अतः आपसे अनुरोध है कि मुझे दिनांकः 3.9.2013 से 8.9.2013 तक पाँच दिन की छुट्टी देने की कृपा करें।

    धन्यवाद।

आपका आज्ञाकारी छात्र

टी. सोमनाथ

विशाखापट्टनम

ছুটির জন্য আবেদন

বিশাখাপট্টনম.

2-07-2013

মাননীয় প্রধানাচার্য

হোলী মাদার কানভেণ্ট স্কুল,

বিশাখাপট্টনম

মহাশয়,

বিষয়ক্ষ্ম ছুটির জন্য আবেদন

সবিনয় নিবেদন করছি যে আগামী ৩-৯-২০১৩ তে আমার দাদার বিবাহ সিংহাচলমে অনুষ্ঠিত হইবে। এই বিবাহের অনুষ্ঠানে সম্মিলিত হবার জন্য আমি ৩-৯-২০১৩ থেকে ৮-৯-২০১৩ পর্যন্ত পাঁচ দিন স্কুলে আসতে পারব না। আপনার কাছে বিনম্র অনুরোধ যে এই পাঁচ দিনের ছুটি দিয়ে আমায় অনুগৃহিত করুন।

ধন্যবাদ।

আপনার আজ্ঞাকারী ছাত্র

টি. সোমনাথ

पुस्तकें मंगाने के लिए पत्र (Letter of order for Books) বইয়ের জন্য আদেশ পত্র

विजयनगर

16.8.2012

प्रेषक

का. शिवकुमार

1.2.125, घन्टस्तम्भ वीथी,

विजयनगरम—1

सेवा में,

माननीय प्रकाशक महोदय,

ओरिएण्ट ब्लाकस्वान प्रा.लिमिटेड,

नारायणगुडा,

हैदराबाद—29.

प्रिय महोदय,

मुझे निम्नलिखित पुस्तकें वी.पी.पी. द्वारा भिजवाइए।

1. भारतीय पालन शास्त्र — 2 प्रतियाँ

2. अमलतास (सिरीज) — 3 प्रतियाँ

मैं आपको आश्वासन देता हूँ कि वी.पी.पी. मिलते ही मैं उसका भुगतान कर दूँगा।

धन्यवाद।

आपका

का. शिव कुमार

বইয়ের জন্য আদেশ পত্র

বিজয়নগর

১৬-০৮-২০১২

প্রেষক

কা. শিবকুমার

১-২-১২৫, ঘন্টস্তম্ভ বিথি,

বিজয়নগরম-১.

মাননীয় প্রকাশক মহোদয়

ওরিয়েন্ট ব্লাকস্বান প্রা. লিমিটেড

নারায়ণগুডা

হায়দ্রাবাদ-২৯.

প্রিয় মহাশয়,

দয়া করে নিম্নবিখিত বইগুলি বি.পি.পি.র মাধ্যমে পাঠিয়ে দিন।

১. ভারতীয় পালন শাস্ত্র - ২ টি

২. অমলতাস (সিরিজ) - ৩ টি

আমি আপনাকে প্রতিশ্রুতি দিচ্ছি যে বি.পি.পি. পাওয়ার সাথে-সাথে আমি টাকা দিয়ে দেব।

ধন্যবাদ

বিনীত (আপনার)

কা. শিব কুমার

शिकायत पत्र   (Complaint Letter) অভিযোগপত্র

बरंगल

19.9.2012.

प्रेषक

का. कल्याण

8.8.288, नर्सिंग स्ट्रीट,

बरंगल.

सेवा में,

पुलिस इंस्पेक्टर,

वरंगल

महोदय,

विषयः वाहन चोरी की शिकायत

    निवेदन है कि मैंने परसों रात को अपनी मोटर साइकिल म्युनिसिपल मार्केट के बाहर ताला लगा कर खड़ी की थी। मार्केट के अन्दर जाकर मैं कुछ देर बाद लौट आया। लेकिन मेरा वाहन मुझे दिखाई नहीं दिया। वह गायब हो चुका था। मेरा वाहन सुजुकी सामुराई 2005 माडल का है और उसका नं. ए पी 31 एच 2836 हैं।

  आपसे अनुरोध है कि कृपया इस संबंध में जल्दी से कार्रवाई करें, ताकि मुझे मेरा वाहन वापस मिल सके। आपका बड़ा आभार होगा।

धन्यवाद।

भवदीय

का. कल्याण

অভিযোগ পত্র

বরঙল

১৯-৯-২০১২

প্রেষক

কা. কল্যাণ

৮-৮-২৮৮, নার্সিং স্ট্রীট,

বরঙল

মাননীয়

পুলিস ইনসপেক্টার

বরঙল.

মহাশয়,

বিষয়ক্ষ্ম বাহন চুরির - সম্বন্ধে সূচনা (জ্ঞাপন)

আপনার কাছে নিবেদন করতে চাই যে পবশু রাত্রে আমি আমার মোটর বাইক তালা লাগিয়ে মিউনিসিপল মার্কেটের বাইরে রেখেছিলাম। আমি কিছুক্ষন পরে মার্কেট থেকে বেরিয়ে এসে নিজের বাইক পাই নি। সেটি চুরি করে নেয়া হয়। আমার বাইক সুজুকি সামুরাই ২০০৫ মডলের আর তার নম্বর এ.পি. ৩১ এচ.২৮৩৬।

আপনার কাছে অনুরোধ করছি যে এ বিষয়ে শীঘ্র পদক্ষেপ নিন, যাতে আমি আমার বাইক ফেরত পেতে পারি। আপনার প্রতি কৃতজ্ঞ থাকবো।

ধন্যবাদ

বিনীত
কা. কল্যাণ

आवेदन पत्र (Application) আবেদন পত্র

हैदराबाद

22.10.2012

प्रेषक

के. आयाप्पा

2.11.11, एच. बी. कालनी,

मौलाली, हैदराबाद,

सेवा में,

मैनेजर,

पुस्तक महल,

हैदराबाद

महोदय,

विषयः मार्केटिंग एक्जिक्यूटिव पद के लिए आवेदन

समाचार पत्रों के विज्ञापन के आधार पर मुझे मालुम हुआ है कि आपके कार्यालय में मार्केटिंग एक्जिक्यूटिव के चार पद खाली हैं। मैं अपने को इस योग्य समझता हूँ। मेरी योग्यताएँ इस प्रकार हैं।

1. बी, काम
2. भाषाओं का ज्ञानः तेलुगु, हिन्दी और अंग्रेजी
3. मार्केटिंग में दो साल का अनुभव है।

मैं आपको आश्वासन देता हूँ कि मैं अपने कर्तव्यों को निष्ठा से पूरा करूँगा।

धन्यवाद।

आपका विश्वास पात्र

के. आय्प्पा

আবেদন পত্র

হায়দ্রাবাদ

২২-১০-২০১২

প্রেষক

কে. আয়্যাপ্পা

২-১১-১১, এচ. বি. কালোনি,

মৌলালি, হায়দ্রাবাদ.

মাননীয়

ম্যানেজার,

পুস্তক মহল,হায়দ্রাবাদ

মহাশয়,

বিষয়ক্ষ্ম মার্কেটিং এক্সিকিউটিব পদের জন্য আবেদন

খববের কাগজের বিজ্ঞাপন থেকে জানতে পেরেছি যে আপনাদের আপিসে মার্কেটিং এক্সিকিউটিবের চারটি পদ খালি রয়েছে। আমি নিজেকে এই পদের উপযুক্ত প্রার্থী মনে করি। আমার যোগ্যতার বিবরণ নিম্ন প্রকারক্ষ্ম

১. বি. কাম.

২. ভাষার জ্ঞানক্ষ্ম বাংলা, হিন্দী, ইংরেজী

৩. মার্কেটিংএ দু বছর কাজ করার অভিজ্ঞতা রয়েছে।

আপনাকে কথা দিচ্ছি জে সম্পূর্ণ নিষ্ঠা সহকারে আমার দায়িত্ব পালন করব।

ধন্যবাদ।

আপনার বিশ্বাস ভাজন
কে. আয়্যপ্পা

ভাগ-৬

भाग - ६

PART - 6

ব্যাকরণ সম্বলিত বাংলা- হিন্দী বলতে শেখার স্ক্রিপ্ট

Learn Hindi through Bangla in Grammatical Way Listen Youtube Audio

व्याकरण सहित बंगला–हिन्दी बोलना सीखने के लिए यूट्यूब ऑडियो सुनें

Youtube Link

https://www.youtube.com/watch?v=POw2xQU4dQU

প্রিয় বন্ধুগণ,

ভারত একটি বিশাল দেশ, যেখানে কুড়ির অধিক সংবিধান সম্মত ভাষা বলা হয়। এখন ও অনেক ভাষা এই সূচীর বাইরে। সব কটি ভাষা শেখা কঠিন। কিন্তু মানুষ একটি সামাজিক প্রাণী। পরিবর্তনশীল সময়ের সাথে-সাথে আজ নিজের প্রান্তের মধ্য থাকা আর শুধু মাত্র নিজের ভাষা বলা সম্ভব নয়। বিভিন্ন প্রান্তের লোকেদের সাথে সম্পর্ক রাখতে হলে তাদের ভাষায় কথা বলা জরুরী হয়ে উঠেছে। তাই অন্য ভাষা শিখতে হয়। প্রত্যেক প্রান্তের ভাষা জানা সম্ভব নয়। আমাদের সংবিধানে হিন্দী কে রাষ্ট্রভাষার স্থান দেওয়া হয়েছে। দেশের ৬০ থেকে ৭০ শতাংশ মানুষ হিন্দী বলতে বা বুঝতে পারে। এই বইটি পড়ে বাংলাভাষীরা হিন্দী শব্দগুলির সঠিক উচ্চারণ ও বাক্য বিন্যাস শিখতে পারবে। কখন ও কোথায় কি বলবেন জানা থাকলে কথা বলতে সুবিধা হয়।

অভ্যাস-১ঃ অভিবাদন- প্রবীণরা বলেন যে কারুর সাথে দেখা হলে বা কোন কাজ আরম্ভ করার সময় মঙ্গলকামনা করতে হয়। নীচে দেওযা বাক্যগুলি ভাল করে পড়ুন আর হিন্দীতে অভিবাদন করার পদ্ধতি শিখুন।

1. নমস্কার !	नमस्ते / नमस्कार	নমস্তে / নমস্কার !
2. শুভ রাত্রি !	शुभ रात्रि	শুভ রাত্রি !
3. আবার দেখা হবে।	फिर मिलेंगे।	ফির মিলেঙ্গে।
4. ঠিক আছে।	ठीक है।	ঠিক হায়।
5. কি খবর, কেমন আছেন ?	कैसे हैं / क्या हाल है।	কইসে হায়ঁ/ কেয়া হাল হায় ?
6. কিছু না।	कुछ नहीं	কুছ নহীঁ।
7. আপনার সাথে দেখা করে ভাল লাগল।	आप से मिलकर खुशी हुई।	আপসে মিলকর খুশী হুই।

8. এ আমার সৌভাগ্য। यह मेरा सौभाग्य है। ইয়হ মেরা সৌভাগ্য হায়।

9. নতুন বৎসরের জন্য শুভেচ্ছা জানাই। नए वर्ष की शुभकामना। নয়ে বর্ষ কী শুভকামনা!

10ঈদ মুবারক ! ईद मुबारक! ঈদ মুবারক!

ছোটদের আশীর্বাদ করার সময় :

11. ভাল থাক! ঈশ্বর তোমার মঙ্গল করুন। सुखी रहो! ईश्वर तुम्हारा मंगल करें। সুখী রহো! ঈশ্বর তুমহারা মহগল করেঁ!

মনে রাখুন (Remember) याद रखें

কথা বলার সময় আমাদের জিহ্বা কন্ঠ, তালু, মূর্ধা, দন্ত, কিংবা ওষ্ঠ কোনো -না কোনো অংশেকে স্পর্শ করে, এর সাথে চোখ, কান, বুদ্ধির ও প্রযোগ করতে হয়।

সৌজন্যে (Courtesy) शिष्टाचार

1.দয়া করে বসুন। कृपया बैठिए। কৃপয়া বইঠিয়ে।

2.দয়া করে অপেক্ষা করুন। कृपया प्रतीक्षा करें। কৃপয়া প্রতীক্ষা করেঁ।

3.ক্ষমা করুন। कृपया माफ कीजिए। কৃপয়া মাফ কীজিয়ে।

4.ক্ষমা করবেন, আপনাকে একটু কষ্ট দিচ্ছি। माफ कीजिए, आपको परेशान कर रहा /रही हूँ। মাফ কীজিয়ে, আপকো পরেশান কর রহা/রহী হুঁ।

অনুরোধ (Request) अनुरोध

1. আদেশ করুন। आज्ञा दीजिए। আজ্ঞা দীজিয়ে।

2. দয়া করে সই করুন। कृपया हस्ताक्षर कीजिए। কৃপয়া হস্তাক্ষর কীজিয়ে।

3. দয়া করে ভীতরে আসুন। कृपया अंदर आइए। কৃপয়া অন্দর আইয়ে।

4.আপনার সাথে কথা আছে। आपसे बात करनी है।

আপসে বাত করনী হায়।

5.আমি আপনার সহৃদয়তার জন্য কৃতজ্ঞ। मैं आपकी सहृदयता के लिए आभारी हूँ।

ম্যাঁয় আপকী সহৃদয়তা কে লিয়ে আভারী হুঁ।

আদেশ (Orders) आदेश

1.আমি আসা পর্যন্ত এখানেই অপেক্ষা করুন। मेरे आने तक यहीं रुकें/प्रतीक्षा करें।
মেরে আনে তক ইয়হীঁ রুকেঁ/ প্রতীক্ষা করেঁ। কীজিয়ে।

2.এই চিঠিগুলি পাঠিযে দিন। इन पत्रों को भेज दो। ইন পত্রো কো ভেজ দো।

3. এই বইগুলি ঠীক করে রাখ। इन किताबों को संभाल कर रखो। ইন কিতাবোঁ কো সম্ভাল কর রখো।

4.এমন কর না। ऐसा मत करो। অইসা মত করো।

5.আমার জন্য এক কাপ চা নিয়ে এসে। मेरे लिए एक कप चाय लाओ। মেরে লিয়ে এক কাপ চায় লাও।

অনুমতি (Permission) अनुमति

1.আপনি কি আমার সাথে আসবেন? क्या आप मेरे साथ आ सकते हैं? কেয়া আপ মেরে যাথ আ সকতে হায়ঁ?

2. আমি কি ভীতরে আসতে পারি? क्या मैं अंदर आ सकता हूँ? কেয়া ম্যাঁয় অন্দর আ সকত্র হুঁ?

3. আপনি আমার সাথে কথা বলবেন? क्या आप मेरे साथ बात कर सकते हैं? কেয়া আপ মেরে সাথ বাত কর সকতে হায়ঁ?

4 আপনি আমায একটি বই দেবেন? **क्या आप मुझे एक किताब देने की कृपा करेंगे?**

কেয়া আপ মুঝে এক কিতাব দেনে কী কৃপা করেঙ্গেঁ?

অভ্যাস ২ঃ বন্ধুরা এখন পর্যন্ত আপনারা অভিবাদন, সৌজন্যে, অনুরোধ, আদেশ আর অনুমতি চাওয়ার সম্বন্ধে জেনেছেন। এবার নিজের মনোভাব য়েমন- সান্ত্বনা, রাগ, ক্ষমা কি করে প্রকট করতে হয় শিখে তার অভ্যাস করে নিন। নিজের বন্ধুদের বা অন্য লোকের সাথে কথা বলার সময় এগুলি ব্যবহার করুন। যদি আপনার কথা সুনে কেও হাসে, তার উপেক্ষা করে অভ্যাস করতে থাকুন।

সান্তবনা (Console) सांत्वना

1. হায় ভগবান! **हे भगवान!** হে ভগবান!

2. কি লজ্জার কথা! **कितने शर्म की बात है!** কিতনে শরম কী বাত হায়!

3. বড় দুক্ষ্মখের কথা! **बड़े अफसोस की बात है!** বড়ে আফসোস কী বাত হায়!

4. আপনি বেকার চিন্তা করছেন। **आप बेकार परेशान हो रहे हैं।** আপ বেকার পরেশান হো রহে হায়ঁ।

5. তুমি চুপি-চুপি কাঁদছ কেন? **तुम छिप–छिप कर क्यों रोते हो?** তুম ছিপ ছিপ কর কেয়োঁ রোতে হো?

6. তে চিন্তা করার মত কিছু নেই। **इसमें इतनी चिन्ता करने जैसी कोई बात नहीं है।** ইসমে ইতনী চিন্তা করনে জয়সী কোই বাত নহীঁ হায়।

7. ঘাবড়াবেন না। **घबड़ाओ मत।** ঘবরাও মত।

8. আমি আপনাকে বিশ্বাস করি। **मुझे आप पर पूरा भरोसा है।** মুঝে আপ পর পূরা ভরোসা হায়।

9. সব ঠিক হয়ে যাবে। **सब ठीक हो जाएगा।** সব ঠিক হো জায়েগা।

10. ঈশ্বরেব কে ভরসাকরুন। **भगवान पर आस्था रखो।** ভগবান পর আস্থা রখো।

11. আপনার সাথে আমার সম্পূর্ণ সহানুভূতি আছে। **मुझे आपसे पूरी सहानुभूति है।**
মুঝে আপসে পুরী সহানুভূতি হায়।

রাগ (Anger) गुस्सा

1.তুমি কি তাড়াতাড়ি কাজ করতে পার না। **तुम काम जल्दी नहीं कर सकते क्या?**
তুম কাম জল্দী নহীঁ কর সকতে কেয়া?

2.তুমি নিজেই তোমার কথার দাম রাখ না। **तुम खुद अपनी बात का मोल नहीं रखते।**

তুম খুদ অপনী বাত কা মোল নহীঁ রখতে।

3. আমি তোমায় কখনও ক্ষমা করতে পারবো না। **मैं तुम्हें कभी क्षमा नहीं कर सकता/सकती।**
ম্যাঁয় তুমহে কভী ক্ষমা নহীঁ কর সকতা/সকতী।

4. তূমি সব কথাকে ঠাট্টা ভাব। **तुम हर बात को मजाक समझते हो।**
তুম হর বাত কো মজাক সমঝতে হো।

ক্ষমাা (Sorry) क्षमा

1.এটা ভুল করে হয়ে গেল। **यह गलती से हो गया।** অইসা গলতী সে হো গয়া।

2.সবার সাথে এমন হয়। **ऐसा सबके साथ होता है।** অইসা সবকে সাথ হোতা হায়।

3.আমি দুখিত যে আপনাকে কষ্ঠ করতে হল **मुझे दुख है कि आपको कष्ट देना पड़ा।**
মুঝে দুক্ষ্মখ হায় কি আপকো কষ্ঠ দেনা পড়া।

4.আমার অজান্তে এটা হয়ে গেছে। **ऐसा अनजाने में हो गया।** অইসা অনজানে মে হো গয়া।

5. আমি স্বীকার করছি এটা আমার ভুল। **मैं मानता हूँ कि यब मेरी गलती है।** ম্যাঁয় মানতা হুঁ কি ইয়হ মেরী গলতী হায়।

6.না, আপনার কোনো দোষ নেই। **इसमें आपकी कोई गलती नहीं है।** হসমে আপকী কোই গলতী নহীঁ হায়।

7.সে যাই হোক, আমি লজ্জিত। **फिर भी मैं शर्मिन्दा हूँ।** ফির ভী ম্যাঁয় শরমিন্দা হুঁ।

8.এতে লজ্জিত হওয়ার মত কিছু নেই। **इसमें शरमाने जैसी कोई बात नहीं है।**
ইসমে শরমানে কী কোই বাত নহীঁ হায়।

9.তুমি কি তোমার কথা ভুলে গেলে? **क्या तुम अपना वादा भूल गए?**
কেয়া তুম অপনা উয়াদা ভুল গয়ে।

10.আমায় ক্ষমা করবেন। **मुझे माफ कीजिए।**
মুঝে মাফ কীজিয়ে।

অভ্যাস 3: বন্ধুগণ, আপনারা জানেন যে ঘৃণা দেখিয়ে কিছুই করা যায় না, কিন্তু ভালবাসা দিয়ে সব করা যায়। সৌজন্যে আর বিনম্রতাতে পরকেও আপন করো সম্ভব।

কাজে শীঘ্রতা করার জন্য ঃ তাড়াতাড়ি করুন। **जल्दी–जल्दी कीजिए।**
জল্দী-জল্দী কীজিয়ে।

কাজে ধীরে করার জন্য ঃ আস্তে-আস্তে করুন **धीरे–धीरे कीजिए।**
ধীরে-ধীরে কীজিয়ে।

কারুর সথে কথা বলার দরকার থাকলেঃ একটু শুনুন **जरा सुनिए।**
জরা সুনিয়ে।

কারুর সহযোগিতা চাইতে হলেঃ একটু সাহায্য করুন। **थोड़ी सहायता कीजिए।**
থোড়ী সহায়তা কীজিয়ে।

সম্মান পুর্বক বসাবার জন্য ঃ দয়া করে বসুন। **कृपया बैठिए।**
কৃপয়া বইঠিয়ে।

কিছু জানতে হলেঃ বলুন। **फरमाइए।**
ফরমাইয়ে।

কিছু মনে রাখার জন্যঃ মুখস্থ করে নাও। **याद कर लो।**
ইয়াদ কর লীজিয়ে।

(আর এক বার সিডী শুনুন) ভুল নেই।

অভ্যাস 4: বন্ধুগণ, রোজকার জীবনে অনেকের সাথে দেখা হয়, কথা বলতে হয়। কেও কিছু জানতে চাইলে তার উত্তর দিতে হয় বা বুঝিয়ে দিতে হয়। এই প্রসঙ্গে নীচে দেওয়া বাক্যগুলি ভাল করে মুখস্থ করে নিন।

কারুর সাথে দেখা হলেঃ	কেমন আছেন?	**कैसे हैं?**	কইসে হায়ঁ?
উত্তর দেবার জন্যঃ	ভাল আছি	**ठीक हूँ।**	ঠিক হুঁ।

কোথায় যাচ্ছেন?	**कहाँ जा रहे हैं?**	কহাঁ জা রহে হায়ঁ?
কোথাও না, এখানেই।	**कहीं नहीं, बस इधर ही।**	কহীঁ নহীঁ, বস ইধর হী।
একা যাচ্ছেন কেন?	**अकेले क्यों जा रहे हैं?**	অকলে কেয়ো জা রহে হায়ঁ?

অভ্যাস 5: বন্ধুগণ, আপনারা জানেন যে কখন কি ভাবে কথা বলতে হয়। এবার আপনার জ্ঞান কে একটু বিস্তার দিন। নীচে দেওয়া বার্তালাপের অভ্যাস করুন। আমরা মন্দির যাওয়া থেকে আরম্ভ করব।

সম্ভাষণ 1

ভাস্করঃ মা! আমি মন্দির যাচ্ছি। **माँ मैं मंदिर जा रहा हूँ।**
মা! ম্যাঁয় মন্দির জা রহা হুঁ।

মাঃ ঠীক আছে। **ठीक है।**
ঠিক হায়।

ভাস্করঃ দাদা, মন্দির কোথায় **भाई साहब, मंदिर कहाँ हैं?**
ভাই সাহব, মন্দির কাহাঁ হায়?

অচেনা লোকঃ সোজা গিয়ে ডান দিকে ঘুরে যাবেন। **सीधा जाकर दाई तरफ मुड़ जाइए।**
সীধে জাকর দাহিনি তরফ মুড় জাইয়ে।

পুরোহিত মোশায়ঃ পা ধুয়ে ভিতরে আসুন। **पैर धोकर अंदर आइए।** ।
পৈর ধোকর অন্দর আইয়ে।

পুরোহিত মোশায়ঃ তিন বার প্রদক্ষিণা করুন। **तीन बार भगवान की प्रदक्षिणा कीजिए।**
তিন বার ভগবান কী প্রদক্ষিণা কীজিয়ে।

ভাস্করঃ প্রদক্ষিণা করে নিয়েছি পুরোহিত মোশায়। **प्रदक्षिणा कर ली पंडित जी।**
প্রদক্ষিণা কর লী পণ্ডিত জী।

পুরোহিত মোশায়ঃ যা কিছু এনেছেন এই থালায় রাখুন। **आप जो लाए हैं उसे इस थाली में रख दीजिए।**
আপ জো লায়ে হায়ঁ, উবহ সব ইস থালী মে রখিয়ে।

ভাস্করঃ আমার বাবার নামে পুজো করুন **मेरे पिताजी के नाम से पूजा कीजिए।**
মেরে পিতাজী কে নাম সে পূজা কীজিয়ে।

পুরোহিত মোশায়ঃ আমি যা বলছি আমার সাথে বলুন। **मैं जैसा बोलता हूँ वैसा बोलिए।**
ম্যাঁয় জৈসা বোলতা হুঁ বোইসা বোলিয়ে।

ভাস্করঃ ঠিক আছে পুরোহিত মোশায়। **ठीक है पंडित जी।** ঠিক হায়, পণ্ডিত জী।

পুরোহিত মোশায়ঃ আরতি নিন। **आरती लीजिए** আরতী লীজিয়ে।

সম্ভাষণ 2:

কোনো কার্যালয়ে গেলে কি করে কথা বলবেন ঃ

বিরেন্দ্রঃ নমস্কার/সুপ্রভাত মহাশয় **नमस्कार, सुप्रभात साहब!** নমস্কার/সুপ্রভাত সাহব।

ম্যানেজারঃ সুপ্রভাত! **सुप्रभात!** সুপ্রভাত!

বরেন্দ্রঃ ক্ষমা করবেন একটু দেরী হয়ে গেল। **क्षमा करिए साहब, थोड़ी देर हो गई।**
ক্ষমা করিয়ে সাহব, থোড়ী দের হো গই।

ম্যানেজারঃ ঠিক আছে। কালকের কাজ কত দূর হল? **ठीक है, कल का काम कहाँ तक हुआ।**
ঠিক হায়, কল কা কাম কহাঁ তক হুআ?

বিরেন্দ্রঃ অর্ধেক হয়ে গেছে। যা বাকী রয়েছে এখন করে দিচ্ছি।
आधा हो गया साहब। जो बच गया है उसे मैं अभी करता हूँ।
আধা হো গয়া সাহব, জো বচ গয়া হায়, উসে অভী কর দেতা হূঁ।

ম্যানেজারঃ তাড়াতাড়ি করুন। অনেক দেরী হয়ে গেছে।
जल्दी कीजिए। बहुत देर हो गई।
জল্দী কীজিয়ে, বহুত দের হো গই।

বিরেন্দ্রঃ কাল পুরো করার চেষ্টা করেছিলাম স্যার। কিন্তু লাইট ছিল না।
कल ही पूरा करने की कोशिश की थी साहब मगर बिजली नहीं थी।
কল হী পূবা করনে কী কোশিশ কী থী সাহব, মগর বিজলী নহীঁ থী।

ম্যানেজারঃ লাইট ছিল না তো লাইটওয়ালাদের ফোন করার দরকার ছিল।
बिजली नहीं थी तो बिजली वालों को फोन करना था।
বিজলী নহীঁ থী তো বিজলীবালো কো ফোন করনা থা।

বিরেন্দ্রঃ স্যর, এটা করার পর কি করতে হবে?
इसके बाद क्या करना है साहब।
ইসকে বাদ কেয়া করনা হায় সাহব?

ম্যানেজারঃ দিল্লীতে ফোন করে খবর করে দাও যে আমাদের দিক থেকে কাজ হয়ে গেছে।
दिल्ली फोन करके सूचित कर दें कि हमारी तरफ से काम पूरा हो चुका है।
দিল্লী ফোন করকে সুচিত কর দেঁ কি হমারী তরফ সে কাম পূরা হো চুকা হায়।

সম্ভাষণ 3

সন্ধ্যা বেলায় বাড়ি ফেরার সময় ভাজাওয়ালার ঠেলার কাছের সম্ভাষণের অভ্যাস করুন-

শিবঃ এক প্লেট লঙ্কা ভাজা দাও।
एक प्लेट मिर्ची की भाजी दो।
এক প্লেট মিরচী কী ভাজী দো।

ভাজাওয়ালাঃ এক প্লেট লঙ্কা ভাজা সোল টাকা।
एक प्लेट मर्ची की भाजी सोलह रुपए की है।
এক প্লেট মিরচী কী ভাজী সোলহ রুপয়ে কী হায়।

শিবঃ প্লেটে ক টা থাকে?
एक प्लेट में कितनी आती है?
এক প্লেট মে কিতনী আতি হায় ?

ভাজাওয়ালাঃ চার টে।
चार आती है।
চার রহতী হায়।

শিবঃ ঠিক আছে, দিয়ে দাও।
ठीक है, दे दो।
শিবঃ ঠিক হায়, দে দো।

ভাজাওয়ালাঃ তেলের ভাজাও গরম আছে সাব।
पकौड़ी भी गरम है साहब।
পকৌড়ি ভী গরম হায় সাব।

শিবঃ তেলের ভাজা গরম আছে, কিন্তু তার রঙ ভাল লাগছে না।
पकौड़ी गरम है, लेकिन उसका रंग अच्छा नहीं लग रहा है।
পকৌড়ি গরম হায়, লেকিন উসকা রঙ অচ্ছা নহীঁ লগ রহা হায়।

ভাজাওয়ালাঃ রঙ দেখবেন না সাহেব, স্বাদ দেখুন।
रंग मत देखिए साहब, स्वाद देखिए।
রঙ মত দেখিয়ে সাহব, স্বাদ দেখিয়ে।

শিবঃ আলু ভাজা, বেগুন ভাজা আর ডিম ভাজা ও এক প্লেট করে পার্সল বানিয়ে দাও।
आलू भाजी, बैंगन भाजी, अंडा भाजी भी एक–एक प्लेट पार्सल बना दो।
আলু ভাজী, বৈগন ভাজী আর অণ্ডা ভাজী ভী এক-এক প্লেট পার্সিল বনা দো।

ভাজাওয়ালাঃ আমার ভাজার এমন স্বাদ যে একবার খেলে পরে লোকে বার-বার এখানে আসে। তার স্বাদই এমন
हमारी भाजी एक बार खाए तो बोग बार–बार यहीं आते हैं। उसका स्वाद ही ऐसा होता है।

হমারী ভাজী কা স্বাদ অইসা হায় কি একবার খানে কে বাদ লোগ বার-বার ইয়হীঁ আতে হায়ঁ। ইসকা স্বাদ হী ঐসা হায়।

সম্ভাষণ : 4

একটি নতুন সিনেমার সম্বন্ধে সম্ভাষণের অভ্যাস করুন :

ভারদঃ তুমি কি জানো এ সিনেমাটি কেমন?
क्या तुम जानते हो कि यह फिल्म कैसी है?
কেয়া তুম জানতে হো কি ইয়হ ফিলিম কাইসী হায়?

কোটেশ পোস্টার দেখে তো ভালই লাগছে।
पोस्टर देखकर तो अच्छा ही लगता है।
পোস্টর দেখকর তো অচ্ছা হী লগ রহা হায়।

ভারদঃ কিছু টিকিট পাওয়া জাবে?
कुछ टिकट मिल सकती है क्या?
কুছ টিকট মিল সকতী হায় কেয়া?

কোটেশ ব্যাঙ্কনী ছাড়া সব বুক হয়ে গেছে।
बालकनी छोड़कर सब बुक हो चुकी हैं।
বালকোনী ছোড় কর সব বুক হো গই হায়।

ভারদঃ তিনটে টিকিট দিতে পারবেন?
क्या तीन टिकट दे सकते हैं?
তিন টিকট দে সকতে হায়ঁ।

কোটেশঃ লোকে বলছে সিনেমাটি খুব ভাল।
लोग कह रहे हैं कि फिल्म बहुत अच्छी है।
লোগ কহ রহে হায়ঁ কি ফিলম বহুত আচ্ছী হায়।

ভারদঃ লোকে যখন ভাল বলছে তাহলে ভলোই হবে।
लोग कह रहे हैं तो अच्छी ही होगी।
জব লোগ কহ রহে হায়ঁ তো অচ্ছী হী হোগী।

কোটষঃ তা নয়, এটিতে অনেক নায়ক-নায়িকা রয়েছে।
ऐसा नहीं है, इसमें कई अभिनेता और अभिनेत्रियाँ हैं।
আইসা নহীঁ হায়, ইসমে কই অভিনেতা আউর অভিনেত্রিয়াঁ হায়ঁ।

ভারদঃ তা ঠিক কিন্তু মূল গল্প কি?

वह तो ठीक है लेकिन मुख्य कथा क्या है?

উবহ তো ঠিক হায় লেকিন মুখ্য কথা কেয়া হায়।

কোটেশ এর গল্প ভাল। এটা আউয়ার্ড পাওয়া ষিনেমা।

इसकी कथा अच्छी है। यह एक अवार्ड पानेवाली पारिवारिक फिल्म है।

ইসকী কথা অচ্ছী হায়, ইয়হ এক অবার্ড পানে উয়ালী ফিলম হায়।

সম্ভাষণ :5

বন্ধুরা, এবার হোটেলের মধ্যে কথা বলার অভ্যাস করুন:

ওয়েটারঃ স্যার! আপনার কি লাগবে? **साब, आपको क्या चाहिए?** সাব, আপকো কেয়া চাহিয়ে?

সোমনাথঃ জলখাবারে কী আছে? **नाश्ते में क्या–क्या है?** নাস্তে মে কেয়া হায়?

ওয়েটারঃ ইডলি, দোসা, লুচি। **इडली, डोसा, पूरी।** ইডলি, ডোসা, পুরী।

সোমনাথঃ এক প্লেট লুচি নিয়ে এস। **एक प्लेट पूरी लाओ।** এক প্লেট পুরী লাও।

ওয়েটারঃ এ নিন স্যার। **यह लीजिए साब।** ইয়হ লীজিয়ে সাব।

সোমনাথঃ লুচি গরম নেই। **पूरी गरम नहीं है।** পুরী গরম নহীঁ হায়।

ওয়েটারঃ ওয়েদরটাই ঠাণ্ডা স্যার, তাই। **मौसम ठंडा है साब, इसीलिए।** মৌসম ঠন্ডা হায় সাব, ইসীলিয়ে।

সোমনাথঃ চা কেমন? ঠাণ্ডা না গরম? **चाय कैसी है, ठंडी या गरम?** চায় কইসী হায়? ঠন্ডী য়া গরম?

ওয়েটারঃ ভাববেন না স্যার, একেবারে গরম। **चिन्ता मत कीजिए साब, बिल्कुल गरम है।**

চিন্তা মত কীজিয়ে সাব, বিলকুল গরম হায়।

যোমনাথঃ তা হলে, তাই নিয়ে এসো। **अच्छा तो वही ले आओ।** আচ্ছা তো তো উবহি লে আও।

সম্ভাষণ : 6

বন্ধুগন এবার বইএর দোকানের বার্তালাপের অভ্যাস করুন ঃ

ভয়ামঃ আপনার কাছে বী. এণ্ড এস. পাব্লিশার্সরে বই আছে?

क्या आपके पास बी. एंड एस. पब्लिशर्स की किताबें हैं?

কেয়া আপকে পাস বী. এণ্ড এস. পাব্লিশার্স কী কিতাবে হায়ঁ?

দোকানদারঃ আছে স্যার। **है साहब।** হায় সাহব।

ভয়ামঃ হিন্দী শেখার বই আছে না কি?

हिन्दी सीखने की किताब है क्या?

হিন্দী শিখনে কী কিতাব হায় কেয়া?

দোকানদারঃ এই নিন স্যার। **यह लीजिए साहब।** ইয়হ লীজিয়ে সাহেব।

ভয়ামঃ আপনি কি বলতে পারেন, এ বইটি কেমন?
क्या आप बता सकते हैं कि यह कैसी किताब है?
কেয়া আপ বতা সকতে হায়ঁ কি ইয়হ কইসী কিতাব হায়?

দোকানদারঃ খুব ভাল বিক্রী স্যার, ফাটাফাট সেল হয়ে যাচ্ছে।
इसकी बिक्री अच्छी है साहब, फटाफट बिक रही है।
ইসকা সেল আচ্ছা হায় ফাটাফাট বিক রাহী হায়।

ভয়ামঃ আমি মনে করি যে আপনি সঠিক কথাই বলছেন।
मुझे विश्वास है कि आप सच बोल रहे हैं
মুঝে বিস্বাস হায় কি আপ সচ বোল রাহে হায়ঁ।

ভয়ামঃ ধন্যবাদ স্যার। **धन्यवाद साहब।** ধন্যবাদ সাহব।

সম্ভাষণ:7

ডাক্তর এবং রুগীর বার্তলাপ :

রোগী (রুগি)ঃ ডাক্তার বাবু আমাব মাথা ব্যথা কোরছে।
डाक्टर साहब मेरे सिर में दर्द है।
ডাক্তাব সাহেব মেরে সির মে দরদ হায়।

ডাক্তারঃ কবে থেকে?
कब से है?
কব সে হায়?

রোগী (রুগি)ঃ এক সপ্তাহ ধরে, কখনো কমে কখনো বাড়ে।
एक हफ्ते से है साहब। कभी कम हो जाता है, कभी बढ़ जाता है।
এক সপ্তাহ সে হায় সাব, কভী কম হো জাতা হায়, কভী বড় জাতা হায়।

ডাক্তারঃ শুধু মাথা ব্যথা না অন্য কোনো কষ্টও আছে?
आपको सिर्फ सिर दर्द है या कोई और तकलीफ भी है?
আপকো সির্ফ সির দরদ হায় ইয়া কোই আওর তকলীফ ভী হায?

রোগী (রুগি)ঃ আমার শরীর আজকাল ভাল থাকছে না।
मेरी तबियत आजकल ठीक नहीं है साहब।
মেরী তবিয়তআজকল ঠিক নহীঁ হায় সাহব।

ডাক্তারঃ ভাল না, মানে কি?
ठीक नहीं है का क्या मतलब है?
ঠিক নহীঁ হায় কা কেয়া মতলব হায়?

রোগী (রুগি)ঃ সামান্য কাজ করলেও ক্লান্ত হয়ে পড়ি।
छोटा सा काम करने में भी थकान महसूस हो रही है।
চোটা সা কাম করনে মে ভী থকান মহসুস হো রহী হায়।

ডাক্তারঃ আমি আপনাকে কিছু ট্যেবলেট দিচ্ছি, তাতে ভাল হয়ে জাবে।
चिन्ता मत कीजिए, कुछ गोलियाँ दे रहा हूँ ठीक हो जाएगा।
চিন্তা মত কীজিএ, কুছ গোলিয়াঁ দে রহা হুঁ, ঠিক হো জায়েগা।

www.ingramcontent.com/pod-product-compliance
Lightning Source LLC
Chambersburg PA
CBHW062127160426
43191CB00013B/2222
* 9 7 8 9 3 5 0 5 7 1 1 2 5 *